中等职业学校电子信息类教材（电子商务专业）

电子商务基础

（电子商务员级）

于　鹏　主编

電子工業出版社
Publishing House of Electronics Industry
北京 · BEIJING

内 容 简 介

本书依据2002年《电子商务师国家职业标准（试行）》编写。

本书系统讲述了电子商务的基本概念、实现电子商务所需要的各种技术、电子商务交易的支付手段、电子商务的安全知识、电子商务的法律法规以及物流配送的相关知识。每章后面都附有相应的习题。

本书内容全面，形式新颖，实用性、针对性强，密切配合我国目前推行的职业资格认证等级考试制度，适合作为大中专院校和职业学校电子商务、国际商务、计算机、财务管理、物流管理等专业的教材，也可作为从事实际工作的管理人员、商务人员、技术人员参考用书。

图书在版编目（CIP）数据

电子商务基础/于鹏主编．—北京：电子工业出版社，2003.8
中等职业学校电子信息类教材．电子商务专业
ISBN 978-7-5053-8964-9

Ⅰ．电…　Ⅱ．于…　Ⅲ．电子商务—专业学校—教材　Ⅳ．F713.36

中国版本图书馆CIP数据核字（2003）第065832号

责任编辑：李　影　　特约编辑：李印清
印　　刷：北京虎彩文化传播有限公司
装　　订：北京虎彩文化传播有限公司
出版发行：电子工业出版社
　　　　　北京市海淀区万寿路173信箱　邮编100036
开　　本：787×1 092　1/16　印张：13.75　字数：352千字
版　　次：2003年8月第1版
印　　次：2021年1月第28次印刷
定　　价：22.80元

凡所购买电子工业出版社图书有缺损问题，请向购买书店调换。若书店售缺，请与本社发行部联系，联系及邮购电话：（010）88254888，88258888。

质量投诉请发邮件至zlts@phei.com.cn，盗版侵权举报请发邮件至dbqq@phei.com.cn。

本书咨询联系方式：（010）88254617，luomn@phei.com.cn。

前　言

科学技术是推动经济和社会发展的第一生产力。以计算机和网络为核心的信息技术的迅猛发展，不仅已经形成了一个融合度最高、潜力最大、增长最快的信息产业，而且成为推动全球经济快速增长和全面变革的关键因素。电子商务是通过新技术引发新经济的一座成功桥梁。它正在不断改变传统的市场运行规则、经济增长方式，也改变了人们的生活方式、思维方式和行为准则，并形成以知识经济为龙头的全球经济发展新模式。

电子商务作为信息学、经济学、管理学、法学等多学科相融的新兴的交叉学科，在新世纪信息化社会的国民经济建设、金融与商业流通、生产与服务乃至各类社会活动中都有着广泛的应用和迫切的人才需求。

随着现代信息技术在商务领域的普遍运用，电子商务人员作为利用计算机技术、网络技术等现代信息技术从事商务活动或相关工作的人员，正成为劳动力市场需求的热点。为了将电子商务人才的培养和职业技能鉴定工作纳入标准化、规范化轨道，国家制定并颁布了《电子商务师国家职业标准（试行）》，要求大力开展电子商务人员的职业培训和职业技能鉴定工作，要求必须在电子商务人员中推行国家职业资格证书制度。

目前各大中专院校、职业学校关于电子商务的教学工作也是刚刚展开，广大师生都迫切希望尽快了解、掌握电子商务有关理论知识及相关的技术和应用技能。

编者就是在这样的背景下，为适应目前我国职业教育的形势，适应学业证书与职业资格证书的双证制度，而编写了《电子商务基础》和《电子商务技术与应用》两本教材。

《电子商务基础》一书依据《电子商务师国家职业标准（试行）》编写，从电子商务的定义、产生的原因、电子商务的功能和特点等基本知识入手，全面、系统地介绍了实现电子商务所需要的网络、计算机、信息等方面的技术，介绍了电子商务安全防范的有关知识、电子支付的手段、电子商务所涉及的各种法律问题等。

这种将所学专业和职业技能融为一体的学习，可以培养学生的实践能力和创新能力，使其在校期间就积累“工作”经验，缩短就业上岗后的适应期，从而促进劳动力市场人力资源的最佳配置。同时，它也使职业教育更好地从社会需求出发，面向经济建设。

本教材在编写过程中注意了以下几个方面的问题：

1. 突出职业能力。本教材遵循了“以能力培养为主，知识与能力并重”的编写原则，在内容上，力求体现“以职业活动为导向，以职业技能为核心”的指导思想，以突出职业培训特色。

2. 教材的系统性。本教材从探讨电子商务的定义、功能和特点入手，然后介绍实施电子商务所需要的各种技术，由浅入深、循序渐进地进行编排。

3. 教材的实用性。本教材全面介绍了电子商务所涉及到的最新实用知识。

4. 教材定位。本书定位在国家电子商务师（电子商务员）级别。

本教材由青岛酒店管理职业技术学院于鹏副教授主编，孙授卿、任燕、邱海燕、杨东、于秋平、郭宏、张云、姜涛、张序政、曲秀颖、鞠彦杰、解维正、张峰、周美娟、王冬冬、王俊美、胡晓燕、袁照波等同志参加了本书的编写工作。由北方交通大学教授、国家电子商务专家组成员张铎同志对本书的内容进行了审阅，并对所涉及的技术性问题给予了大力的指导和帮助。

本教材在编写过程中，还得到了国家信息产业部、中国电子商务协会、中国商会等有关单位领导和专家的指导，谨在此表示诚挚的谢意。

本书还配有教学指南、电子教案及习题答案（电子版），请有此需要的教师登录华信教育资源网（http://www.hxedu.com.cn）下载或与电子工业出版社联系，我们将免费提供。E-mail：hxedu@phei.com.cn

编者旨在奉献给读者一本实用并具有特色的教材，由于电子商务是一个涉及多学科的、极其广阔的新领域，从整体上很难把握。虽然在撰写过程中，我们请教了多位国内外专家，但由于水平有限，仍难免存在错误和不妥之处，殷切希望广大读者能够根据自己的观点和体会给我们提出宝贵意见。

编　者

2003 年 6 月于青岛

参加编写学校名单

青岛酒店管理职业技术学院

青岛外事服务职业学校

青岛旅游学校

青岛华夏职业教育中心

青岛经济职业学校

青岛商务管理专修学院

青岛财政职业学校

青岛宏光职业中专

目　录

第 1 章　电子商务概述 …… (1)
1.1　电子商务的概念 …… (1)
1.1.1　什么是电子商务 …… (1)
1.1.2　电子商务产生的原因 …… (2)
1.1.3　电子商务产生的条件 …… (3)
1.1.4　电子商务的功能 …… (3)
1.1.5　电子商务的特点 …… (5)
1.1.6　电子商务产生的影响 …… (6)
1.2　电子商务发展的基本环境 …… (9)
1.2.1　社会环境对电子商务的影响 …… (10)
1.2.2　信息化是社会生产力发展的必然趋势 …… (10)
1.2.3　企业信息化是实施电子商务的基础 …… (11)
1.2.4　金融电子化是实施电子商务的保证 …… (11)
1.3　电子商务的类别 …… (12)
1.3.1　电子商务的分类 …… (12)
1.3.2　企业与企业之间的电子商务 …… (13)
1.3.3　企业与消费者之间的电子商务 …… (16)
1.4　电子商务的基本业务流程 …… (17)
1.4.1　网络商品直销的流转过程 …… (17)
1.4.2　企业间网络交易的流转过程 …… (18)
1.4.3　网络商品中介交易的流转过程 …… (19)
1.5　电子商务的发展现状与趋势 …… (20)
1.5.1　我国电子商务的发展现状 …… (20)
1.5.2　我国电子商务的发展趋势 …… (21)
1.5.3　我国实施电子商务存在的问题 …… (22)
习题 1 …… (26)
第 2 章　电子商务的实现技术 …… (29)
2.1　网络技术 …… (29)
2.1.1　计算机网络的定义 …… (29)
2.1.2　计算机网络的发展 …… (29)
2.1.3　计算机网络的功能 …… (30)
2.1.4　计算机网络的分类 …… (30)

2.1.5 计算机网络的拓扑结构 …… (32)
2.1.6 计算机网络的组成 …… (34)
2.2 Internet 技术 …… (36)
2.2.1 网络互联技术 …… (36)
2.2.2 TCP/IP 协议 …… (39)
2.2.3 Internet 提供的服务 …… (41)
2.2.4 Web 编程语言 …… (44)
2.2.5 Intranet 和 Extranet …… (48)
2.3 数据库技术 …… (49)
2.3.1 数据库技术与电子商务 …… (49)
2.3.2 数据库的应用模式 …… (50)
2.3.3 常用数据库简介 …… (52)
2.4 电子商务的技术要求 …… (54)
2.4.1 电子商务应用系统的构成 …… (54)
2.4.2 网络系统建设的技术要求 …… (55)
2.5 构造电子商务系统 …… (56)
2.5.1 网站的分类 …… (57)
2.5.2 建设网站的过程 …… (57)
2.5.3 外购整体网络服务方式 …… (60)
习题 2 …… (61)
第 3 章 电子商务的安全防范 …… (63)
3.1 计算机与网络的安全 …… (63)
3.1.1 计算机安全 …… (63)
3.1.2 常见的网络安全问题 …… (67)
3.2 电子商务的安全保障 …… (68)
3.2.1 电子商务的安全现状 …… (68)
3.2.2 电子商务的安全威胁 …… (70)
3.2.3 电子商务的安全要素和体系 …… (71)
3.3 电子商务安全的标准 …… (74)
3.3.1 SSL 协议 …… (74)
3.3.2 SET 协议 …… (75)
3.3.3 CHAP 协议 …… (76)
3.3.4 ECHAP 协议 …… (76)
3.4 电子商务的安全技术 …… (77)
3.4.1 计算机安全技术 …… (77)
3.4.2 路由器技术 …… (78)
3.4.3 防火墙技术 …… (78)
3.4.4 加密技术 …… (80)
3.4.5 认证技术 …… (84)

3.4.6 防病毒技术 …… (85)
3.4.7 其他 …… (86)
3.4.8 安全电子商务的法律要素 …… (86)
3.4.9 安全问题的未来研究方向 …… (87)
习题 3 …… (88)
第 4 章 电子商务支付 …… (90)
4.1 电子支付的基础知识 …… (90)
4.1.1 电子支付的概念 …… (90)
4.1.2 电子支付的方式 …… (90)
4.1.3 电子支付的流程 …… (91)
4.1.4 电子支付存在的问题 …… (92)
4.2 电子货币的使用方法 …… (93)
4.2.1 电子货币 …… (93)
4.2.2 电子现金 …… (95)
4.2.3 智能卡 …… (97)
4.2.4 电子支票 …… (99)
4.2.5 电子钱包（IEP） …… (101)
习题 4 …… (103)
第 5 章 网络营销基础知识 …… (105)
5.1 网络营销的理论基础 …… (105)
5.1.1 网络营销的概念 …… (105)
5.1.2 网络营销的特点 …… (105)
5.1.3 网络营销的主要内容 …… (107)
5.2 网上市场调查 …… (108)
5.2.1 网上市场调查的概念 …… (108)
5.2.2 网上市场调查的特点 …… (109)
5.2.3 网上直接调查法 …… (110)
5.2.4 网上间接调查法 …… (112)
5.3 网络促销 …… (114)
5.3.1 网络营销促销内涵 …… (114)
5.3.2 网站推广 …… (116)
5.3.3 网络广告 …… (118)
5.3.4 网络广告的发布 …… (119)
5.3.5 运用网络发布网络广告的工作步骤 …… (128)
5.4 网络商务信息的收集与整理 …… (128)
5.4.1 网络商务信息的类型 …… (128)
5.4.2 网络营销对网络商务信息收集的要求 …… (129)
5.4.3 网络上收集信息的检索工具 …… (130)
5.4.4 网络商务信息分类与整理 …… (130)

习题 5 ……… (131)
第 6 章　物流配送基础知识 …………………………………………………………………… (135)
6.1　物流的概念 ……………………………………………………………………………………… (135)
6.1.1　什么是物流 ……………………………………………………………………………… (135)
6.1.2　物流产生的原因 ………………………………………………………………………… (136)
6.1.3　物流的分类 ……………………………………………………………………………… (136)
6.1.4　物流的发展 ……………………………………………………………………………… (139)
6.1.5　商品流通的内容 ………………………………………………………………………… (140)
6.2　企业中的物流 …………………………………………………………………………………… (140)
6.2.1　生产企业的物流 ………………………………………………………………………… (140)
6.2.2　商业企业的物流 ………………………………………………………………………… (142)
6.2.3　配送中心的物流 ………………………………………………………………………… (143)
6.3　物流系统化 ……………………………………………………………………………………… (143)
6.3.1　系统和物流系统的概念 ………………………………………………………………… (143)
6.3.2　物流系统的组成 ………………………………………………………………………… (144)
6.3.3　物流系统化的目的 ……………………………………………………………………… (144)
6.4　电子商务中的物流 ……………………………………………………………………………… (145)
6.4.1　物流在电子商务中的作用 ……………………………………………………………… (145)
6.4.2　物流在电子商务中的地位 ……………………………………………………………… (146)
6.4.3　电子商务对传统物流配送的冲击和影响 ……………………………………………… (147)
6.4.4　电子商务的物流配送 …………………………………………………………………… (148)
6.5　电子商务环境下的新型物流配送中心 ………………………………………………………… (149)
6.5.1　新型物流配送中心特征及运作类型 …………………………………………………… (149)
6.5.2　新型物流配送中心应具备的条件 ……………………………………………………… (151)
6.5.3　我国电子商务物流模式的发展 ………………………………………………………… (151)
习题 6 ……… (152)
第 7 章　电子商务的法律规范 ………………………………………………………………… (154)
7.1　电子商务与法律 ………………………………………………………………………………… (154)
7.1.1　网络法制时代 …………………………………………………………………………… (154)
7.1.2　电子商务发展带来的法律问题 ………………………………………………………… (156)
7.2　电子商务参与各方的法律关系 ………………………………………………………………… (159)
7.2.1　电子商务交易中买卖双方当事人的权利和义务 ……………………………………… (159)
7.2.2　网络交易中心的法律地位 ……………………………………………………………… (160)
7.2.3　网络交易客户与虚拟银行间的法律关系 ……………………………………………… (161)
7.2.4　认证中心在电子商务中的法律地位 …………………………………………………… (162)
7.3　电子商务立法 …………………………………………………………………………………… (163)
7.3.1　全球电子商务法律框架应遵循的基本原则 …………………………………………… (163)
7.3.2　《电子商务示范法》 ……………………………………………………………………… (164)
7.3.3　联合国《电子签字示范法》 ……………………………………………………………… (166)

7.4 电子商务的法律建设 …… (166)
7.4.1 立法的目的 …… (167)
7.4.2 立法的指导思想与原则 …… (167)
7.4.3 立法的范围 …… (169)
7.4.4 立法的途径 …… (169)
7.5 我国电子商务立法 …… (170)
7.5.1 我国电子商务法制建设现状 …… (170)
7.5.2 我国涉及计算机安全方面的法律法规 …… (170)
7.5.3 我国涉及网络安全管理的一系列行政法规 …… (172)
7.5.4 我国电子商务交易安全的法律法规 …… (172)
习题 7 …… (172)
第 8 章 电子商务中的新型中介 …… (175)
8.1 市场中介 …… (175)
8.1.1 市场中介的作用 …… (175)
8.1.2 电子商务交易中介 …… (175)
8.2 ISP 在电子商务中的作用 …… (176)
8.2.1 Internet 接入服务商 …… (177)
8.2.2 Internet 平台服务商 …… (178)
8.2.3 企业服务呼叫中心 …… (180)
8.3 ICP 在电子商务中的业务 …… (181)
8.3.1 网上信息服务业务的种类 …… (181)
8.3.2 网上媒体运营商及其业务 …… (182)
8.3.3 数据库运营商及其业务 …… (186)
8.3.4 信息咨询商及其业务 …… (188)
8.3.5 信息发布 …… (190)
习题 8 …… (190)
第 9 章 企业电子商务体系的创建 …… (192)
9.1 论证电子商务 …… (192)
9.1.1 明确创建企业电子商务的目的 …… (192)
9.1.2 了解电子商务给企业带来的效益 …… (193)
9.1.3 电子商务的运作规则 …… (194)
9.2 Internet 网络的连接 …… (194)
9.2.1 市场性分析 …… (194)
9.2.2 制定 Internet 站点实施计划 …… (195)
9.2.3 确定衡量 Internet 站点进展的情况 …… (195)
9.2.4 增强 Internet 站点的发展曲线 …… (195)
9.2.5 企业状况分析 …… (196)
9.2.6 调查其他公司 …… (196)
9.3 企业内部网的创建 …… (196)

9.3.1 确定企业能否由内部网获利 …… (196)
9.3.2 计算成本、时间和可节约的金钱 …… (197)
9.3.3 制定内部网站点实施计划 …… (197)
9.3.4 确定衡量内部网站点进展的指标 …… (197)
9.3.5 增强内部网站点的有用性 …… (197)
9.3.6 企业现状分析 …… (197)
9.3.7 调查其他公司 …… (197)
9.4 网上运作的产品及市场 …… (197)
9.4.1 目标市场情况 …… (198)
9.4.2 产品、服务与品牌 …… (198)
9.4.3 送货渠道 …… (198)
9.4.4 价格 …… (198)
9.4.5 其他推动力 …… (199)
9.4.6 市场环境 …… (199)
9.5 网上客户的分析和定位 …… (199)
9.5.1 Internet 用户的特点 …… (199)
9.5.2 Internet 用户的类型 …… (199)
9.5.3 Internet 用户的专业水平 …… (199)
9.6 评估电子商务运作的有效性 …… (200)
9.6.1 评估 Web 服务器的统计信息 …… (200)
9.6.2 获取用户反馈 …… (200)
9.6.3 其他评估方式 …… (200)
9.6.4 评估内部网的成本和效益 …… (201)
习题 9 …… (201)
第 10 章 电子商务下的创新经营模式 …… (202)
10.1 BtoB 的电子商务模式 …… (202)
10.1.1 内联网模式 …… (202)
10.1.2 中介模式 …… (203)
10.1.3 专业服务模式 …… (203)
10.2 BtoC 的电子商务模式 …… (203)
10.2.1 在线商店模式 …… (203)
10.2.2 网上专卖店 …… (204)
10.2.3 网上销售联盟 …… (204)
10.2.4 网上代理 …… (205)
习题 10 …… (205)
附录 A 电子商务师鉴定说明 …… (207)

第 1 章　电子商务概述

1.1　电子商务的概念

1.1.1　什么是电子商务

随着网络、通信和信息技术的快速发展，Internet 在全球迅速普及，使得现代商业具有了不断增长的供货能力、不断增长的客户需求和不断增长的全球竞争三大特征，使得任何一个商业组织都必须改变自己的组织结构和运行方式来适应这种全球性的发展和变化。随着信息技术在国际贸易和商业领域的广泛应用，利用计算机技术、网络通信技术和 Internet 来实现商务活动的国际化、信息化和无纸化，已成为各国商务发展的一大趋势。

电子商务（Electronic Commerce，EC）正是为了适应这种以全球为市场的变化而出现和发展起来的，它可以使销售商与供应商更紧密地联系起来，更快地满足客户的需求，也可以让商家在全球范围内选择最佳供应商，在全球市场上销售产品。电子商务基于网络技术，网络技术提供了实现电子商务的技术平台，而电子商务是网络技术的最新应用和最终目标之一。电子商务利用 Internet 技术，将企业、用户、供应商以及其他商业和贸易所需环节连接到现有的信息技术系统上，电子商务以前所未有的方式，将商业活动纳入网上。

因特网（Internet）环境下的电子商务采用的是一种全新的经济模式，它完全不同于以往任何传统经济，这种改变不仅仅是一种技术上的改变，它也是一种全新的营销方式，甚至包含文化和理念的变革。具体来讲，电子商务所带来的改变体现在多方面：它改变了一个企业的架构，改变了业务流程，改变了商业模式（如信息传达模式、市场运作模式等），改变了人类的生活方式，也改变了人类的文化氛围；从而实现了充分利用有限资源、缩短商业环节和周期、提高应用效率、降低成本、提高用户服务质量的目标。电子商务提出了一种全新的机会、需求、规则和挑战，它代表了未来信息产业的发展方向，将对全球经济和社会的发展产生深刻的影响。

因此，电子商务是人类经济、科技、文化发展的必然产物。它是信息化社会的商务模式，是商务的未来。

那么，究竟什么是电子商务呢？事实上，目前还没有一个全面、确切的定义。各种组织、政府、公司、学术团体都是依据自己的理解和需要来给电子商务下定义的。但从信息学与商业结合的角度，我们还是可以对电子商务给出一个较为科学的定义。

电子商务（Electronic Commerce，Electronic Business，EC 或 EB）系指交易当事人或参与人利用计算机技术和网络技术（主要是互连网）等现代信息技术所进行的各类商务活动，包括货物贸易、服务贸易和知识产权贸易。这里的“利用信息技术”与“进行商务活动”都具有丰富的含义：

第1，电子商务是一种采用最先进信息技术的买卖方式。交易各方将自己的各类供求意愿按照一定的格式输入电子商务网络，电子商务网络便会根据用户的要求，寻找相关信息并提供给用户多种买卖选择。一旦用户确认，电子商务就会协助完成合同的签定、分类、传递和款项收付等全套业务。这就为卖方以较高的价格卖出产品，买方以较低的价格购入商品和原材料提供了一条非常好的途径。

第2，电子商务实质上形成了一个虚拟的市场交换场所。它能够跨越时空，实时地为用户提供各类商品和服务的供应量、需求量、发展状况及买卖双方的详细情况，从而使买卖双方能够更方便地研究市场，更准确地了解市场和把握市场。

第3，对电子商务的理解，应从“现代信息技术”和“商务”两个方面考虑。一方面，“电子商务”概念所包括的“现代信息技术”应涵盖各种以使用电子技术为基础的通信方式；另一方面，对“商务”一词应做广义解释，使其包括契约型或非契约型的一切商务性质的关系所引起的种种事项。如果把“现代信息技术”看做一个子集，“商务”看做另一个子集，电子商务所覆盖的范围应当是这两个子集所形成的交集，即“电子商务”标题之下可能广泛涉及的因特网、内部网和电子数据交换在贸易方面的各种用途，如图1.1所示。

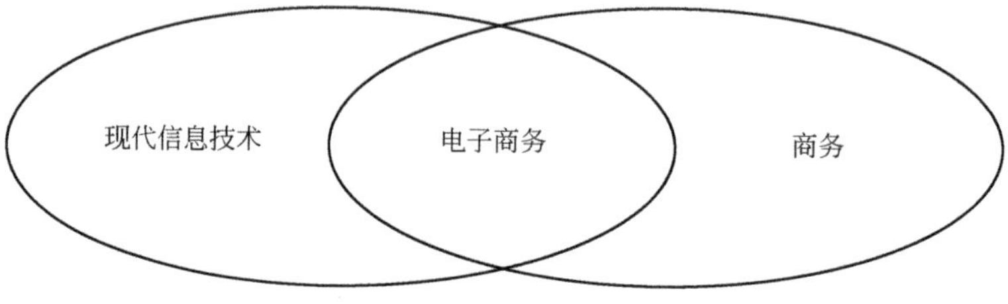

图1.1 电子商务是“现代信息技术”和“商务”两个子集的交集

第4，电子商务不等于商务电子化。真正的电子商务绝不仅仅是企业前台的商务电子化，更重要的是包括后台在内的整个运作体系的全面信息化，以及企业整体经营流程的优化和重组。也就是说，建立在企业全面信息化基础上，通过电子手段对企业的生产、销售、库存、服务以及人力资源等环节实行全方位控制的电子商务才是真正意义上的电子商务。

狭义的电子商务仅仅将通过Internet网络进行的商业活动归属于电子商务，而广义的电子商务则将利用包括因特网（Internet）、内联网（Intranet）、局域网（LAN）等各种不同形式网络在内的一切计算机网络进行的所有商贸活动都归属于电子商务。从发展的观点看，在考虑电子商务的概念时，仅仅局限于利用Internet网络进行商业贸易是不够的，将利用各类电子信息网络进行的广告、设计、开发、推销、采购、结算等全部贸易活动都纳入电子商务的范畴则较为妥当。所以，电子商务的权威人士提出：电子商务是一种现代商业方法，这种方法以满足企业、商人和顾客的需要为目的，加快服务传递速度，改善服务质量，降低交易费用。今天的电子商务通过少数计算机网络进行信息、产品和服务的买卖，未来的电子商务则可以通过构成信息高速公路（I-Way）的无数网络中的任一网络进行买卖。

1.1.2 电子商务产生的原因

在任何商业活动中，买卖双方所交换的是他们的需求，在商业活动的发生过程中必然包含了物资流、资金流和信息流，这是人类商业活动所共同遵循的。

在人类社会的商业活动中，自始至终存在的是物资流。资金流是随着货币的产生才出现的。后来随着社会分工的日益细化和商业信息的发展，专门为货币做中介服务的机构产生了，如银行。随着货币中介服务业的产生，物资流和资金流开始分离，产生了多种交易付款方式：交易前的预付款、信用证担保付款、交易中的托收、支票、汇票、交易后付款，如分期付款、延期付款。正是随着商品所有权的转换和物资流的分离，信息流开始表现出来，并且起到了十分重要的作用。

物资流与资金流的分离，使得人类的交易活动呈现出丰富而复杂的特性，给人们提供了方便，但是也出现了新的商业风险，比如：对方的商品质量信息、价格信息、支付能力、支付信誉等。要规避这种风险就得依靠获取尽可能多的信息，只有多掌握信息，才能减少不确定因素并监督控制交易过程，正是在这种背景下才使得信息作为规避风险的有效手段越来越为人们所重视。

电子商务的出现将引发一次社会经济革命，商业活动中电子手段的引入，导致了新的经济模式的产生，并且导致了行业的重组。有的行业开始兴起，有的行业开始没落，有的商业形式开始产生，有的商业形式开始消失。电子商务阶段的一个重要特点就是信息流处于极为重要的地位，它站在更高的角度对商品流通的全过程进行控制。因此，我们应该对电子商务有一个更为全面深刻的理解，应该知道电子商务同现代社会正逐步兴起的信息经济是密不可分的。

1.1.3　电子商务产生的条件

电子商务最早产生于 20 世纪 60 年代，发展于 90 年代，其发展有如下的主要条件。

① 计算机的广泛应用。近 30 年来，计算机的处理速度越来越快，处理能力越来越强，价格越来越低，应用越来越广泛，这为电子商务的应用提供了基础。

② 网络的普及和成熟。由于 Internet 逐渐成为全球通信与交易的媒体，全球上网用户呈几何级数增长趋势，快捷、安全、低成本的特点为电子商务的发展提供了应用条件。

③ 信用卡的普及。信用卡以其方便、快捷、安全等优点而成为人们消费支付的重要手段，并由此形成了完善的全球信用卡计算机网络支付与结算系统，使“一卡在手、走遍全球”成为可能，同时也为电子商务中的网上支付提供了重要的手段；

④ 电子安全交易协议的制定。1997 年 5 月 31 日，由美国 VISA 和 Mastercard 国际组织等联合制定了 SETP（Secure Electronic Transfer Protocol），即电子安全交易协议，该协议得到了大多数厂商的认可和支持，因此为开发网络上的电子商务提供了一个关键的安全环境。

⑤ 政府的支持与推动。自 1997 年欧盟发布了欧洲电子商务协议，美国随后发布“全球电子商务纲要”以后，电子商务受到了世界各国政府的重视，许多国家的政府开始尝试“网上采购”，这为电子商务的发展提供了有利的支持。

1.1.4　电子商务的功能

电子商务通过 Internet 可提供网上交易和管理的全过程服务，它具有对企业和商品的广告宣传、交易的咨询洽谈、客户的网上订购和网上支付、销售前后的服务传递、客户的意见征询、对交易过程的管理等各项功能。

1. 广告宣传

电子商务使企业可以通过自己的Web服务器、网络主页（Home Page）和电子邮件（E-mail）在全球范围内做广告宣传，在Internet上宣传企业形象和发布各种商品信息，客户用浏览器可以迅速找到所需的商品信息。与其他各种广告形式相比，网上广告成本最为低廉，而给顾客的信息量却最为丰富。

2. 咨询洽谈

电子商务使企业可借助实时的电子邮件、新闻组（News Group）和实时讨论组（Chat）来了解市场和商品信息，洽谈交易事务。如有进一步的需求，还可用网上会议（Netmeeting）、电子公告栏（BBS）来交流即时的信息。在网上进行的咨询和洽谈能超越人们面对面洽谈的限制，提供方便的异地交谈形式。

3. 网上订购

电子商务通过电子邮件的交互传送实现客户在网上的订购。企业的网上订购系统通常都是在商品介绍的页面上提供十分友好的订购提示信息和订购交互表格，当客户填完订购单后，系统回复信息单表示订购信息已收悉。

4. 网上支付

网上支付是电子商务交易过程中的重要环节，客户和商家之间可采用信用卡、电子支票和电子现金等多种电子支付方式进行网上支付，采用网上支付的方式节省了交易的成本。

5. 电子账户

银行、信用卡及保险公司等金融单位提供电子账户管理等网上操作的金融服务，客户的信用卡号或银行账号是电子账户的标志。电子账户通过客户认证、数字签名、数据加密等技术措施保证其操作的安全性。

6. 服务传递

电子商务通过服务传递系统将客户订购的商品尽快地传递到已订货付款的客户手中。对于有形的商品，服务传递系统可以对本地和异地的仓库在网络中进行物流的调配并通过快递业务完成商品的传送；而对于无形的信息产品，如软件、电子读物、信息服务等，服务传递系统可以立即从电子仓库中将商品通过网上直接传递到用户端。

7. 意见征询

企业的电子商务系统可以通过网页上的意见反馈表及时收集客户对商品和销售服务的反馈意见，客户的反馈意见可以提高网上交易和售后服务的水平，使企业获得改进产品、发现市场的商业机会，使企业的市场运作形成一个良性的循环。

8. 交易管理

电子商务的交易管理系统可以对网上交易活动全过程中的人、财、物、客户及本企业内部的各方面进行协调和管理。

电子商务的上述功能为网上交易提供了一个良好的交易服务和管理环境，使电子商务的交易过程得以顺利和安全地完成，并可以使电子商务获得更广泛的应用。

1.1.5　电子商务的特点

电子商务是通过计算机网络进行各种商务、交易、金融和相关综合服务的活动。在一个不太长的时间内，电子商务已经开始改变人们长期以来习以为常的各种传统贸易活动的内容和形式。相对于传统商务和 EDI 商务（解释详见 1.3.1 节），电子商务表现出以下几个突出的特点。

1. 电子商务的社会性特点

电子商务的最终目标是实现商品的网上交易，这是一个相当复杂的过程，除了要应用各种有关技术和其他系统的协同处理来保证交易过程的顺利完成之外，还涉及许多社会性的问题。例如商品和资金流转的方式变革，法律的交融和保障，政府部门的支持和统一管理，公众对网上电子购物的热情和认可等。所有这些问题都涉及到全社会的各个部门，不是一个企业或一个领域就能解决的，需要全社会的努力和整体的协调，才能最终实现电子商务所带来的优越性。

2. 电子商务的动态性特点

电子商务交易网络没有时间和空间的限制，是一个不断更新而且每时每刻都在运转的系统。网络上的供求信息在不停地更换，商品和资金在不停地流动，交易和买卖的双方也在不停地变更，商机不断地出现，竞争不停地展开。正是这种物质、资金和信息的高速流动使得电子商务具有了传统商业不可比拟的强大生命力。

3. 电子商务的结构性特点

电子商务涉及电子数据处理、网络数据传输、数据交换和资金汇兑等技术，在企业的电子商务系统内部有导购、订货、付款、交易与安全等有机地联系在一起的各个子系统；在交易的进行过程中经历商品浏览和订货、销售处理和发货、资金支付和售后服务等环节；由消费者、厂商、运输、报关、保险、商检和银行等不同参与者通过计算机网络组成一个复杂的网络结构，相互作用，相互依赖，协同处理，形成一个相互密切联系的连接全社会的信息处理大环境。在这个环境下，简化了商贸业务的手续，加快了业务开展的速度，最重要的是规范了整个商贸业务的发生、发展和结算过程，从根本上保证了电子商务的正常运作。

4. 电子商务的层次性特点

电子商务具有层次结构的特点，任何个人、企业、地区和国家都可以建立自己的电子商务系统，这些系统的本身都是一个独立的、完备的整体，都可以提供从商品的推销、购买到支付全过程的服务。但是这样的系统又是更大范围或更高一级的电子商务系统的一个组成部分。因此在实际应用中，常将电子商务分为一般、国内、国际等不同的级别。另外，也可以从系统的功能和应用的难易程度对电子商务进行分级，较低级的电子商务系统只涉及基本网络、信息发布、产品展示和货款支付等，各方面的要求较低；而用于进行国际贸易的电子商务系统不仅技术要求高，而且要涉及到税收、关税、合同法以及不同的银行业务等，结构也比较复杂。

5. 营销电子化、网络化、个人化

电子商务通过 Internet 网上浏览器，可以让客户足不出户就能看到商品的具体型号、规格、价格、商品的真实图片和性能介绍，借助多媒体技术甚至能够看到商品的图像和动画演示，使客户基本上能达到亲自到商场里购物的效果。特别是网上购物可以减少路途的劳累和人员的拥挤，对客户也具有趣味性和吸引力。但是，大部分消费者还习惯于直接购物的方式，对网上购物需要一个观念的转变和适应的过程。

6. 市场全球化

电子商务改变了企业的经营方式。当企业建立了自己的电子商务系统，就会发现自己面对的是全世界的客户。

1.1.6 电子商务产生的影响

21 世纪是一个以网络为核心的信息时代，数字化、网络化与信息化是 21 世纪的时代特征。目前经济全球化与网络化已经成为一种潮流，信息技术革命与信息化建设正在使资本经济转变为信息经济、知识经济，强烈地影响着国际贸易的环境，加快了世界经济结构的调整和重组。电子商务作为信息时代的一种新的商贸形式，对商务的运作过程和方法产生巨大的影响，其影响将远远超出商务的本身，而将对社会的生产和管理、人们的生活和就业、政府职能、法律制度以及文化教育等各个领域带来巨大的影响，并从多方面改变着人类的观念、思维和相互交往的方式。

1. 电子商务必将引发全球性的商务革命

电子商务将引发全球性的商务革命，它正在改变着社会、企业和个人的未来。全球化的市场和经营使地域概念不复存在；而促销宣传渠道也不单单局限在传统媒体上，因为 Internet 正在成为新的媒介，并日益占据主导地位，这就大大方便了消费者的商品购物活动。由于和厂商可以直接在网络上进行在线沟通，消费者可以方便地表达自己的愿望和需求，这也促进了商品的个性化以满足不同消费群体、不同时间的消费需求。厂商和消费者、供应商直接在网上进行电子交易，大大减少了中间环节和时间、费用，加快了商品交换速度，大幅度降低了产品成本。厂商可以及时按照消费者愿望定制个性化产品，确定相应的价格。

作为一种现代商务模式，电子商务利用计算机网络搜索和获取信息，对个人和公司提供决策服务，解决了商家和客户的需求，减少了用于改善货物和服务质量的投入，加快了商品交易的速度。电子商务可以应用于从制造到零售，从银行、金融机构到出版、娱乐以及其他任何企业。它涵盖不同的活动，包括货物和服务的电子交易、电子股票交易、商业拍卖、合作设计和工程、公共文件、直销和售后服务、金融和法律服务、医疗保健和教育等。Internet 正在将不同形式的电子商务结合起来，产生许多创新的、混合的电子商务形式。

2. 电子商务对政府机构的影响

政府对电子商务的支持态度将直接影响电子商务的发展，电子商务的发展也在一定程度上造成对政府机构的影响。电子商务的发展使一些相关的政府部门因为其职能需要而作为贸易过程的一个环节加入到电子商务当中来，政府部门在这个加入过程中要做相应的业务转型。例如工商管理部门在电子商务环境下需对下属各类企业的经营活动进行管理，由于被管理对象已经集成到电子商务中，工商管理部门无法像从前一样来监督企业活动，就必须要加入到企业的现有电子商务贸易活动中才能完成相关工作；税务部门也必须在电子商务环境下进行相关的业务转型，才能完成对电子商务交易活动的征税。管理者加入电子商务可以更及时准确地获得企业信息，更严密地监督企业活动，并可以采用相应的技术手段进行执法，从而加大执法力度，提高政府威信。

电子商务中最重要和最核心的技术就是安全和认证。因为网上的交易使双方都无法确认对方的身份，而这一问题一方面要通过技术手段来解决，同时也需要一个权威机构负责其中的仲裁和信誉保证。这一角色应该由政府出面或指定相关机构或部门来担当，它必须要具备一定的法律效力。

3. 电子商务对企业的影响

电子商务不仅为企业提供虚拟的全球性贸易环境，同时也加强了企业之间的业务协作关系，促进企业经营向异地化和多元化发展。新型的商务通信渠道将重新定位企业，而企业能否在网络环境中找到适合自己的位置，将直接影响到自身的生存和发展。正像 Internet 世界中此起彼伏的网络站点一样，也许今天傲视群雄的某个大牌企业，明日却会销声匿迹。如何正视企业在电子商务时代的位置，抓住电子商务这一契机，促进企业的腾飞，应当是每个企业经营者不可回避的现实。不可否认，电子商务的确能提高企业商务活动的水平和服务质量，加强企业在世界范围的业务关系，并由此带动企业内部的变革和重组。

① 电子商务的交互性使单向的通信变成了双向的通信。同传统链式的单向业务活动相比，Internet 的交互性使得企业能够和贸易伙伴直接进行双向业务活动，减少了中间的业务环节，处理业务的效率和质量大大提高。

② 快速的通信功能可以使企业对市场的反馈做出实时反应。

③ 方便的业务处理手段为企业节省了一笔可观的费用支出。如电子邮件节省了传真和电话费用，而电子发布和电子订单节省了广告和销售费用。EDI 等功能是传统业务处理手段无法比拟的，而与报纸、电视、广播等传媒相比，Internet 的通信费用则更为低廉。

④ 增加了客户和供货方的联系。客户可以通过网络站点立即了解到对方最新的数据资料，企业能以一种快捷方便的手段为客户提供全新的业务、全新的产品和服务，而企业之间进行的电子数据交换也使双方的合作得到加强。

⑤ 企业的业务活动可以不再受时间和空间的限制，可以提供全天候服务。即使企业内部是假期时间，电子商务系统仍能提供 24 小时的全天服务。

通过以上电子商务给企业带来的优越性可以看出，通过电子商务的应用将使企业有可能接触更多的新客户，将大大加强企业的合理化运作，同时电子商务的直观性和透明性将大大增强企业客户的忠诚度。总之，电子商务将帮助企业获得更强大的市场竞争力。反之，如果一个企业未能赶上电子商务的浪潮，在不久的将来就会被无情的市场所遗忘。难以想像，在今天的生活中，如何面对没有电视和电话的窘境；同样也难以置信，未来的企业没有电子商务系统将怎样面对市场？

4. 电子商务对商业营销的影响

电子商务将从根本上改变商务活动的模式。电子商务使消费者不需要再到商场中精疲力尽地搜索自己所需的商品；使商家们避免了在谈判桌前唇枪舌剑的谈判。通过网络和浏览器消费者不仅可以足不出户地看遍世界，身临其境地浏览各类产品，而且还能获得各种在线服务；不仅能够购买实物类产品，如汽车、电视机和 VCD，也能购买数字类产品，如信息、录像、录音、数据库、软件及各类知识产品。此外，消费者还能获得各类服务，如安排旅游行程、网上医疗诊断和远程教育等。

对于企业来讲，电子商务改变了企业的经营方式。当企业建立了自己的电子商务系统，就会发现自己面对的是全世界的客户；客户将在网上与供货方联系，利用网络进行结算和支付服务；企业可以方便地与政府部门以及竞争对手发生联系。这种网上联系使企业经营的方式在各个角度发生了改变。

电子商务对企业的营销策略产生了很大的影响，电子商务的销售方式带给商家的是更加激烈的竞争。由于客户面对所有的相关商家，选择余地空前扩展，这对商家无疑是一种巨大的挑战。企业原有的规模、资产、地理位置等优势全都不重要了，所有的商家全都变成消费者浏览器中的一张张主页。在 Internet 上，所有的商家站在同一起跑线上，企业的销售网页能否支持更好的目录结构，更方便顾客挑选，能否给顾客创造性能良好的个性化页面，提供个性化服务等，是商家首要考虑的营销策略。因为商品销售和销售的场所都转移到了计算机网络上，因此商家的网页质量，如网页的艺术性、可用性、查询效率和对消费者个人信息的安全保密性等，成为吸引更多顾客的决定性条件。

5. 电子商务对消费者的影响

在电子商务环境中，客户不再像以往那样因受地域限制而只能做某家邻近商店的老主顾，他们也不再仅仅将目光集中在最低价格上，服务质量在某种意义上成为商务活动的关键。现在，许多企业都在 Internet 上为客户提供完整服务，而 Internet 在这种服务的提供中充当了催化剂的角色。通过将客户服务过程移至 Internet 上，客户能以一种比过去更为简捷的方式完成从前较为费事才能获得的服务。例如，现在要完成将资金从一个存款户头移至一个支票户头，查看一张信用卡的收支，记录发货请求，乃至搜寻并购买稀有产品等事务，都可以足不出户而实时完成。

电子商务将改变人们的生活方式。在电子商务时代，只要上网就可以在网上逛商店。网络商场与电视商场的不同在于，网络商场是一种全球性商场，世界各国的货物都可以选购，而且网络商场是实时交互的。这里“实时交互”的意思是：在电视商场里，作为观众，人们完全没有主动权，让你看什么，就只能看什么，观众是作为被动的客体出现的；但是在网络商场里，观众想看什么就能看什么，主动权完全控制在自己手中，上网的客户是作为主体出现的，能够任意选择商场中的内容，并实时进行交易。此外，电子商务还改变了人们消费的方式。网上购物是足不出户，看遍世界，网上的搜索功能可以方便地让顾客货比多家。同时，消费者能以一种十分轻松自由的自我服务方式来完成交易，从而使用户对服务的满意度大幅度提高。

6. 电子商务对金融机构的影响

在电子商务的结构系统中，银行是最重要的，也是必不可少的角色。在 BtoB 方式中，银行负责电子商务中一切贸易活动的结算；而在 BtoC 方式中，银行除结算之外，还要负责商家与消费者相互认证的问题。电子商务交易要求银行采用更坚实的技术和政策手段为全球贸易提供完全可以依赖的资金汇兑安全交易。银行应该能够给顾客和厂商在网上创造一种安全环境，使他们不存在受欺骗的危险，银行还要保护厂商免受损失，顾客的信用卡号不会在网上被滥用，消费者个人的隐私和个人信息不会泄露。目前使用的安全电子交易标准已经能够做到这一点。银行在电子商务中作为中介机构，要保证消费者的利益不受任何损失，这是改变消费者观念，推进电子商务的前提条件。银行的安全性不仅关系到银行自己的信用问题，更重要的是它将影响行业和消费者对电子商务的信心问题，只有银行能够确保交易的安全，才能维持并促进电子商务的发展。

7. 电子商务对社会经济的影响

① 促使全球经济发展。电子商务带来的最直接的好处是由于贸易范围的空前扩大而使全球贸易活动大幅度增加，因而提高了贸易环节中的交易量。

② 促进知识经济的发展。知识经济有着大量的无形成本和高附加值，信息产业是知识经济的核心和最主要的推动力，而电子商务又站在信息产业最前列，因此电子商务的发展必将直接或间接地推动知识经济的发展。

③ 产生了新兴的行业。在电子商务环境下，原来的业务模型发生了变化，许多不同类型业务过程由原来的集中管理变为分散管理，社会分工逐步变细，因而产生了大量新兴行业来配合电子商务的顺利运转。比如，由于商业企业的销售方式和最终消费者购买方式的转变，打破了原来的“一手交钱，一手交货”的模式，使得送货上门等业务成为一项极为重要的服务业务，这就是物流公司出现的原因。因而，新型市场的存在必然导致新行业的出现，如配送中心这类具备相当规模的专门从事送货业务的行业等，他们的出现也创造了更多的就业机会和社会财富。

1.2 电子商务发展的基本环境

随着知识经济时代的来临，基于信息技术的电子商务正在逐渐成为现代社会经济活动的重要基础。电子商务的基本技术研究和电子商务的基本内容研究等，已经成为当今 IT 业界的重要课题。

作为一项技术，电子商务对所需要的信息技术环境和企业信息网络环境提出了新的要求；作为一种基本的社会活动，它又对社会和人文环境提出了新的要求。因此，电子商务不仅仅是一个基本技术，更是一个社会新概念。电子商务要发展，就必然要求形成新的社会、人文和技术环境。

电子商务并不是简单的商务活动工具。历史已经证明，新工具的出现，必将对社会产生巨大的影响。作为信息产业界的重要内容，电子商务有着举足轻重的地位。作为现代知识经济社会的重要基本技术，电子商务能否正常、持续和有效地发展，将对整个社会的发展产生重要影响。电子商务与传统商务的区别究竟在哪里？电子商务对各种环境的基本要求是什么？电子商务对信息技术有哪些特殊的要求？电子商务对企业、政府和个人的商务活动及其他活动将形成怎样的冲击？这些都是电子商务体系形成和建设过程中的重要问题。

1.2.1 社会环境对电子商务的影响

电子商务既是一种技术，也是一种新的社会观念，同时还是一个新的社会发展基础。

作为一种技术，电子商务提供了能满足各种信息处理和商务活动要求的几乎全部技术。

作为一种新的社会观念，电子商务对社会的基本行为特征提出了新的要求。

建立在新的社会观念和技术之上的电子商务必然成为以信息技术为基础的知识经济时代的社会发展基础。

电子商务能否按人们所设计或想像的那样形成社会生产力，并不是一个简单的技术问题，而是一个由各种非技术因素环境所决定的社会行为。

1. 人文环境的影响

所谓人文环境主要是指人的价值观，也包括社会机制、传统风俗、人际关系等。在传统商务活动中，人文环境的影响几乎无所不在，无论是在经济发达地区还是在经济欠发达地区都是如此。信息资源、自然资源和人力资源有一个共同的“资源特性”，就是“被开发性”。在传统商务活动中，从业商务活动的人所能得到的信息是十分有限的，从业人员所能得到的信息几乎全部是经过个人开发而得到的。而在电子商务中，从事商务活动的人员可以得到几乎是无限的相关信息。这就存在着是否“乐于”开发信息资源的问题。而开发相关信息资源的意愿主要取决于人的人文特征和人文环境。因此，在电子商务的实施中，必须十分重视所处的人文环境。要发挥应有的作用，就必然对人的价值观、社会机制、传统风俗和人际关系等提出要求。

Internet的出现，为商务活动提供了全新的基本运行技术环境，但不是全部运行环境。电子信息系统如何工作，各种电子信息技术之间如何配合使用，决定权在人。因此，社会发展阶段的各种特征和人文环境必然会对人的电子商务行为产生重要作用，其中之一就是对电子商务技术的认可和要求。

2. 政府行为

政府行为历来是各种商务活动的基本约束条件，它不仅能决定电子商务的使用范围，还能决定电子商务能否使用。反之，电子商务也对政府行为起着巨大的刺激作用。首先，电子商务将对政府能否继续有效地监督和控制经济活动提出严重的挑战。由于电子商务的透明性，传统的监督和控制方法已经无能为力了。其次，政府如何在电子商务中发挥管理、监督、协调、促进和服务的作用，将成为电子商务能否成功或迅速发展的重要影响因素，甚至是决定性的因素。

1.2.2 信息化是社会生产力发展的必然趋势

信息经济的形成和发展一方面依靠信息技术与信息生产或服务的产业化；另一方面依靠

农业、交通运输业、金融业、商业等传统产业的信息化。传统产业在生产、管理、设计等各个环节全方位地应用信息技术，使这些产业降低能耗、提高效率、增加效益。电子商务正是在传统商务的信息化过程中出现的。

与工业不同的是，信息产业对经济的贡献主要不体现在产值上，而是电信与信息网络作为社会基础设施的支撑作用。就像工业社会的主要标志不在于火车上拉的是什么货物或者多少货物，而在于蒸汽动力装置的普遍采用。信息时代的到来，也不是因为现在有用的知识变得比牛顿、哥白尼时代更多或更重要，而是由于信息技术及其网络的普及，使信息劳动成为人类劳动的主要经济成分。

要促进电子商务的应用和普及，首先要解决的就是建设信息设施的问题。要想真正实现网上交易，要求网络应当有非常快的响应速度和带宽，必须在硬件、软件上提供对高速网络的支持。我国由于经济实力和技术、管理等方面的原因，网络的基础设施建设还不够先进，已建成的网络离电子商务的要求还有距离。另一方面，上网用户少，网络利用率低，致使网络资源大量闲置，投资回报率低，也严重阻碍了网络的进一步发展。同时，银行、税务等部门的联网还没有完全实现。因此，如何加大信息基础设施建设的力度，提高投资效益，改变网络通信方面的落后面貌，是促进电子商务应用普及的重要问题。宏观上，就整个社会来说，要建设一个能够支撑电子商务的市场环境；微观上，具体到每个企业，就是要实现自身的信息化，才会有能力进入这样一个电子商务的市场环境。

1.2.3　企业信息化是实施电子商务的基础

在工业经济环境中，企业和公司是围绕物流和资金流组织生产的。这种生产是追求效率的大规模生产，产品是标准化的、大批量的。为了保证生产，需要有合理的库存储备，也就是不得不准备备份的材料、零部件及劳动力等。在信息经济环境中，企业围绕着信息组织生产。企业首先要有获取信息的技术手段，在信息技术的支撑下，企业可以清楚地知道现实的市场需求，需要什么产品，需要多少，而且能够使潜在的需要明朗化。这种信息化的背景为电子商务的产生奠定了基础。

企业信息化不是在现行的业务流程中增设一套并行的信息流程，而是要按照现代企业制度的要求，适应市场竞争的外部环境，对工作流程进行改革和优化，并用现代信息技术支撑运作。具体说来就是要建设企业 MIS（管理信息系统），进而发展到企业 Intranet（内部网）、Extranet（外部网）的建立，以此实现企业信息流横向、纵向的顺畅流动。

1.2.4　金融电子化是实施电子商务的保证

电子商务的核心内容是信息的互相沟通和交流。交易双方通过 Internet 进行交流和洽谈，最后有可能完成交易。这时对于通过电子商务手段完成交易的双方来说，银行等金融机构的介入是必需的。银行所起的作用主要是支持和服务，属于商业行为。但从整个电子商务网络的发展来看，这是一种不可缺少的商业行为，要在网络上直接进行交易，就需要通过银行的信用卡等各种方式来完成，或在国际贸易中通过与国际金融网络的连接来支付和收费。

银行在电子商务整体框架中是必不可少的一个重要组成部分，银行的支付结算服务是电子商务得以开展的必要条件。在电子商务中，无论是企业之间的交易活动还是消费者和企业间的网上购物活动，都离不开银行的支持。

1.3 电子商务的类别

1.3.1 电子商务的分类

我们可以对电子商务按参与电子商务交易的对象、电子商务交易的商品内容和进行电子商务的企业所使用的网络类型等对电子商务进行不同的分类。

1. 按参与交易的对象分类

按参与电子商务交易的对象可以分为 3 个类别：企业与企业之间的电子商务（BtoB）、企业对消费者的电子商务（BtoC）、企业与政府机构之间的电子商务（BtoG）。还有人提出可分为：消费者—消费者（CtoC）、消费者—企业（CtoB）、消费者—政府机构（CtoG）等等。目前应用范围比较广泛的是 BtoB 和 BtoC 两大类。

（1）企业与消费者之间的电子商务（Business to Customer，BtoC）

这是消费者利用 Internet 直接参与经济活动的形式，类同于商业电子化的零售商务。随着 WWW 的出现，网上销售迅速地发展起来。目前，在 Internet 上有许许多多各种类型的虚拟商店和虚拟企业，提供各种与商品销售有关的服务。通过网上商店买卖的商品可以是实体化的，如书籍、鲜花、服装、食品、汽车、电视等；也可以是数字化的，如新闻、音乐、电影、数据库、软件及各类基于知识的商品；还有提供的各类服务，如安排旅游、在线医疗诊断和远程教育等。

（2）企业与企业之间的电子商务（Business to Business，BtoB）

BtoB 方式是电子商务应用最重要和最受企业重视的形式，企业可以使用 Internet 或其他网络对每笔交易寻找最佳合作伙伴，完成从订购到结算的全部交易行为，包括向供应商订货、签约、接受发票和使用电子资金转移、信用证、银行托收等方式进行付款，以及在商贸过程中发生的其他问题如索赔、商品发送管理和运输跟踪等。企业对企业的电子商务所涉及的金额较大，所需要的各种软硬件环境复杂，但在 EDI 商务成功的基础上发展得最快。

（3）企业与政府方面的电子商务（Business to Government，BtoG）

这种商务活动覆盖企业与政府组织间的各项事务。例如企业与政府之间进行的各种手续的报批，政府通过 Internet 发布采购清单，企业以电子化方式响应；政府在网上以电子交换方式来完成对企业和电子交易的征税，这成为政府机关政务公开的手段和方法。

2. 按交易的商品内容分类

如果按照电子商务交易的商品内容分类，电子商务主要包括两类商业活动。

（1）有形产品（或称间接）电子商务

电子商务涉及到的商品是有形货物的电子订货，如鲜花、书籍、食品、汽车等，交易的商品需要通过传统的渠道（如邮政业的服务和商业快递服务）来完成送货。因此，间接电子商务要依靠送货的运输系统等外部因素。

（2）无形产品（或称直接）电子商务

电子商务涉及到的商品是无形的货物和服务，如计算机软件、娱乐内容的联机订购、付款和交付，或者是全球规模的信息服务。直接电子商务能使双方越过地理界线直接进行交易，充分挖掘全球市场的潜力。

3. 按电子商务使用的网络类型分类

根据开展电子商务业务的企业所使用的网络类型框架的不同，电子商务可以分为如下 3 种形式：

（1）EDI（Electronic Data Interchange，电子数据交换）

EDI 是按照一个公认的标准和协议，将商务活动中涉及的文件标准化和格式化，通过计算机网络，在贸易伙伴的计算机网络系统之间进行数据交换和自动处理。EDI 主要应用于企业与企业、企业与批发商、批发商与零售商之间的批发业务。EDI 电子商务在 20 世纪 90 年代已得到较大的发展，技术上也较为成熟，但是因为开展 EDI 对企业有较高的管理、资金和技术的要求，因此至今尚不太普及。

（2）Internet（因特网）

Internet 是指利用连通全球的网络开展的电子商务活动，在 Internet 上可以进行各种形式的电子商务业务，这种方式所涉及的领域广泛，全世界各个企业和个人都可以参与，所以当前正以飞快的速度在发展，其前景十分诱人，是目前电子商务的主要形式。

（3）Intranet（内联网）

Intranet 是指在一个大型企业的内部或一个行业内开展的电子商务活动，通过这种形式形成一个商务活动链，这样可以大大提高工作效率和降低业务的成本。

1.3.2 企业与企业之间的电子商务

企业与企业之间的电子商务是电子商务业务中的重头戏，在电子商务业务中，企业和企业之间的交易是大宗的，是通过引入电子商务产生大量效益的地方。

网络经济的特点是数字化，它使企业的信息流能够比传统的邮政、传真，甚至电话更快捷、更精确和成本更低。这对企业特别是高科技企业传统的生产、销售模式提出了严峻挑战：企业必须要满足适应经济全球化、缩短生产周期、降低销售成本和客户维系成本、提高服务质量、增加供需联系、吸引新的客户以及实现零库存等要求。利用 Internet 从事生产、销售和合作的联系彻底改变了传统的买卖双方面对面的交流方式，也打破了旧有工作经营模式坐店经营、按点上下班所带来的地理区域和时间的限制。它通过 Internet 使企业面对整个世界，直接接触成千上万的新用户，为用户提供每周 7 天、每天 24 小时的服务，从而接触更多的潜在用户，抓住新的商业机会。这已经成为企业跻身于国际市场的一种重要手段。

开展电子商务将使企业拥有一个商机无限的网络发展空间，这也是企业谋生存、求发展的必由之路，它可以使企业在竞争中处于更加有利的地位。可以预言，在不久的将来，几乎所有传统行业中的企业必然要经历从传统经营向电子商务经营模式的巨大变革，网络的互动性、几乎无所不在的中介作用和多向的信息流的有机结合，将在未来的5年中成为社会发展的最大价值来源。许多原来必须由企业专设机构和人员从事的工作，如采购、营销、市场调查、原料和成品的储运及调配等，也许都会逐步由网络承担。网络将成为一种将制造业、销售业、服务业和消费者紧紧相连的“组织粘合剂”，网络和软件业即将成为社会资源配置过程中最为重要和有效的一个环节，发挥越来越重要的作用。

过去，产品质量曾经是企业的第一竞争力要素。但是，随着更多的企业采用统计过程控制（SPC）和其他质量控制技术，同等水平的企业间的质量差距变得很小。这时，产品的成本就成为企业的第一竞争因素。不过，越来越多的证据表明，产品成本的差异正在缩小，因为通过Internet，产品的成本信息正变得越来越透明。虽然质量和成本仍然是企业考虑的重要因素，但是准确、及时的数据交换将很快上升为决定企业的关键竞争力的因素。对跨国公司来说，跨地域和时区的各个业务部门和分支机构业务数据的及时汇总和分析，以及公司领导策略的分发和贯彻是最重要的。只有建立一个完善的全球性的网络机制和架构，才能使分散在各个角落的分支机构健康迅速地开展业务。

1. BtoB给企业带来的好处

希望获得巨大的回报是企业投资于BtoB电子商务的真正驱动力。总体来说，BtoB电子商务将会为企业带来更高的生产率、更低的价格、更低的劳动成本和更多的商业机会。具体来说，BtoB电子商务将对企业带来以下明显的好处。

① 改善供应链管理：供应链是企业赖以生存的商业循环系统，是企业电子商务管理最重要的课题。统计数据表明，企业供应链可以耗费高达25%的运营成本。由此可见，降低供应链耗费对企业提高利润率有重要影响。依靠电子商务技术，可以保证通过Internet动态地维系企业的供货、合同制造、分销、运输和其他贸易合作伙伴，真正建立高效的全球供应链系统。

② 增加商业机会和开拓新的市场：越来越多的企业接受网络化的业务，电子商务将是未来商业活动的标准模式。Internet的无国界和无时限的特点为企业提供了理想的和低成本的信息发布渠道，商业机会因此大大增加。

③ 改善过程质量：BtoB电子商务可以实现更好的记录跟踪、更少的错误，减少处理时间，降低对人力资源的占用，减少非生产用的时间。

④ 缩短订货周期：更快、更准确的订单处理，降低安全库存量，提高库存补充自动化程度和增加客户满意度。

⑤ 降低交易的成本：减少通信、邮政和纸介质文档的维护工作量，减少业务代表成本，减少传统广告投入。

⑥ 改善信息管理和决策水平：准确的信息和交易审计跟踪可以创造更好的决策支持环境，从而协助发现潜在的大市场，发现不断改进和降低成本的规律。

⑦ 改善工作方式，最终提高利润率：据统计资料表明，与传统的书面、电话、传真和EDI方式相比，BtoB电子商务使各类企业平均降低12%～15%的成本。如果考虑到资金周

转加快和市场机会增加等因素，那么企业从电子商务中所获得的利益更是相当可观的。

2. BtoB 的主要功能

BtoB 电子商务意味着公司业务系统与合作伙伴（如分销商）、供应商和服务提供商（如储运公司）业务系统的完全自动化的、端到端的集成。因此，尽管建网站和信息发布是 BtoB 电子商务的第一步，但远远不是其全部。以生产制造型企业为例，一般把企业的财务系统、企业资源计划（ERP）系统、供应链（SCM）系统、客户关系管理系统（CRM）等支撑生产运营的系统叫做企业的 Back Office 系统，这些系统也是 BtoB 电子商务的支撑系统。换句话说，如果企业的网站不能够把供应商和销售商与 Back Office 系统连接起来，来自生产的信息不能进入采购系统，来自销售的信息不能进入生产计划，那么电子商务的优越性就无从谈起。因此，BtoB 电子商务主要解决的问题可以概括为：通过 Internet 连接供应商、买方以及企业 Back Office 系统本身，从而能够实现自动采购、自动订单履行和自动物流、资金流的自动信息交换。

基于这样的定义，BtoB 电子商务系统由 3 个层次组成：第 1 层是基于 Internet 的采购、订单管理和交易系统，即一个商家连接其他商家的 Internet 通道；第 2 层是企业应用系统集成，即 Internet 采购和订单履行的内部通路，通过它实现企业的 ERP、财务系统、SCM 等后台应用软件的集成，使它们在电子商务的驱动下协调工作；第 3 层是电子商务的基础设施，包括网络安全、在线支付、电子邮件系统等。

（1）第 1 层的主要功能

- 产品目录及搜索功能。便于买方了解企业的产品信息，找到合适的产品；
- 在线订单请求。允许买方通过 Internet 直接下订单；
- 在线产品配置功能。允许买方根据自己的要求对产品提出特殊的规格说明，并获得满意的建议；
- 在线订单履行状态。允许买方及时了解所下订单的履行情况；
- 企业采购目录信息。允许卖方了解企业的采购需求；
- 自动采购机制。允许企业根据生产情况向供应商自动提出采购需求；
- 采购流程匹配功能。允许在不同企业的不同业务流程间实现匹配，这通常是通过定义企业业务规则来实现的；
- 在线支付系统。出于安全方面的考虑，目前 BtoB 的在线支付技术尚不流行；
- 对于交易型电子商务，买方和卖方相汇于一个电子化大市场之中，这样的电子商务还包括买方与卖方的自动匹配、自动通知、竞买和竞卖等多对多的交易功能。

（2）第 2 层的主要功能

- 企业工作流系统。在 BtoB 电子商务中，工作流是无处不在的。最典型的如采购审批流程就包括填单、核算、审批、下采购订单等基本步骤。另外，由于生产进度的变化而引起库存的变化，从而引起采购需求的变化，也需要靠工作流系统在企业的各个应用系统之间进行功能切换。
- 企业应用系统集成。如将 ERP 系统、财务系统、CAD/CAM 系统、供应链管理系统、人力资源系统、后勤系统和办公自动化系统等进行符合工业标准的集成，使这些系统之间能够互相交换信息和协调工作。例如，把 Internet 订单转换成生产计划和采购计划就需要若干系统的协同工作，而协同的自动化是电子商务的关键优势之一。

· 统一信息交换，提供不同企业应用系统之间和企业内部应用系统之间的数据交换能力。

(3) 第 3 层的主要功能

主要涉及企业的网络系统安全和在线支付系统。像防火墙、数字签名、信息加密、身份认证等，是电子商务系统建设必须考虑的基本问题。在线支付在 BtoC 电子商务中最为迫切，而在 BtoB 电子商务中的应用尚不普遍。主要原因有几个：一是 BtoB 交易中涉及的资金数额巨大，通过网络支付风险难以控制，特别是存在国际贸易间的欺诈风险；二是企业贸易中已经形成了一些付款的规矩，使得网络支付手段一时难以被接受；三是国际贸易间的关税问题。因此，BtoB 电子商务的资金流目前还是通过传统的方式流动。但是，尽管存在上述限制条件，BtoB 电子商务一定会发展到在线支付的方式。

1.3.3 企业与消费者之间的电子商务

从长远看，企业对消费者的电子商务将取得长足的进展，并将最终在电子商务领域占据重要地位。但是由于各种因素的制约，在目前以及今后比较长的一段时间内，这个层次的业务还只能占较小的比重。

如果用一句话描述这种电子商务，可以这样说："它是以 Internet 为主要手段，来提供服务实现公众消费，并保证与其相关的付款方式的电子化。它是随着 Internet 的出现而迅速发展起来的，可以将其看做是一种电子化的零售"。目前，在 Internet 上遍布各种类型的商业中心，提供从鲜花、书籍，到计算机、汽车等各种消费商品和服务。

目前在因特网上有很多这一类型电子商务成功应用的例子，如全球最大的虚拟书店亚马逊（http：//www.amazon.com）等。

为了获得消费者的认同，网上销售商在"网络商店"的布置上往往煞费苦心。网上商品不是摆在货架上，而是做成了电子目录，里面有商品的图片、说明书、规格和价格信息等。所谓"第三方"的购买指南还不时帮助消费者在众多的商品品牌之间做出选择。消费者对选中的商品只要用鼠标轻轻一点，再把它加入到网络的"购物手推车"里就可以了。在付款时消费者需要输入自己的姓名、家庭住址以及信用卡号码，一点回车键，一次网上购物就算完成了。为了消除消费者的不信任感，大多数网上销售商还提供免费电话咨询服务。

就上述电子购物而言，在实际进行过程中，即从顾客输入订货单后开始到拿到销售商出具的电子收据为止的全过程仅用了 5～20s 的时间。购物过程中虽经过信用公司和商业银行等多次进行身份确认、银行授权、各种财务数据交换和账务往来等，但所有业务活动都是在极短的时间内通过网络传递完成的。

这种购物过程彻底改变了传统的面对面交易、一手交钱一手交货及面谈等购物方式，是一种崭新而有效的、保密性好和安全可靠的电子购物过程。利用各种电子商务保密服务系统，就可以在 Internet 上使用自己的信用卡放心大胆地购买物品。从整个购物过程看出，购物的顾客也仅仅就是输入电子订货单说明自己购买的物品，调出自己的电子钱包和电子信用卡，只要电子信用卡合法，即可完成购物，并得到电子收据。这是一种与传统购物方式不同的现代购物方式。

从以上电子商务的类别可以看出，企业与企业以及企业与消费者之间的电子商务是整个电子商务的重要内容和主要模式。

1.4 电子商务的基本业务流程

1.4.1 网络商品直销的流转过程

网络商品直销，是指消费者和生产者或者需求方和供应方，直接利用网络开展的买卖活动。BtoC 电子商务基本属于网络商品直销的范畴。这种交易的最大特点是供需直接见面，环节少，速度快，费用低。其流转过程可以用图 1.2 加以说明。

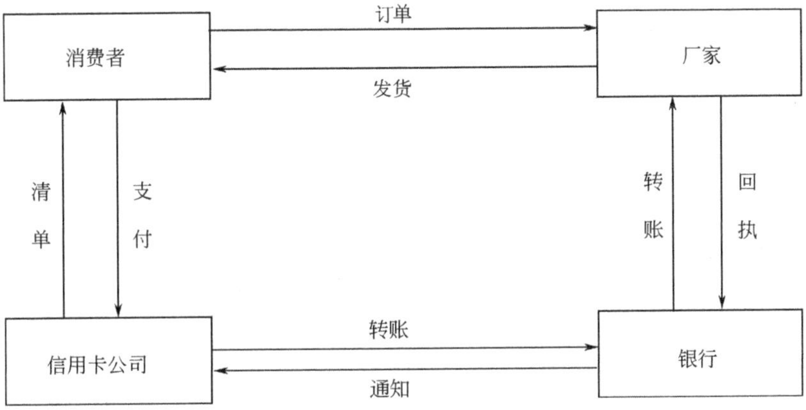

图 1.2 网络商品直销的流转过程

由图 1.2 可以看出，网络商品直销过程可以分为以下 6 个步骤。

① 消费者进入 Internet，查看在线商店或企业的主页；

② 消费者通过购物对话框填写姓名、地址、商品品种、规格、数量、价格；

③ 消费者选择支付方式，如信用卡，也可选用借记卡、电子货币或电子支票等；

④ 在线商店或企业的客户服务器检查支付方服务器，确认汇款额是否认可；

⑤ 在线商店或企业的客户服务器确认消费者付款后，通知销售部门送货上门；

⑥ 消费者的开户银行将支付款项传递到消费者的信用卡公司，信用卡公司负责发给消费者收费清单。

为保证交易过程中的安全，需要有一个认证机构对在 Internet 上交易的买卖双方进行认证，以确认他们的真实身份。这时，图 1.2 演变为图 1.3。

上述过程应当在 SET 协议（电子安全交易协议）下进行。在 SET 协议的 4 个环节中，即从消费者、商家、支付网关到认证中心，IBM,Microsoft,Netscape,SUN,Oracle 等公司均有相应的解决方案。

网络商品直销的诱人之处，在于它能够有效地减少交易环节，大幅度降低交易成本，从而降低商品的价格。在传统的商业模式中，企业和商家不得不拿出很大一部分资金用于开拓

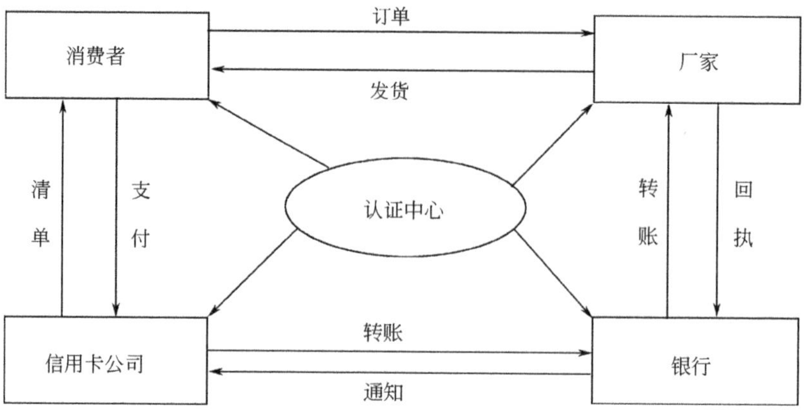

图 1.3 认证中心存在下的网络商品直销流转过程

分销渠道。分销渠道的扩展，虽然扩大了企业的分销范围，加大了商品的销售量，但同时也意味着更多分销商的参与。所以，企业不得不出让很大一部分利润给分销商，用户也不得不承担最终高昂的价格，这是生产者和消费者都不愿看到的。电子商务的网络直销可以很好地解决这个问题：消费者只需输入厂家的域名，访问厂家的主页，即可清楚地了解所需商品的品种、规格、价格等情况，而且主页上的价格既是出厂价，同时也是消费者所接受的最终价。这样就达到了出厂价格和最终价格的统一，从而使厂家的销售利润大幅度提高，竞争能力不断增强。

从另一方面讲，网络商品直销还能够有效地减少售后服务的费用。许多使用中经常出现的问题，消费者都可以通过查阅厂家的主页从中找到答案，或者通过电子邮件（E-mail）与厂家技术人员直接交流。这样，厂家可以大大减少技术服务人员的数量，减少技术服务人员出差的次数，从而降低企业的经营成本。

网络商品直销的不足之处主要表现在两个方面：第一，购买者只能从网络广告上判断商品的型号、性能、样式和质量，对实物没有直接的感知，在很多情况下可能产生错误的判断，而某些生产者也可能利用网络广告对自己的产品进行不实的宣传，甚至可能打出虚假广告欺骗顾客。第二，购买者利用信用卡进行网络交易，不可避免地要将自己的密码输入计算机，犯罪分子可能利用各种高新科技的作案手段窃取密码，进而盗窃用户的钱款，这种情况不论是在国外还是在国内都发生过。

1.4.2 企业间网络交易的流转过程

企业间网络交易是 BtoB 电子商务的一种基本形式。交易从寻找和发现客户出发，企业利用自己的网站或网络服务商的信息发布平台发布买卖、合作、招投标等商业信息。借助 Internet 超越时空的特性，企业可以方便地了解到世界各地其他企业的购买信息，同时也有随时被其他企业发现的可能。通过商业信用调查平台，买卖双方可以进入信用调查机构申请对对方的信用调查；通过产品质量认证平台，可以对卖方的产品质量进行认证。然后在信息交流平台上签定合同，进而实现电子支付和物流配送。最后是销售信息的反馈，完成整个 BtoB 的电子商务交易流程。图 1.4 反映了这种交易形式的流转过程。

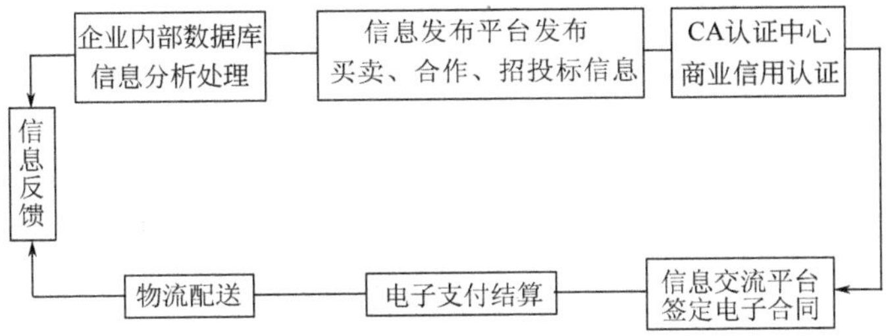

图 1.4　企业间网络交易的流转过程

1.4.3　网络商品中介交易的流转过程

网络商品中介交易是通过网络商品交易中心，即通过虚拟网络市场进行的商品交易。这是 BtoB 电子商务的另一种形式。在这种交易过程中，网络商品交易中心以 Internet 为基础，利用先进的通信技术和计算机软件技术，将商品供应商、采购商和银行紧密地联系起来，为客户提供市场信息、商品交易、仓储配送、货款结算等全方位的服务。其流转过程如图 1.5 所示。

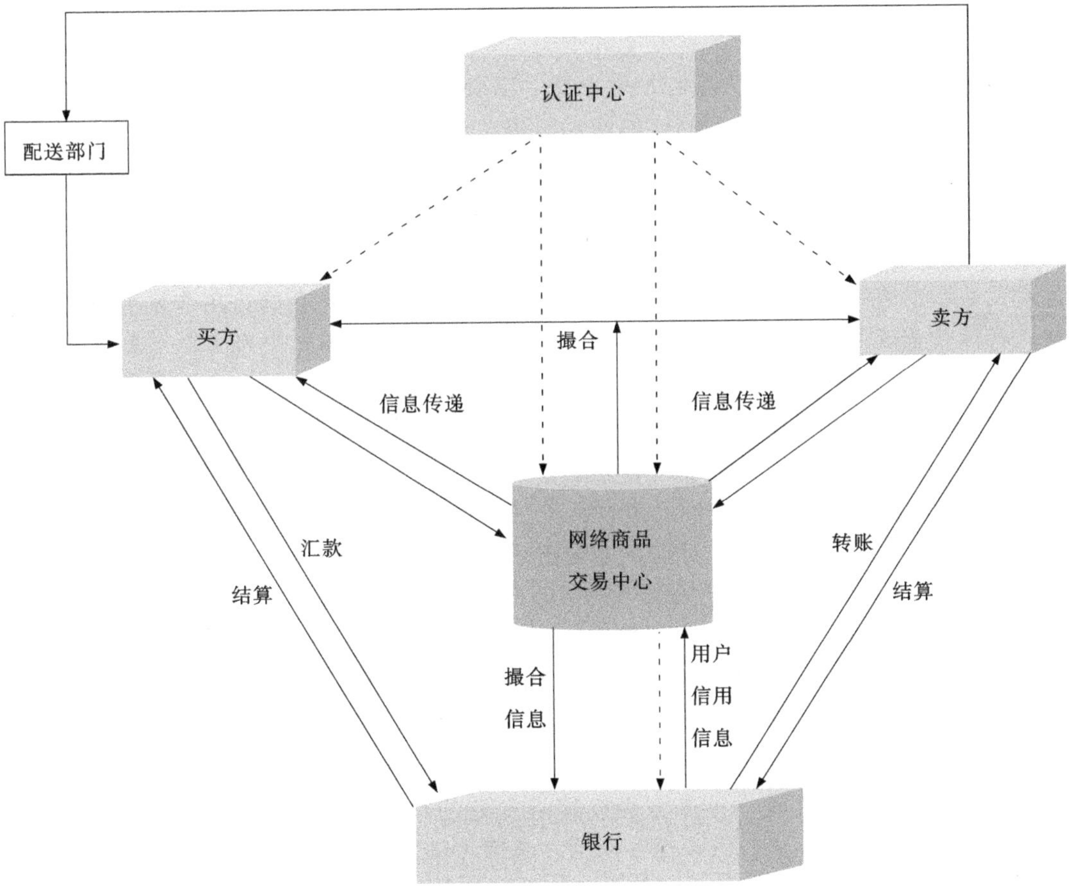

图 1.5　网络商品中介交易的流转过程

网络商品中介交易的流转程式可分为以下几个步骤。

① 买卖双方将各自的供应和需求信息通过网络告诉给网络商品交易中心，网络商品交易中心通过信息发布服务向参与者提供大量的、详细准确的交易数据和市场信息；

② 买卖双方根据网络商品交易中心提供的信息，选择自己的贸易伙伴；

③ 网络商品交易中心从中撮合，促使买卖双方签定合同；

④ 买方在网络商品交易中心指定的银行办理转账付款手续；

⑤ 指定银行通知网络交易中心买方货款到账；

⑥ 网络商品交易中心通知卖方将货物发送到设在买方最近的交易中心配送部门；

⑦ 配送部门送货给买方；

⑧ 买方验证货物后通知网络商品交易中心货物收到；

⑨ 网络商品交易中心通知银行买方收到货物；

⑩ 银行将买方货款转交卖方；

1.5 电子商务的发展现状与趋势

1.5.1 我国电子商务的发展现状

中国的电子商务活动可以说是方兴未艾，形势喜人。中国政府全面推动电子商务的发展。中国已提出了中国电子商务的框架结构。继 1999 年实施政府上网工程后，2000 年又推出企业信息化工程。

20 世纪 90 年代开始相继实施“金桥”、“金卡”、“金关”、“金卫”、“金税”等一系列金字工程，为电子商务的发展创造了条件。今天，我们的日常生活已经或多或少地与电子商务发生着关系。中国的证券（股票）交易网拥有 3 980 多万用户；我国信用卡发卡量已达 5 056 万张，各种非金融 IC 卡发卡量 5 000 多万张；民航订票系统每年处理 5 500 多万张机票等。此外，中国商品交易网、中国商品订货系统等网络也相继建立。

最近几年，我国互连网的发展速度十分迅速，上网用户在数量上已经超过日本、英国，位居世界第二。

企业作为经济体系中最重要的元素，无论过去还是未来都将发挥重要的作用。中国的许多企业纷纷投入信息化的潮流。目前，中国已注册的企业类域名有 3.4 万个之多，占到域名总数的 80%；电子商务使企业从采购到销售的运营效率大幅提高，给大大小小的国内企业创造了跨出国门与全球企业平等竞争的机会。

IT 业内企业则早就把注意力全面转向了 Internet。无论是概念的炒作，还是产品解决方案的推出，大有星星之火要燎原之势。在林林总总的网站中，面向消费类电子商务的网站也已经有千家之多。在世纪的变革中，IT 企业被推到了前沿。

在我国，电子商务已经在很多方面发挥着良好的作用和效益，并开始影响着我们的生活。但是，利用 Internet 进行电子商务活动在我国才刚刚起步，很多方面还不尽如人意。技术的完善和巨大的市场需求给经营者带来巨大的诱惑力。残酷的竞争事实使各行业的经营者一方面希望利用 IT 技术降低内部成本，另一方面希望通过电子商务扩大市场及提高服务质量，努力确保自己的企业在残酷的竞争中保持优势。可以这样形容现在中国的电子商务：机遇与风险同在，领先一步可能就是赢家。

为了加速电子商务在我国的普及应用，使之与国际惯例接轨，达到与国外同步发展的水平。许多公司已开发或引进了电子商务技术。为了适应国际商务活动和管理经营飞速变化的形势，我国已建成了中国国际电子商务网。该网是外经贸领域推广电子商务应用的基础设施，它为全国各级外经贸管理机关和进、出口企业实现对外经济贸易全过程的电子化管理提供了一个功能完善、安全、实用、高效的国际化电子商务环境。

发展国际电子商务是当前我国商贸工作的重点之一。最近几年，绝大多数产品从卖方市场发展为买方市场，流通的重要地位不断上升，世界经济一体化的速度不断加快。客观形势给经贸工作带来了压力和动力，机遇和挑战也迫使我们要大力发展国际电子商务，促进流通，加强贸易，以保证国民经济不断发展。可以说我国国际电子商务的前景十分广阔。

1.5.2　我国电子商务的发展趋势

今后我国电子商务将呈现以下 6 个方面的发展趋势。

1. 纵深化趋势

由于电子商务的基础设施逐步完善，我国传统企业发展电子商务的深度将进一步拓展，个人参与电子商务也会越来越多。图像通信网、多媒体通信网将建成使用，三网合一潮流势不可挡，高速宽带互连网将扮演越来越重要的角色。

2. 个性化趋势

个性化定制信息需求将会强劲，个性化商品的深度参与成为必然。对所有面对个体消费者的电子商务活动来说，能否提供多样化的服务，是决定成败的关键。

3. 专业化趋势

今后几年内我国上网人口仍将是以中高收入水平的人群为主，因而面向消费者的直线型网站和专业化网站前景看好。面向行业的专业电子商务平台发展潜力很大。

4. 国际化趋势

我国电子商务企业将随着国际电子商务环境的规范和完善逐步走向世界。随着我国加入 WTO，国外电子商务企业开拓我国市场的障碍将逐步消除。

5. 区域化趋势

立足国情采取有重点的区域化战略是有效扩大网上营销规模和效果的必然途径。由于我国南北差异、东西差距的存在，BtoB 电子商务模式的区域性特征将越来越明显。

6. 融合化趋势

电子商务网站在最初的全面开花后，必然走向新的融合，包括同类兼并、互补性兼并和战略联盟协作等。

1.5.3 我国实施电子商务存在的问题

电子商务是一个新生儿，它正在走发展初期的路，会有成长的烦恼。

就国内信息化发展现状看，电子商务还处于起步造势的时期。要想使它达到实用阶段并最终步入快速发展时期，取决于下列因素：我国信息网络的发展水平、金融电子化的发展进程、计算机应用普及程度（包括装机总量和上网用户数）、企业和个人用户的在线资费支付能力、网上中文信息的丰富程度和相关法律法规、国家政策、安全措施、行业标准、相关执法队伍的建立健全等。

目前，我国电子商务的发展水平与国际发展水平相比，仍存在较大的差距，EDI 网络在国内海关系统已全面开通，但大部分仍限于报关文件的传递，通过 EDI 实现款项支付的则较少。Internet 商业的应用则主要限于网上广告的发布和 E-mail 通信，包括电子付款的全部商业交易过程的实现仍然需要克服众多障碍。具体来讲，目前我国电子商务推广过程中主要存在以下几个问题。

1. 认识问题

对于新事物反应冷漠严重影响了我国电子商务的推广速度。认识上的滞后是影响电子商务发展的重大障碍。世界已进入到信息时代，竞争呈现出高速度、高强度、全方位的新特点。掌握最新技术和管理方法的国家、企业和个人将处于竞争的有利地位，而认识落后，将会被市场无情地淘汰。日本在新一轮信息产业的竞争中惨败于美国的信息产业，这应当引起我国政府官员和企业家的高度重视。

2. 安全问题

电子商务的运作涉及多方面的安全问题，如资金安全、信息安全、货物安全、商业秘密等。安全问题如果不能妥善解决，电子商务的实现就是一句空话。许多用户不愿进行网上交易，也是因为对网上交易的安全性、可靠性持怀疑态度。电子商务的安全问题不仅涉及技术问题，同时也涉及管理问题和法律问题。我国目前尚不能批量生产自己的网络防火墙，许多银行电子储蓄系统的密码仅有 4 位数字，技术防范措施显然不能适应大规模电子交易的要求。电子商务交易的管理标准还没有系统制定，法律对于电子商务违法交易行为的认定尚处于摸索阶段，这些问题，都需要迅速加以解决。

3. 技术问题

技术方面的障碍主要包括可靠性、速度等问题。具体说来，包括软件不可靠、线路不可靠、系统不可靠等，而我国通信及服务质量仍需继续改进。Internet 用户数的快速膨胀使带宽拥挤，速度下降。虽然千兆位网络技术开始走向成熟，但要全面铺开还有待时日。ATM 是理想的技术，但价格昂贵。千兆以太网在可升级和成本上有优势，但不能提供多媒体应用所需的服务质量，基础设施方面的问题也可能对性能产生不利影响，如服务器、网卡、总线等跟不上千兆以太网的发展步伐，主存储器及超高速缓存也需要相应的匹配等。

传统的银行业务每笔办理时间在几秒到几分钟之间，而现在的 Internet 银行提供的服务大多没有这么快，而且客户对交易是否成功也不能确信。从这方面讲，现在的服务虽给银行带来了方便，但却让客户花费了过多的交易时间。

另一个潜在的技术障碍是，中国的信息产品，不论是低端的 PC，或是网络设备、电源，还是高端的主机系统都没有纯粹的国货。所有的高性能计算机，其核心元件都得依靠美国的产品和技术，速度仍比美国的高性能计算机差几个数量级。因此，要进行大规模的电子商务活动，又有多少商家会选用国产的产品呢？况且美国在高性能计算机方面对中国的出口有严格的限制，花费巨资买回来的很可能也不是最先进的技术和产品。

4. 人才问题

目前，电子商务已经成为一种全球性的具有战略意义的经营管理手段。但是，电子商务的应用绝不是简单地购买一些计算机设备和软件，制定一些标准，建立一些通信网络就能实现的。它的实施是一项庞大的系统工程，而其中从事电子商务所需要的人才在电子商务中就显得十分重要了。从事电子商务的人才问题解决不好，电子商务的应用就不会顺利实施，电子商务也就发挥不出应有的效益。

电子商务所需的人才可以分为 3 个层次。

① 技术服务支持层。这一层次的人员主要着眼于电子商务的技术方面，如网络建设、系统管理、主页制作、程序开发等。目前的情况是，程序员的数量还是较多的，基本上能满足需求。但是系统管理员一级的人才还比较缺乏。尤其在我国，网络管理员、UNIX 系统管理员和数据库管理员都比较缺乏，而培训费用又比较贵。这就造成目前很多系统的管理员水平不高，只能做一些日常性的维护工作，而像安全性调整、性能调整等高级管理工作都很少进行。这也使国内的不少系统都存在安全的隐患。

② 一般管理人员层（企业中层管理人员、财会人员、中低级政府部门）。这个层次的人员是最庞大的，他们是企业或部门中的一般管理人员，是电子商务的直接受益者，他们并不关心电子商务的技术细节，而只需要知道如何在电子的方式下开展工作就足够了。

③ 高级管理人员层。这一层次主要是指高级管理人员，如企业和政府部门中的高级管理人员，他们应该懂得一些电子商务方面的问题，比如如何使电子商务有利于企业竞争、电子商务在企业和政府决策中的作用等。

5. 经济与费用问题

电子商务离不开经济基础。我国的经济还比较薄弱，虽然国民生产总值已列世界前 10 位，但人均产值和人均收入还很落后。

要通过电子商务产生经济效益，需要一定的客户规模。对于中国这么大的地域与市场，几千万网民还是相对较少的，入不敷出是必然的，更谈不上在短期内收回投资了。在线购物并不如商家宣传的那么合算。世界经济合作与发展组织最近发布的一项研究结果表明，人们通过 Internet 购买书籍、光盘或软件等最流行的在线销售商品并不比通过传统的零售方式购买更便宜，而且其价格变化额度比传统零售商店还高。

6. 资金的流通方式落后问题

在我国这样一个人口众多的国家，银行卡的使用率还十分低，即使在一些大中城市，应用也不是十分普遍。电子商务如果不面对家庭和个人服务的话，是没有发展前途的。目前，一些国家广泛采用信用卡和电子支付的方式付账。银行卡使用不普遍，本身就是一种资金流通方式落后的表现。

电子商务要在中国实现，要解决的问题是如何使现今的资金流通方式得到改变，让更多的人习惯电子支付，培养更多的电子消费人群。

那么，目前国内的资金流通方式存在哪些缺陷呢？银行界的信息专家们说，国外的大量资金是通过无纸货币（信用卡、转账卡）或者支票等方式来实现流通的，基本看不到人们携巨款购买商品的情况。我国的情况就不一样，支票转账只对公不对私，多数个人消费者都不得不采用现金支付方式，带着成捆的现金去买汽车、冰箱、彩电的情况非常普遍。在普通消费者中，持有银行卡的人毕竟是少数。虽然人们经常看到所谓的“一卡在手，走遍神州”的广告，但广告是一回事，实际情况又是另外一回事。一卡在手，连一个城市的商业网点都走不遍，更谈不上走遍全国和世界了。资金的流通问题不解决，电子商务就无法顺利进行，因为电子商务直接面对的使用对象应该是广大的个人消费者。

7. 电信体制问题

我国前一段时间实行的电信体制也限制了 Internet 的发展。集行政管理与经营于一身的垄断体制严重打击了其他 ISP 的业务，服务质量与水平不能保证，价格又降不下来，把大量的潜在用户拒之于千里之外。普通市话的成本只有每分钟 0.03～0.05 元，而实际收费却高出数倍。按绝对货币价格计算，中国人要用比美国人高 20 倍的价格才能买回同样大小的信息流量，而我国的人均收入只有美国的 1/20。有数据说，中国人要用高出数百倍计的代价才能获取同样大小的信息流量。这种体制不改变，很难在短期内有长足的进步，更谈不上电子商务的普及了，而且这也阻碍了我国电信业自身的发展。这种长期在政府保护下长在温室中的现状使得中国电信无力参与国际竞争，一旦开放电信市场，后果将不堪设想。

北美用户访问国外站点的比例不到 10%，而中国有 95%的用户要到国外检索信息，这一方面增加了电信成本（有人以此解释目前的高费用问题），另一方面也表明中国的 Internet 用户对国内站点不感兴趣。如果真正普及电子商务并开放市场，中国的商家并不一定有多少收益，倒可能是大量的外汇流入外国人的腰包。

8. 信用问题

在供需双方的网上交易中，相互信任是成交的根本保证。不能排除一些人看到网上广告立即在网上付款购买，但对于大多数顾客来说，购买前必须进行认真判断。面对信用程度较低，三角债情况严重，假冒伪劣商品泛滥的现实环境，对电子商务望而却步是极为自然的。这一问题的解决需要建立合理的机制和运行标准，确保供需双方建立商业信用，并通过某些监督机构，保证参与交易各方按期、按质、按量支付货物和货款。

电子商务代表着先进的商品交换方式和交易方式，具有方便、高效、规范等诸多优点，即使是经济欠发达地区，也存在着发展电子商务的迫切需要。对发展中可能出现的信用问题，应通过周密部署，一旦出现差错要及时采取有效措施，争取少走弯路，从而积极推进这一新生事物快速健康发展。

也有人问，现在做电子商务究竟超前不超前？从先进性来讲，世界上真正成熟的应用也是最近几年的事情。在中国，应该在有些地方先行，先行以后做出样子了，就有一个大家看得到的成果，再来宣传，这样才有利于电子商务的发展。

从目前的政府重视程度、基础设施建设、企业经营意识以及政策法规等方面来看，我们的发展还是可喜的。

据最近中国互连网信息中心调查，调查的对象是当今的网民，被调查者中有78.1%以上希望能够通过互连网购物（两年前这个比例只有千分之几）。当然，现在的消费者似乎在观念上比过去要成熟得多，也冷静得多。这项调查中，有62%的用户担心网上的安全性及法律保障问题，44.5%的用户表示自己目前尚未有可靠的付款方式，还有46.1%的网民担心网上购货质量的问题。

一些重点的经营企业也充分意识到电子商务带来的商机，纷纷建立起行业的政策法规。外经贸部宣布，到2000年，进出口企业必须通过中国国际电子商务网，以电子方式申请许可证，否则将失去经营配额许可证商品的权利。

另一方面，对中国电子商务方面又要持谨慎态度。这个市场的培育、发展到成熟还需要很长的时间。国内目前的情况无论是硬环境还是软环境都有待于进一步改善。Internet发展虽然较快，但大部分用户来自学校和科研单位，企业的用户还不多。

一个新兴技术能不能很快地应用和推广一定要看国情。我们国家应该有自己的发展计划，应该更加强调“中国特色”。

从网络技术来讲，应该说没有什么问题，电子商务的软件国外大公司做了很多，这些技术应该说比较成熟。但它们究竟适不适合中国市场的需要？适不适合中国的用户？国内很多交易还是以传统方式实现，我们的交易频率高而单笔交易量非常小。专家认为要具备下列条件才能达到成功的电子商务。

- 整个企业社区的局域网建设要达到一定水平；
- 国内要有大面积的广域网；
- 实现Internet和Intranet的改造升级；
- 商业电子化和金融电子化的基础设施完备；
- 实现电子货币的流通，如IC卡等。

如果不承认前面的5条，盲目发展电子商务，是根本不可能的。IT技术能解决的是信息流和资金流的问题，商品流、物资流和社会的基础建设与电子商务的实现又有很大关系。大家应该注意到可行性分析、需求分析、条件分析等，加强基础网络的建设和完善其他条件，形成闭合的全电子化的循环才有意义，否则可能网上交易很快，但是真正的交易完成却丝毫没有得到提高。

在我国发展电子商务必须选择合适的突破口。

突破点在哪儿？有人认为：以外贸带内贸、国际促国内的方式可能会发展得更快一些。先抓哪个行业？在网络上成交，应该先抓大众的采购消费，尤其是零售业的消费品，人们的心理是见到货物才放心，所以切入点要探讨。我国电子商务的推广应选择先易后难，重点突破的战略。所谓先易后难，是指先推广技术上成熟的、安全性较高的电子商务形式，如B2B或B2C商业形式；所谓重点突破，是指在电子商务中，选择易于操作的商品品种开展大规模的推广活动。如网络销售，可以首先启动与传统邮购图书相似的图书购销网络，进而带动其他商品网络购销的开展。在推广过程中，必须重视试点工作及其经验的总结和推广。有些公司，如郑州海关众联信息公司，在贸易中取得较大成绩，现在正向国内贸易和国际贸易方向选择突破口。这类公司为什么能够通过网络服务取得效益，它们怎样培养客户，怎样管理交易网络，这些都应尽快加以总结，逐步推广。具体来说，国内商业从以柜台为核心的零售发展成为包括超市、仓储形式，到目录销售以及正在开始的把目录搬到网上来做，这种渐进过程，实际上也是电子信息产业介入到商业领域当中的一个非常重要的基础条件。

另外，发展电子商务商家要推动，银行应跟上。

与 EC 相关的几个方面主要是用户、商家和银行，如果把这三大家的问题和他们之间的关系搞清楚，可能有助于 EC 发展得更快一些。银行现在没有实现跨行统一结算，对 EC 的推广确实有很大的阻力。像现在我们到商店去，看到收银小姐面前放着大概有五六个不同的刷卡机，这些卡是互相不通的，在网络上，它们之间的清算会带来更大的问题。

最后，吸引大众上网是根本。

Internet 出现实际上有很长时间了，但大众真正介入、参与这个网络的应用，只是短短几年的时间，在美国也同样是在近几年内的事情。网络技术简单好用只是问题的表面，大众的参与是推动发展的最基本的动力。中国的网络发展，现在还很慢、很小，要促进网络的发展，最主要是大众上网，如果大众不上网，只靠集团购买，那是发展不起来的。现在社会在鼓励大众上网。但反过来问：大众上网为什么？如果只局限于现在的那些信息，如看看报纸、天气预报等，人们大可不看，大可不用这个网络。大众上网是寻找那些，跟人们的衣、食、住、行密切相关的信息，只有这样才可以使人们觉得网络的确给自己提供了很多的服务，这个服务很重要，就是商业化的服务。

习题 1

1. 选择题（答案可能不只一个）

（1）下面属于电子商务产生条件的是（　　）

A. 计算机的广泛应用，网络的普及和成熟

B. 信用卡的普及和应用，电子交易安全协议的确定

C. 政府的支持与推动

D. 以上皆是

（2）下面属于直接电子商务的是（　　）

A. 网上购买软件　　B. 网上购买彩电　　C. 订购电子报刊　　D. 网上赚钱

（3）电子商务可以分为以下哪 3 种类型（　　）

A. B2C　　B. C2C　　C. B2B　　D. B2G

（4）下列对电子商务的理解正确的是（　　）

A. 电子商务等于商务电子化

B. 电子商务包括现代信息技术和商务

C. 电子商务实质上形成了一个真实的市场交换场所

D. 电子商务是一种采用最先进信息技术的买卖方式

（5）对电子商务特点的说法正确的是（　　）

A. 结构性　　B. 市场复杂化　　C. 层次性　　D. 营销电子化

（6）电子商务创建全新的企业模式，其具体表现在（　　）

A. 新的信息传达模式

B. 新的市场运行模式

C. 设置简易，企业用户扩大

D. 因特网的普及，相应技术增强，使电子商务容易得以实现

(7) 按照使用网络类型分类，以下不属于当前电子商务的主要形式是（　　）

A. EDI 商务　　B. 互连网商务　　C. Internet 商务　　D. FTP 商务

(8) 对于商品直销过程，下列排序正确的是（　　）

a. 消费者通过购物对话框填写姓名、地址、商品品种、规格、数量、价格

b. 消费者进入互连网，查看在线商品或企业的主页

c. 消费者的开户银行将支付款项传递到消费者的信用卡公司，信用卡公司负责发给消费者收费清单

d. 在线商店或企业的客户服务器检查支付服务器，确认汇款额是否认可

e. 在线商店或企业的客户服务器确认消费者付款后，通知销售部门送货上门

f. 消费者选择支付方式，如信用卡，也可选用借记卡、电子货币或电子支票等

A. abcdef　　B. bafdec　　C. cdeabf　　D. dcaebf

(9) 关于企业网络交易，下列叙述正确的是（　　）

A. 是 B2C 电子商务的一种形式

B. 借助因特网的特性，企业可以方便地了解到世界各地的消费者的购买信息

C. 为了寻找客户，企业利用自己的网站或网络服务发布买卖、合作、招投标等商业信息

D. 但是不能在信息交流平台上签订合同

(10) 下列说法有不当之处的是（　　）

A. 网络商品直销的诱人之处，在于它能够有效地减少交易环节

B. 网络商品直销的优势在于购买者可以不对实物有直接的感知，就能判断商品

C. 网络商品直销的不足之处在于利用信用卡进行交易时，密码的安全性不能得到保障

D. 网络商品直销还能够有效地减少售后服务的技术支持费用

(11) 对于网络商品的中介交易，下列说法不正确的是（　　）

A. 它的基础是互连网

B. 它利用先进的通信技术和计算机软件技术，仅将商品供应商、采购商紧密联系起来

C. 它的存在能促使双方签定合同

D. 买方收到货物后，他会主动通知银行

(12) 下面属于网络商品直销特点的是（　　）

A. 费用低　　B. 环节多　　C. 速度快　　D. 供需间接见面

2. 简答题

(1) 简述电子商务的基本概念。

(2) 简述电子商务产生的原因。

(3) 简述电子商务产生的条件。

(4) 简述发展电子商务给企业带来的效益。

(5) 简述电子商务的支撑环境。

(6) 简述发展电子商务将带来哪些社会效益。

(7) 简述电子商务主要有哪些类别并简单举例。

(8) 简述电子商务创建的全新企业模式的具体表现是什么。

(9) 简述网络商品直销及其优缺点。

(10) 简述网络商品直销的业务流程。

(11) 简述企业间网络交易的业务流程。

(12) 简述网络商品中介交易的业务流程。

(13) 简述我国电子商务的发展现状。

(14) 你认为我国发展电子商务存在哪些问题？

(15) 通过社会调查，谈一下当地电子商务的现状和发展前景。

第2章 电子商务的实现技术

近年来网络技术的飞速发展几乎波及到人类生活的所有层面和领域，商业领域当然也不例外。电子商务作为网络技术与商业的有效结合，是网络化社会的必然产物，是信息时代的商务模式，必将有着广阔的发展前景，但是电子商务的实现需要强有力的技术支持。

2.1 网络技术

2.1.1 计算机网络的定义

什么是计算机网络呢？我们将地理位置不同，并具有独立功能的多个计算机系统通过通信设备和线路连接起来，且以功能完善的网络软件（网络协议、信息交换方式以及网络操作系统等）实现网络资源共享的系统称为计算机网络。

计算机网络还可以定义为“一个互连的、自主的计算机集合”。互连表示计算机之间有交换信息的能力。互连方式（传输介质）可以使用双绞线、同轴电缆、光缆等。自主的计算机表示网络中的每台计算机是独立自主的，它们之间没有明显的主从关系。

随着计算机网络技术的迅速发展，世界各地的计算机通过 Internet 互连在一起，形成了跨国计算机网络，使得计算机之间的通信在商务活动中发挥了重要的作用。因此，电子商务的实现必须以计算机网络为基础。网络技术是电子商务技术中处于最底层、最基础的技术。

2.1.2 计算机网络的发展

在早期，计算机网络只是包括两台用电缆彼此连接起来的计算机，其目的是实现共享数据。

计算机网络的形成大致经历了 4 代。

1. 第 1 代计算机网络

第 1 代计算机网络是面向终端（用户端不具有数据的存储和处理能力）的计算机网络。1946 年，世界上第 1 台计算机（ENIAC）问世。此后的几年中，计算机与计算机之间还没有建立相互间的联系。当时，电子计算机因价格和数量等诸多因素的制约，很少有人会想到在计算机之间进行通信。1954 年，随着一种叫做收发器（Transceiver）的终端研制成功，人们实现了将穿孔卡片上的数据通过电话线路发送到远程计算机上的梦想。以后，电传打印机也作为远程终端和计算机实现了相连。第 1 代计算机网络就这样问世了。

目前，我国金融系统等领域广泛使用的多用户终端就属于计算机终端网络，只不过其软、硬件设备和通信设施都已更新换代，提高了网络的运行效率。

2. 第 2 代计算机网络

早期的第 1 代计算机网络是面向终端的，是一种以单个主机为中心的网络，各终端通过通信线路共享主机的硬件和软件资源。第 2 代计算机网络主要强调了网络的整体性，用户不仅可以共享主机的资源，而且还可以共享其他用户的软、硬件资源。第 2 代计算机网络的工作方式一直延续到了现在。如今的计算机网络尤其是中小型局域网很注重和强调其整体性以扩大系统资源的共享范围。

3. 第 3 代计算机网络

早期计算机之间的组网是有条件的，在同一网络中只能存在同一厂家生产的计算机，其他厂家生产的计算机无法接入。并且网络技术也缺乏一个统一的标准。

针对这种情况，出现了第 3 代计算机网络，开始实现将不同厂家生产的计算机互连成网。1977 年前后，国际标准化组织成立了一个专门机构，提出了一个使各种计算机能够在世界范围内互连成网的标准框架，即著名的开放系统互连基本参考模型 OSI/RM，简称为 OSI。OSI 模型的提出，为计算机网络技术的发展开创了一个新纪元。现在的计算机网络便是以 OSI 为标准进行工作的。

4. 第 4 代计算机网络

第 4 代计算机网络是在进入 20 世纪 90 年代后，随着数字通信的出现而产生的，其特点是综合化和高速化。综合化是指将多种业务综合到一个网络中完成。例如人们一直在用一种与计算机网络很不相同的电话网传送语言信息，但是，现在已经可以将多种业务，如语音、数据、图像等信息以二进制代码的数字形式综合到一个网络中来传送。网络向综合化发展是与多媒体技术的迅速发展分不开的。

2.1.3 计算机网络的功能

计算机技术和通信技术结合而产生的计算机通信网络，不仅使计算机的作用范围超越了地理位置的限制，而且也增大了计算机本身的威力，拓宽了服务，使得它在各领域发挥了重要作用，日益成为计算机应用的主要形式，这是因为计算机网络具有下述重要的功能。

① 数据通信。网络中的计算机之间可以进行数据传输，这是网络的最基本功能。

② 资源共享。入网的用户可以共享网络中的数据、数据库、软件和硬件资源，这是网络的主要功能。

③ 提高系统的可靠性。用户可以借助硬件和软件的手段来保证系统的可靠性。

④ 进行分布处理。可以把工作分散到网络中的各个计算机上完成。

⑤ 集中控制、管理和分配网络中的软件、硬件资源。

2.1.4 计算机网络的分类

计算机网络的种类繁多、性能各异，根据不同的分类原则，可以分为各种不同类型的计算机网络。为了使大家对各种类型的计算机网络有一个清楚的认识，下面从几个不同的角度对计算机网络的类型做一个简单介绍。

- 按传输带宽分类，有基带网和宽带网；
- 按网络结构分类，有以太网和令牌环网；
- 按传输技术分类，有广播式和点到点式；
- 按覆盖范围分类，有局域网、城域网和广域网；
- 按信息传输介质分类，有无线网和有线网；
- 按使用范围分类，有公用网和专用网；
- 按交换方式分类，有报文交换和分组交换；
- 按网络的拓扑结构分类，有星型、环型、总线型、树型等。

事实上这些分类标准都只能给出网络某方面的特征，不能确切地反映网络技术的本质。目前比较公认的能反映网络技术本质的分类方法是按计算机网络的覆盖范围分类。因为在距离、速度、技术细节 3 大因素中，距离影响速度，速度影响技术细节。

计算机网络按其覆盖范围可分为局域网（LAN)、城域网（MAN）和广域网（WAN)。

1. 局域网

局域网（Local Area Network)，简称 LAN，它的通信范围一般被限制在中等规模的地理区域内（如一个实验室、一幢大楼、一个校园)。它具有较高数据传输率的物理通信信道，而且这种信道可以保持始终一致的低误码率。

局域网的主要特点可以归纳如下：

- 地理范围有限，参加组网的计算机通常处在 10～1 000m 的范围内。
- 信道的带宽大，数据传输率高，目前常见局域网的速率有 10Mb/s，100Mb/s 和 1 000Mb/s。
- 数据传输可靠，误码率低。
- 局域网大多采用总线型、星型及环型拓扑结构，结构简单，实现容易。
- 通常网络归一个单一组织所拥有和使用，也不受任何公共网络当局的规定约束，容易进行设备的更新和新技术的引用，不断增强网络功能。

2. 城域网

城域网（Metropolitan Area Network)，简称 MAN。城域网是介于局域网与广域网之间的一种高速网络。最初，城域网的主要应用是互连城市范围内的许多局域网。今天，城域网的应用范围已大大拓宽，能用来传输不同类型的业务，包括实时数据、语音和视频等。城域网能有效地工作于多种环境，其主要特性有：

- 地理覆盖范围可达 5～10km。
- 数据传输速率为 45～150Mb/s。
- 工作站数大于 500 个。
- 误码率小于 10^{-9}。
- 传输介质主要是光纤。
- 既可用于专用网，又可用于公用网。

3. 广域网

广域网（Wide Area Network），简称 WAN。当人们提到计算机网络时，通常指的就是广域网。它所涉及的范围可以为市、省、国家，乃至世界范围，其中最著名的就是因特网（Internet）。

其主要特性有：

- 广域网最根本的特点就是分布范围广，一般在 100km 以上。
- 数据传输率较低（<0.1Mb/s）。
- 误码率较高，一般在 $10^{-3}\sim10^{-5}$左右。
- 属于公用网络。

单独建造一个广域网是极其昂贵和不现实的，所以，常常借用传统的公共传输（电报、电话）网来实现。因为广域网的布局不规则，使得网络的通信控制比较复杂，尤其是使用公共传输网，要求连到网上的任何用户都必须严格遵守各种标准和规程。

2.1.5 计算机网络的拓扑结构

拓扑学是几何学的一个分支，它是从图论演变过来的。拓扑学首先把实体抽象成与其大小、形状无关的点，将连接实体的线路抽象成线，进而研究点、线、面之间的关系。

计算机网络的拓扑（Topology）结构，是指网络中的通信线路和各结点之间的几何排列，它是解释一个网络物理布局的形式图，主要用来反映了各个模块之间的结构关系。它影响着整个网络的设计、功能、可靠性和通信费用等方面，是研究计算机网络的主要环节之一。

注意

结点是指连接到网络上的任何计算机或其他设备。

1. 星型结构

在星型拓扑结构中，结点通过点到点通信线路与中心结点连接，如图 2.1 所示。中心结点控制全网的通信，任何两结点之间的通信都要通过中心结点。

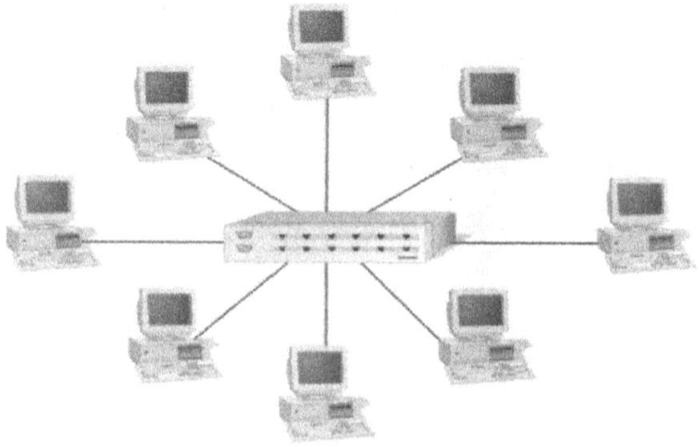

图 2.1 星型结构

优点：系统稳定性好，故障率低，结构简单，易于实现和管理。

缺点：由于任何两个结点间通信都要经过中央结点，故中心结点出故障时，整个网络会瘫痪。

在文件服务器/工作站的局域网模式中，中心结点是文件服务器，存放共享资源。在文件服务器与工作站之间接有集线器（Hub）。集线器的作用为多路复用。

目前大多数局域网均采用星型结构。

2. 总线型结构

如图 2.2 所示，总线型结构是用一条电缆作为公共总线，入网的结点通过相应接口连接到线路上。网络中的任何结点，可以把自己要发送的信息送入总线，使信息在总线上传播，供目的结点接收。网上每个结点，既可接收其他结点的信息，又可发送信息到其他结点，它们处于平等的通信地位，属于分布式传输控制关系。

优点：结构简单、非常便于扩充、价格相对较低、安装使用方便。

缺点：一旦总线的某一点出现接触不良或断开，整个网络将陷于瘫痪。实际安装时要特别处理好总线的各个接头。

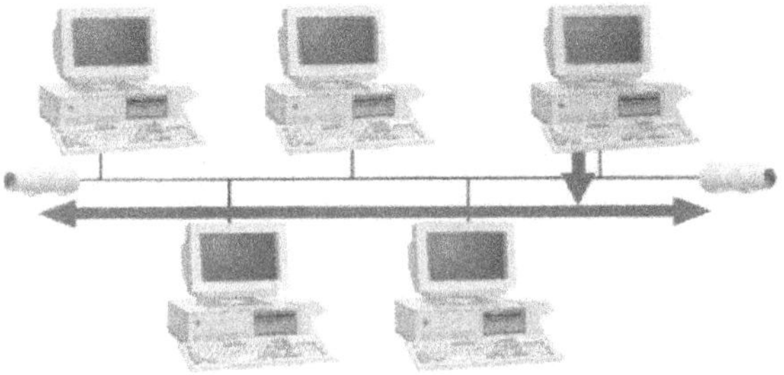

图 2.2　总线型结构

3. 树型结构

在树型拓扑结构中，结点按层次进行连接，信息交换主要在上下结点之间进行。

树型拓扑结构虽有多个中心结点，但各个中心结点之间很少有信息流通。各个中心结点均能处理业务，但最上面的主结点有统管整个网络的能力。所谓统管是通过各级中心结点去分级管理。

优点：通信线路连接简单，网络管理软件也不复杂，维护方便。

缺点：资源共享能力差，可靠性低，如中心结点出现故障，则和该中心结点连接的结点均不能工作。

树型结构的示意图见图 2.3 所示。

4. 环型结构

在环型拓扑结构中，结点通过点到点通信线路连接成闭合环路，如图 2.4 所示。环中数据将沿一个方向逐站传送。

优点：信息在网络中沿固定方向流动，两个结点间有惟一的通路，可靠性高。

缺点：环中每个结点与连接结点之间的通信线路都会成为网络可靠性的瓶颈，环中任何一个结点出现线路故障，都可能造成网络瘫痪。为保证环的正常工作，需要较复杂的环维护

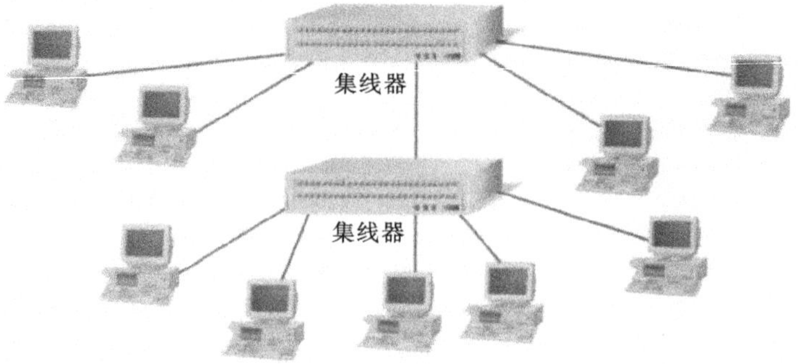

图 2.3 树型结构

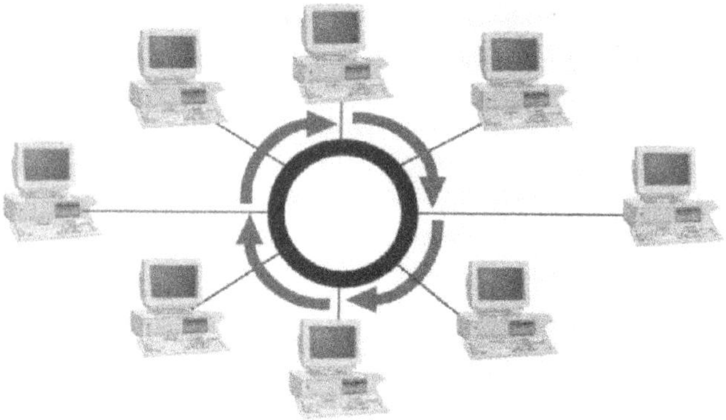

图 2.4 环型结构

处理，环中结点的加入和撤出过程都比较复杂。

环型网是局域网常采用的拓扑结构之一。

2.1.6 计算机网络的组成

一个计算机网络主要由以下几部分组成。

1. 资源

被服务器提供到网络上，供工作站（客户机）使用的软、硬件资源，它可以是文件、文件夹、打印机、扫描仪等。

2. 服务器

每个独立的计算机网络中至少应该有一台网络服务器，是一台被工作站访问的计算机，通常由高性能的计算机担任。主要任务是运行网络操作系统和其他应用软件，并且在网络上提供资源，在网络中处于中心地位。

网络服务器是网络的核心，是网络的资源所在，它为使用者提供了主要的网络资源。

网络硬件包括网络服务器、网络工作站、传输介质和网络设备等。

3. 工作站（客户机）

工作站实际上就是一台入网的计算机，它接受网络服务器的控制和管理，它是用户使用网络的窗口。

4. 网络设备

网络设备是连接计算机与传输介质、网络与网络的设备。常用的设备有网络适配器、路由器、网桥、交换机、光电转换器等。

5. 网络协议

计算机网络是由多个互连的结点组成的，结点之间需要不断地交换数据与控制信息。要做到有条不紊地交换数据，每个结点都必须遵守一些事先约定好的规则。这些规则明确地规定了所交换数据的格式和时序。这些为网络数据交换而制定的规则、约定与标准被称为网络协议。

网络协议是计算机之间进行通信所必需的。因为各种计算机或相关设备，出自不同厂家，软硬件各不相同，连在同一个计算机网络上，必须采取相互"兼容"的措施，才能互相通信。这需要在信息转换、信息控制和信息管理方面，制定一个共同遵守的协议。

常用的协议有 TCP/IP 协议（传输控制协议/网际协议）、IPX/SPX 协议（国际报交换/顺序报交换）等。

任何一种通信协议都包括 3 个组成部分：语法、语义和时序。

① 语法规定了通信双方"如何讲"，确定用户数据与控制信息的结构与格式；

② 语义规定通信双方准备"讲什么"，即需要发出何种控制信息，以及完成的动作与做出的响应；

③ 时序规定双方"何时进行通信"，即对事件实现顺序的详细说明。

6. 网络操作系统

计算机网络操作系统是网络用户与计算机网络之间的接口。网络用户通过网络操作系统请求网络服务。网络操作系统的任务就是支持局域网络的通信及资源共享。

目前计算机网络有 4 大主流：UNIX,Netware,Linux 及 Windows NT/2000。

（1）Netware

Netware 是世界上第 1 个真正的微机局域网操作系统，它的出现结束了采用单任务操作系统 DOS 为核心的微机网络系统发展历史。

（2）Windows NT/2000

Windows NT/2000 是以 Windows 的技术为基础，由 Microsoft 公司研究开发出来的网络操作系统。

Windows NT/2000 操作系统的设计定位在高性能工作站、台式机、服务器以及政府机关、大型企业网络、异型机互连设备等多种应用环境中。

(3) UNIX

UNIX是当代最著名的多用户、多任务的网络操作系统。运行UNIX的计算机在同一时间能够支持多个计算机程序，其中典型的是支持多个登录的网络用户。

UNIX网络操作系统是惟一跨微型机、小型机、大型机的系统。

(4) Linux

Linux操作系统是UNIX在微机上的完整实现，它是一个开放源代码的网络操作系统，性能稳定、功能强大、技术先进，是目前最流行的微机操作系统之一。

Linux不仅可以运行在Intel系统个人计算机上，还可以运行在Apple系统或其他平台上。

以上4类网络操作系统都支持客户/服务器结构。

为了在网络上实现资源共享，用网络操作系统对网络上的各种资源进行管理。网络操作系统的主要部分存放在服务器上。网络操作系统的主要功能是服务器管理及通信管理，包括一般多用户多任务操作系统所具有的功能。我们所使用的通信软件和通信协议一般都包含在网络操作系统中。

2.2 Internet技术

2.2.1 网络互连技术

近几年来，随着信息业务的快速增长，特别是Internet的迅猛发展，人们对传输速率提出了越来越高的要求，网络接入技术也因此得到了迅速发展，并且呈现多样化的特点。

接入技术负责将用户的局域网或计算机与公用网络连接在一起。对接入的基本要求是：

① 有很高的传输率（即带宽），以便支持多媒体通信。一般情况下，人们对接收速率（即下行信道）的要求较高，而对发送速率（即上行信道）的要求较低，因此，传输率可以是不对称的。

② 接通速度快。因为目前常用的拨号上网方式连通时间较长，并独占电话线，所以调制解调器和电话就不能同时使用。

③ 上网费用低，通信质量高。

1. 拨号上网

拨号上网方式是通过模拟电话线，以调制解调器（Modem）转换模拟信号和数字信号来达到传输数据的目的。目前主流调制解调器为56Kb/s，其原理就类似无线电的发送和接收。我们知道电脑中用的是不连续的数字信号（0和1），而电话线上传输的是连续的模拟信号。要让电脑数字信号通过电话线传输，必须用一种设备将电脑的数字信号变成模拟信号（调制）。再在接收端把模拟信号变为数字信号（解调）。在这个过程中调制解调器起着关键性的作用。Modem受目前电话线路性能的限制，最多只能达到56Kb/s，也就是每秒56000位的传输速率，而且受到服务器端和用户端的影响，大多数情况下都达不到标称的标准速率。

2. ISDN 综合业务数字网

ISDN 是综合业务数字网（Integrated Services Digital Network）的缩写。ISDN 是电话网和数字网相结合演化出来的一种网络，可以实现计算机之间的数字连接，提供包括话音和非话音在内的多种业务。ISDN 分为窄带（N-ISDN）和宽带（B-ISDN）两种，目前通过改造电话线路而得到的就是 N-ISDN，因此一般用户到电信部门申请的都是 N-ISDN。使用 N-ISDN，用户只需用一条电话线，通过一组标准多用途的用户/网络接口，就可将多种业务接入该网，并按统一的规程进行通信。国际电报电话咨询委员会 CCITT 为 N-ISDN 定义了两种标准接口：基本速率接口 BRI（2B+D）和基群速率接口 PRI（30B+D）。

目前国内的 N-ISDN 一般为 BRI 接口，即 2 个基本数字信道（B 信道），1 个控制数字信道（D 信道）。B 信道用于传输话音、数据等，每个 B 信道的带宽为 64Kb/s。D 信道则用于传输指令，每个 D 信道的带宽为 16Kb/s。因此，一个 2B+D 连接，可以提供高达 144Kb/s 的传输速率，其中纯数据速率可达 128Kb/s。一路电话只占用一个 B 信道，因此 N-ISDN 用户可以同时在两个终端进行工作，例如一边上网，一边打电话。它能在一条电话用户线上同时接 8 个终端，但只有 2 个终端能够同时工作，可向用户提供电话、数据、用户传真、用户电报、可视图文、可视电话、静止图像等业务。

随着社会的发展，人们物质文化生活水平的提高，用户对各种通信业务的需求亦将日益增加，对通信质量的要求必然就越来越高，N-ISDN 所提供的 56Kb/s ～2Mb/s 的低速服务，已越来越不能满足人们对通信速率的要求。换言之，N-ISDN 是不可能综合传输高清晰度电视（HDTV）、高速数据业务、高速图像业务的。而 B-ISDN 可以提供 2～600Mb/s 的高速连接，并且用光纤传输代替现有的金属线和通信电缆作为用户线。

与 N-ISDN 相比，B-ISDN 主要具有这样一些特点：由于 B-ISDN 以光纤为传输媒介，从而大大提高了网络的传输质量，可带来前所未有的高效率；它可以做到网络资源的“按需分配”，使所传输的信息动态地占用信道，使整个网络呈现开放状态，因而具有极大的灵活性。另外，B-ISDN 可提供多种高质量的视觉信息，例如增强型可视电话、高清晰度电视等，还可将电信与广播电视合为一体，即可将广播电视业务纳入电信业务之中。

在未来的社会里，B-ISDN 将在商业和科技领域中首先得到广泛应用，用来支持局域网远程高速互连、远程病理诊所、超级计算机接入、高速多媒体数据查询、计算机辅助设计和制造、电子交易和电子推销等业务，但其真正普及的切入点将是向社会组成的细胞——每一个家庭提供教育、娱乐等业务的服务。随着 B-ISDN 的最终实现，电信与邮政、广播电视、新闻报刊、商业服务、旅游甚至人们的日常生活和经济活动，都紧密地结合起来了。

3. DDN 数字数据网

ISDN 的速度能满足一般用户的要求，但由于它的网络结构、通信质量、安全性以及带宽无法满足政府、金融、企事业单位等的需求，因此，能够提供高速高质、高安全性的通信线路的 DDN 应运而生了。

DDN（Digital Data Network）即数字数据网，它是利用数字传输通道（光纤、数字微波、卫星）和数字交叉复用设备组成的数字数据传输网。DDN 采用数字电路，传输质量高，误码率低，延时少，通信速率可根据用户需要任意选择。

DDN将数字、数据通信技术、计算机技术、光纤通信技术以及数字交叉连接等技术有机地结合在一起，提供了高速度，高质量的通信环境。一线多用，通信容量大，既可以通话、传真、传送数据，还可以组建电视会议系统，开放帧中继业务，为客户建立自己的专用数据网提供条件，因而深受客户的青睐。

在实际应用中，大部分用户通过模拟专线和调制解调器入网，可以享受2.4Kb/s到N*64Kb/s（N=1～31）及2Mb/s速率的全透明的专用电路。DDN广泛应用于银行、证券、气象、文教等行业，适用于局域网/广域网的互连、不同类型网络的互连以及电视会议等图像业务的传输。其中，一点对多点轮询、广播、多点会议业务可应用于金融事务、证券、销售点、数据库服务、集中监视等领域。例如，城市交通的监视系统，电视会议系统以及证券等集团用户总部与其分支机构的业务网等。

CHINADDN是中国电信经营管理的中国公用数字数据网。目前，网络已覆盖到全国所有省会城市、绝大部分地市和部分县城，可以方便地为用户提供上述各种业务，受到社会各界特别是对于传输要求高、信息量大的客户的普遍欢迎。

4. ADSL非对称数字用户线

近年来，Internet以惊人的速度发展，各种新业务对传输速率提出了越来越高的要求，例如多媒体应用常常要求全屏动态图像，它需要至少1.5Mb/s（MPEG1）或3～6Mb/s（MPEG2）的带宽，这是ISDN和DDN远远不能满足的。于是，ADSL（Asymmetric Digital Subscriber Line，非对称数字用户线）技术孕育而生。

ADSL是一种高速的Internet解决方案，它使用普通电话线作为传输介质。我们知道传统的调制解调器只使用了电话线0～4kHz的低频段，而电话铜线理论上有接近2MHz的带宽，因此说，56Kb/s不是电话线传输能力的限度，只要避开窄带交换机，换其他局端接入设备，用户就可把宽带数据信号送入通信网。ADSL正是使用了26kHz以后的高频带才提供了下行（从局端到用户）8Mb/s，上行（从用户到局端）1Mb/s的高速率。与拨号上网用户不同，ADSL的用户是专线上网，是独享带宽的，这是很重要的一点！而且，经ADSL调制解调器编码后的信号通过电话线传到电话局后通过一个分离器，如果是语音信号就传到电话交换机上，如果是数字信号就接入Internet，真正做到上网、打电话两不误。

大家都知道，用户接入网（从本地电话局到用户之间的部分）是电信网的重要组成部分，也是信息高速公路的“最后一千米”。为实现接入网的数字化、宽带化，光纤用户网是今后发展的必然方向，但由于市话铜线已与大部分Internet用户相连接，现有的市话铜线网的用户数目十分庞大，全部更换为光纤成本过高，因此在今后的十几年甚至几十年内仍将继续使用现有的铜线环路，ADSL技术能利用全球现有的超过7亿条的市话铜线传输信号，而无需修改任何现有协议和网络结构，对于电信公司来说，他们不用再为更换线路所要投入天文数字的资金而发愁，可以充分利用现有网络资源，非常灵活地根据用户量配置ADSL设备，为用户提供更多、更好的网上服务。

ADSL的高下行速率和相对较慢的上行速率非常适于作Internet浏览使用，成为网上高速冲浪、视频点播（VOD）、远程局域网络（LAN）访问的理想技术，它使在现有Internet上提供多媒体服务成为可能。对于最终用户来说，用ADSL设备在网上点播各种视频音频节目，或者加入SOHO一族，进行远程办公、远程学习、远程医疗、远程购物等活动已经指日可待了。ADSL 的高速下载特性，也正是所有网上用户朝思暮想的。用户们早已厌烦为了下载一个软件，苦坐在机器前看着自己的时间慢慢耗尽的日子了。ADSL 的另一大好处是使“在家中工作”成为可能。

5. Cable Modem

所谓 Cable Modem，即电缆调制解调器，又名线缆调制解调器。有了它，就可以利用有线电视网进行数据传输。电缆调制解调器主要是面向计算机用户的终端。它是连接有线电视同轴电缆与用户计算机之间的中间设备。目前的有线电视节目所占用的带宽一般在 50～550MHz 范围内，还有很多的频带资源没有得到有效利用。由于大多数新建的 CATV 网都采用光纤同轴混合网络（HFC 网），使原有的 550MHz CATV 网扩展为 750MHz 的 HFC 双向 CATV 网，其中有 200MHz 的带宽用于数据传输，接入国际互连网。这种模式的带宽上限为 860～1000MHz。电缆调制解调器技术就是基于 750MHz HFC 双向 CATV 网的网络接入技术。

表 2.1 列出了各种接入技术的比较，目前还不能说哪一种技术占有绝对优势。在一段时期里，它们可能会一起发展，然后在竞争中逐渐分出高低。有些技术则可能相互补充，满足不同的需求。

表 2.1 各种接入技术比较一览表

接入方式	接入速率	主要特点	适用范围
Modem	56Kb/s	上网费用低、设备安装简单、不能与电话并用	个人和业务量小的单位
ISDN	64/128 Kb/s	拨号上网、上网须交话费、同时可打电话、费用较低	个人或业务量小的单位
DDN	64Kb/s～2Mb/s	速度快、线路稳定、属于专线上网、费用较高	上网业务量大或需要建立自己网站的单位
Cable Modem	约 2Mb/s	下行速率很高、不通过电话网、使用有线电视线路	个人或业务量小的单位
ADSL	1～8Mb/s	速率高、利用现有电话线、属于专线上网、不需要额外交纳电话费。	个人或企业

2.2.2 TCP/IP 协议

TCP/IP 是当今计算机网络中最为成熟、应用最为广泛的一种网络协议标准。它具有高可靠性、互操作性、安全性、灵活性的优点。TCP/IP 协议主要有传输控制协议（Transmission Control Protocol，TCP）和网际协议（Internet Protocol，IP）组成。

1. TCP/IP 协议的概念

TCP/IP 协议与网络介质和类型无关，既可以运行在局域网上，又可以运行在广域网中。

① TCP 称为传输控制协议，其作用是保证数据能够正确无误地到达目的结点。TCP 是一种十分可靠的网络协议，因为它可以对所有发出的数据运行跟踪，并且负责对那些没有到达目的地或陷入无法识别状态的数据进行重新传送。

② IP 称为网际协议，它位于 TCP 的下一层，负责完成互连网中数据包（以下简称包）的路径选择，并跟踪这些包到达不同目的端的路径。

2. IP 地址

Internet 上的每台计算机在通信之前首先需要指定一个 IP 地址。在 TCP/IP 中使用 IP 地址来标识出网络和网内主机，在互连网上不可能有两台 IP 地址完全相同的计算机。每个 IP 地址是一个 32 位的二进制整数。为了表示方便，每隔 8 位用“.”分开。例如，100.82.101.111 就是一个 IP 地址的表示方法。IP 地址被“.”分隔成 4 个 8 位组，每个组的取值范围为 0～225。

IP 地址按网络规模的大小分为 A,B,C 3 类。A 类地址分配给规模特别大的网络使用。A 类网络用第一组数字表示网络本身的地址（编号），后面 3 组数字作为联结于网络上的主机的地址（编号）。B 类地址分配给一般的大型网络。B 类网络用第1,2组数字表示网络的地址，后面两组数字代表网络上的主机地址。C 类地址分配给小型网络，如大量的局域网和校园网。C 类网络用前 3 组数字表示网络的地址，最后一组数字作为网络上的主机地址。我国的大部分企业使用的都是 C 类地址。

3. Internet 域名

IP 地址由数字构成，难以记忆，也难以理解。为了向一般用户提供一种直观、明了与容易记忆的主机标识符，TCP/IP 专门设计了一种字符型的主机名字机制，这就是 Internet 域名系统 DNS（Domain Name System）。主机名字是比 IP 地址更高级的地址形式。

DNS 采取了层次型命名方式，对网络上的每台计算机赋予一个直观的惟一性标识符。因此在对主机进行命名时要遵循层次型命名方式的规则，保证同层的名字不发生冲突。

任何组织均可根据域名语法构造本组织内部的域名，但这些域名的使用当然也仅限于组织内部。

例如，www.qd.sd.cn（青岛信息港）可标识一台主机，其中 cn 标识中国，sd 表示 山东省，qd 表示青岛市，www 表示这台主机是一台 WWW 服务器。域名由右向左，所表示的范围越来越小。只要域名后缀为 qd.sd.cn 的名字空间都可以由青岛信息港管理，可以直接在前面加一个名字表示主机，如用 www.sdqdsx.qd.sd.cn 表示山东省青岛商校的 WWW 服务器。

表 2.2 域名的含义

域名	域
int	国际组织
com	商业组织
edu	教育机构
gov	政府组织
mil	军事组织
net	网络组织
org	非商业组织
国家代码	如 cn 代表中国，au 代表澳大利亚

为保证域名系统的通用性，作为国际性大网的 Internet 规定了一组正式的通用标准标号，如表 2.2 所示。

域名归中央管理机构（NIC）管辖，假如一个国家的主机要想按地理模式登记进入域名系统，需要首先向 NIC 申请登记本国的第一级域名（一般采用该国国际标准的二字符标识符）。NIC 将第一级域的管理特权分派给指定管理机构，各管理机构在对其管辖范围内的域名空间继续划分，并将各子部分管理特权授予子管理机构。如此下去，便形成层次型域名。例如，以 .cn 结尾的域名全部由中国的域名管理机构管理。

4. 域名解析

在上网的时候，输入的域名地址要先转换成 IP 地址才能访问相应的站点。这个工作是由指定的一台计算机自动完成的，这个过程称为“域名解析”，担任这个工作的计算机被称为“DNS 服务器”。域名服务器的主要任务就是完成“域名—IP 地址”之间的映射。

当域名服务器接收到用户的请求后，会在自己的数据库中查找对应的 IP 地址，如果找到了这个地址，就把它发回给用户计算机，否则域名服务器自动在其他域名服务器上寻找这个 IP 地址。如果 DNS 服务地址错误，就不能正确解析域名，也就不能通过域名地址来访问某个网站，但直接输入 IP 地址则可以访问。

2.2.3 Internet 提供的服务

Internet 已经深入到人们生活的各个方面，通过 WWW 浏览和电子邮件等方式，人们可以及时地获得自己所需的信息。

目前 Internet 上提供了为数众多的服务，为人们的信息交流带来了极大的便利。而且随着 Internet 商业化的发展趋势，它所能提供的服务将会进一步增多。

下面对 Internet 提供的基本服务进行介绍。

1. 电子邮件服务（E-mail）

电子邮件简称 E-mail，它是一种通过 Internet 与其他用户进行联系的快速、简便、价廉的现代化通信手段，也是目前 Internet 用户使用最频繁的一种服务功能。

电子邮件之所以受到广大用户的喜爱，是因为与传统通信方式相比，它具有以下明显的优点：

（1）速度快。电子邮件比人工邮件传递迅速快，可达到的范围广，而且比较可靠；

（2）电子邮件与电话系统相比，它不要求通信双方都在场，而且不需要知道通信对象在网络中的具体位置；

（3）电子邮件可以实现一对多的邮件传送，这样可以使得一位用户向多人发出通知的过程变得很容易；

（4）可以传送多媒体信息。电子邮件可以将文字、图像、语音等多种类型的信息集成在一个邮件中传送，因此它将成为多媒体信息传送的重要手段。

（5）价格低。尤其是在国际业务往来中，打国际电话或国际传真，都要比电子邮件的费用高得多。

使用电子邮件的首要条件是要有一个电子信箱（Mail Box）。电子信箱是由电子邮件服务机构（ISP）为用户建立的。

当用户向 ISP 申请 Internet 账户时，ISP 就会在它的 E-mail 服务器上建立该用户的 E-mail 账户。建立电子信箱，实际上是在 ISP 的 E-mail 服务器磁盘上为用户开辟一块专用的存储空间，用来存放该用户的电子邮件。这样用户就拥有了自己的电子信箱。用户的 E-mail 账户包括用户名与用户密码。通过用户 E-mail 账户，用户就可以发送和接收电子邮件。对于某位用户的电子信箱地址，任何人可以将电子邮件发送进来，但只有电子信箱的主人使用正确的用户名与用户密码时，才可以查看电子信箱中的信件内容，或对其中的电子邮件做必要的处理。

每个电子信箱都有一个信箱地址，称为电子邮件地址。电子邮件地址可以是某个用户的地址，也可以是一组用户的地址。E-mail 地址的格式是固定的，并且在全球范围内是惟一的。

用户的 E-mail 地址格式为：用户名@主机名。其中“@”符号表示“at”，意为“在”。主机名指的是拥有独立 IP 地址的计算机的名字，用户名是指该计算机为用户建立的 E-mail 账户名。例如，某 E-mail 地址为：cygzs@qingdaonews.com，其含义表示在 qingdaonews.com 的主机上用户名为 cygzs 的电子邮件地址。

Internet 上的电子邮件系统的工作过程采用的是客户/服务器模式。电子邮件的发送和接收过程，要遵守一定的协议和标准。这些协议和标准能够保证电子邮件在各种不同的系统之间进行传输。

目前常用的邮件传输/接收协议有简单邮件传输协议 SMTP 和电子邮件接收协议 POP3 两种。

简单邮件传输协议 SMTP（Simple Mail Transfer Protocol）是 Internet 上基于 TCP/IP 的应用层协议。它定义了邮件发送和接收之间的连接传输。当发送方计算机与支持 SMTP 协议的电子邮件服务器相连时，能将电子邮件从发送方的计算机中准确无误地传送到接收方的电子信箱中。

电子邮件接收协议 POP3（Post Office Protocol 3）的功能是当用户的计算机与支持 POP3 协议的电子邮件服务器连接时，接收方的计算机能准确无误地接收到存储在服务器电子邮箱中的邮件。

现在的 ISP 邮件服务器均采用 SMTP 服务器作为邮件发送服务器，采用 POP3 服务器作为邮件接收服务器。

目前，大多数电子邮件客户端软件如 Oulook Express 等都支持 SMTP 协议和 POP3 协议。

2. 文件传输服务（FTP）

FTP 服务提供了任意两台 Internet 计算机之间相互传输文件的机制，它是广大用户获得丰富的 Internet 资源的重要方法之一。

Internet 由于采用了 TCP/IP 协议作为它的基本协议，所以无论两台与 Internet 连接的计算机在地理位置上相距多远，只要它们都支持 FTP 协议，它们之间就可以随时相互传送文件。这样做不仅可以节省实时联机的通信资源，而且利用 FTP 服务，用户能够方便地访问相关信息资源。

采用 FTP 传输文件时，不需要对文件进行复杂的转换，因此具有较高的效率。Internet 与 FTP 的结合，等于使每个联网的计算机都拥有一个容量巨大的备份文件库，这是单个计算机无可比拟的优势。

FTP 几乎可以传送任何类型的文件，如文本文件、二进制文件、图像文件、声音文件等。

3. 远程登录服务（Telnet）

远程登录是 Internet 最早提供的最基本的信息服务之一，Telnet 协议是 TCP/IP 协议的一部分。是 Internet 中的用户使用 Telnet 命令，使自己的计算机暂时成为远程计算机的一个仿真终端的过程。一旦用户成功地实现了远程登录，用户使用的计算机就可以像一台与对方计算机直接连接的本地终端一样进行工作。

远程登录允许任意类型的计算机之间进行通信。远程登录之所以能提供这种功能，主要是因为所有的运行操作都是在远程计算机上完成的，用户的计算机仅仅是作为一台仿真终端向远程计算机传送击键信息和显示结果。

Internet 的远程登录服务的主要作用是：

(1) 允许用户与远程计算机上运行的程序进行交互；

(2) 当用户登录到远程计算机时，可以执行远程计算机上的任何应用程序，并且能屏蔽不同型号计算机之间的差异；

(3) 用户可以利用个人计算机去完成许多只有大型计算机才能完成的任务。

目前国内 Telnet 最广泛的应用就是 BBS（电子公告栏），通过 BBS，用户可以进行各种信息交流、讨论。

4. BBS 服务

BBS（Bulletion Board System）即电子公告板系统，用户可以在电子公告板上发布信息和进行讨论。这有些类似于我们平常使用的留言板。当一个用户在公告板上发布某条新闻或询问某个问题后，其他加入该公告板系统的用户就会看到这些信息并做出回应。远隔千里的人们通过 BBS 交友、讨论问题、发布信息、聊天，从 BBS 还可以了解到最新的热点话题，很方便地查询许多诸如飞机时刻表、近期的股市、最新的有线电视节目预告等信息。

5. WWW 服务

WWW（World Wide Web），有时也叫 Web，中文称为万维网、环球信息网等。WWW 是由欧洲核物理研究中心（ERN）研制的，其目的是为全球范围内的科学家利用 Internet 提供更加方便的信息交流和信息查询方式。它是目前 Internet 上最方便和最受用户欢迎的信息服务类型，它的影响力已远远超出了专业技术范畴，并且已经进入广告、新闻、销售、电子商务与信息服务等各个行业。

WWW 并不是一种单纯的物理概念上的网络，而是 Internet 建立在客户/服务器模型上的一种高级的基于超文本的信息检索和浏览方式，是目前 Internet 用户最重要的也是使用最多的信息查询服务系统。

实际上，WWW 由相互关联的文件组成，其地理范围是整个世界，这种相互关联是用超文本的超级链接方式来实现的，这种链接由统一资源定位器（URL）维持。超文本文件被链接以后的好处在于，在超文本文件中每个词都具备不受限制的扩展能力，用鼠标单击这个超级链接，就可以连接到另外一台机器或另外一个文件，当然还可以用这个文件继续进行超级链接检索。在 WWW 中漫游，就像我们正在翻看一部巨大的而且是应有尽有的“电子百科全书”，这本书利用超文本的超级链接方式，将全世界 Internet 上不同站点的相关信息有机地连接在一起，并且提供了在网络中从一个信息迅速转移到另一个信息的手段。

WWW 的优势就在于它向广大的计算机用户提供了一个简单易学的网络操作方法，使用户可以从网络上迅速方便地获取各种不同的信息资料，而且这些信息资料不仅仅是原来人们印象中的普通的文字资料，还可以包括各种声音、图像、视频等多媒体信息。

超文本标记语言（HTML），就是一种用于编写超文本文档的标记语言。自从 1990 年首次应用于网页编辑后，HTML 迅速崛起，成为网页编辑的主流语言。几乎所有的网页都是由 HTML 或其他程序语言嵌套在 HTML 中编写的。HTML 并不是一种程序语言而是一种结构语言，它具有平台无关性。无论用户使用何种操作系统，只要有相应的浏览器程序，就可以运行 HTML 文档。

为了在 Internet 上传递 HTML 文档，就要有一种传输协议。用于传输 HTML 文档的这种协议就称为超文本传输协议（HTTP）。HTTP 协议规定了浏览器在运行 HTML 文档时所遵循的规则和要进行的操作。HTTP 协议的制定使浏览器在运行 HTML 文本时有了统一的规则和标准，从而大大增强了网页的适用性。

Web 服务器利用 HTTP 传递 HTML 文件，Web 浏览器使用 HTTP 检索 HTML 文件。一旦从 Web 服务器上检索到信息，浏览器就会以静态（如文本、图像）和交互方式显示各种对象。

实际上 Internet 提供的服务远远不止这些，而且随着 Internet 的飞速发展，每天都在诞生新的服务，如今像网络电话（Internet Phone）、网络会议（Netmeeting）、网络寻呼（ICQ）等都得到广泛应用。虽然 Internet 提供的服务越来越多，但这些服务一般都是基于 TCP/IP 协议的。

我国 Internet 的发展虽然较晚，但发展速度还是比较快的，在国家的大量投入下，目前已经形成了 5 大骨干网。

（1）中国科技网（CSTNET）：1995 年在原有中国国家计算机网 NCFC 和中国科学院网 CASNET 的基础上建设、发展起来的覆盖全国的计算机网络，具有正式的国际信道出口。

（2）中国教育科研互连网（CERNET）：CERNET 是在原国家教委主持下建立的，主要由清华大学、北京大学、上海交通大学等 10 所大学承建，目前已经连接了全国三百多所大学，拥有 2Mb/s 的国际专线，CERNET 计划连入全国绝大部分大学和有条件的中学及小学。

（3）中国公用计算机网（CHINANET）：CHINANET 是由信息产业部主持建设的，主要面向个人和商业用户，CHINANET 目前已经覆盖了全国 31 个省、市，拥有 86Mb/s 的国际专线。

（4）中国金桥信息网（CHINAGBN）：中国金桥信息网是我国第二个可以用于商业的计算机互连网，由信息产业部管理，覆盖了全国各省、市和自治区。

（5）中国联通互连网（UNINET）：是中国联通经营管理的中国联通 165 网，它采用 TCP/IP 协议，并通过高速数字专线与国际 Internet 互连，与国内的企业网、校园网和各种局域网互连，构成中国的 Internet。与其他公用数据网和公用电话网（PSIN）互连，可以向所有客户提供 Internet 服务。

以上 5 大骨干网都提供 Internet 的接入服务，并为支持入网的企业提供上述服务。

2.2.4 Web 编程语言

最初的 Web 页面只能完成简单的信息发布功能，提供的页面是静态的，没有交互功能，也无法实现复杂的动画。如果加入一些 Web 编程语言，如 Java Script，VBScript 等，就使页面有了一些简单的交互功能，如分层菜单等，另外还可以选用动态主页和动画的功能，使得信息发布方式更加丰富多彩。下面，我们来介绍一下几种常见的 Web 编程语言。

1. HTML

HTML（HyperText Markup Language，超文本标记语言）是基于 HTTP 协议的 Web 页面设计语言。在 HTML 上规定和描述了页面设计的具体格式，比如，规定了如何在 Web 页中显示标题、段落、正文、动画、图像以及这些内容的具体格式。

2. VRML

VRML（Virtual Reality Modeling，虚拟现实描述语言）。在 WWW 中，用 HTML 描述的页面是静态的，虽然可以用某种动画文件（如 GIF）来产生动态效果，但不可能达到虚拟现实的效果。

虚拟现实要求在视、听、触、嗅等方面达到不在其中而有“身临其境”的感觉，它是当今人们在计算机模拟技术研究中的主攻方向，目前只有 VRML 才能真正将三维动画带进 Internet，满足视觉的要求。

VRML 可以描述大量客体的图像、声音等属性以及它们之间的相互关系。通过 VRML 不仅可以描述静态事物，而且可以描述动态世界，使用户有身临其境的感觉。正如 HTML 一样，VRML 也构造在 WWW 服务器上，它是一种将三维数据应用在 WWW 上的规范说明，是描述虚拟世界的语言，而这个虚拟世界是可以通过 Internet 相互连接和访问的。

3. Java 技术

Java 技术可分为下面几个主要部分：Java 语言和类库、Java 运行系统和 Java Applet/Servlet。

其中 Java 语言是支持整个 Java 技术的底层基础，Java 语言具有系统无关性，它采用虚拟机技术，编译以后生成字节代码解释执行，因此 Java 应用程序不需要改动和重新编译，而可以在任何环境下运行，这一特点在环境复杂的 Internet 上非常方便。

Java Applet 是 Java 应用到 Internet 中后产生的一个重要的概念，Java Applet 是指 Java 语言编写的，被嵌入到 Web 页面中，用来产生动态、交互性页面效果的小程序。当客户端的浏览器访问嵌入了 Applet 资源的 Web 时，指定的 Applet 代码将被下载到客户端的浏览器上，并被解释执行。而将 Java Applet 应用到 Web 浏览器上，会使 Web 页面变得更生动、更活泼。用户可以设计出具有声音、图像、动画和其他特殊效果的 Web 页面。更重要的是在 Web 页面中使用 Java Applet，可以使用户与 Web 页进行实时性地交互，响应用户的鼠标、键盘等操作，并可根据不同的操作进行相应地处理，为在 WWW 中实时交互性功能的实现提供了方便。

4. JavaScript 脚本语言

JavaScrip 是一种脚本语言。JavaScript 可以直接嵌入到 HTML 文档中，浏览器能够理解其中的 JavaScript 语句，并能在网页下载后对这些 JavaScript 语句进行解释执行。正因为如此，读者也可以在浏览器中通过查看源代码直接阅读页面中的JavaScript代码。

由于JavaScript是在浏览器中解释执行的，所以JavaScript具有平台无关性。不论是Windows还是UNIX操作系统下，只要用户使用的浏览器支持JavaScript，JavaScript代码就能够在其中正确运行。

JavaScript是一种功能强大的语言，它可以和HTML页面完美地结合在一起，运用JavaScript可以控制HTML页面，并对页面中某些事件做出响应，例如，可以在页面的表单提交时进行数据有效性验证。JavaScript还提供了许多内置的对象和浏览器的对象，运用这些对象，可以方便地进行脚本的编写，实现一些其他语言所无法实现的功能。

5. ActiveX 技术

Microsoft公司开始并没有认识到Internet的潜力。事实上，直到Sun公司推出Java，使Web出现了激动人心的景象后，Microsort才最终决定重新考虑它们的Internet和Web战略。由于Microsoft在PC软件业占据着霸主地位，因此，它选择的是在保持现有技术的兼容性的基础上进行扩展，以支持Internet。于是，ActiveX技术应运而生。由于ActiveX和Java是一对竞争性的产品，因此，把它们对照起来研究可以加深对这类技术的了解。

ActiveX技术包括下面几个部分：ActiveX控件、ActiveX脚本语言、ActiveX文档和ActiveX服务器扩展。

ActiveX控件是和Java Applet相对应的，也是一个可以嵌在HTML中的一小段程序代码，它从Web服务器上自动下载安装并运行。但ActiveX控件既可以用于Web页面，也可以用于传统的桌面程序，这是它和Java Applet的一点重要区别。

ActiverX脚本语言则是和JavaScript相对应的。但ActiveX提供的是一个脚本开发规范，通过使用相同的接口来支持多种脚本语言。例如，Internet Explorer中就包含了对两种脚本语言的支持：Jscript（JavaScript的Microsoft实现版本）和VBScript。

ActiveX文档可以让用户在浏览器中观察非HTML格式的文档，例如，Word文档或Excel电子表格。

从上面的比较来看，似乎ActiveX技术对Internet的支持要比Java更好一些，这是因为Microsoft在Windows上具有极大的技术优势造成的，而Windows又是现在使用最广泛的操作系统。但是ActiveX最大的缺陷在于它的可移植性不太好，目前还没有对UNIX和Macintosh平台的支持。由于Web主页的拥有者不知道访问者使用的是什么操作系统，因此，他宁可使用更通用的技术，以保证所有访问者都可以取得良好的效果，这是ActiveX技术的一个主要缺陷，不过，Microsoft公司正在与其他公司合作，争取在UNIX和Macintosh上支持ActiveX。

6. ASP

Active Server Pages（ASP）是微软的Internet Information Server（IIS）的一个部件。利用ASP，用户可以在服务器端执行用VBScript或JavaScript编写的嵌入在HTML文件中的小程序。而在以前，这些小程序都是在客户端的浏览器上执行的。由于是在服务器上执行，程序可以不必考虑与各类浏览器的兼容问题。虽然在服务器上执行会增强服务器的负担，但由于此时可以存取服务器的有关资源，这些用解释型语言编写的程序将具有强大的交互能力。通常使用 ASP 的网页文件具有后缀名“.asp”。当客户端用户的请求是一个 ASP 文件时，服务器将在传送该文件之前执行文件中的程序脚本，并把程序的输出放在页面中相应的位置。

ASP 本身提供了很多 ActiveX Server 部件以扩展 ASP 的编程能力。这些部件对调用者隐藏了具体的编程细节。通过对这些部件的调用，编程人员用很少的代码就可以完成许多复杂的任务。用户也可以用其他编程语言开发自己的 ActiverX Server 部件。

7. CGI

CGI（Common Gateway Interface，公共网关接口）是 Web 服务器与外部程序的接口。利用 CGI 方式，可以将一些动态信息放入数据库，由 Web 服务器通过 CGI 调用应用程序去查询这些数据库，然后将获得的动态信息提供给用户。

最初网上的绝大多数信息都是静止的。信息内容的变化只能由网站管理人员改动后来产生。这种静态页面最大的问题是缺少交互性，能取到的信息完全由信息提供者决定，而用户完全是被动的。目前不少网站已经能够让访问者达到半自动水平，用户可以将 WWW 看成交互性的媒体，利用在线购物、访问数据库等方式去主动寻找自己感兴趣的信息。这种交互性提高了用户参与的积极性。而 WWW 的交互功能首先是由公共网关接口实现的。遵循 CGI 标准书写的服务器可执行程序（简称 CGI 程序）让 HTML 文件在客户机中服务器之间有了更多的交互，使访问数据库等一系列灵活复杂的操作得以实现。

前面介绍的 Web 编程语言一般都是在客户端浏览器上运行的，规模不能太大，否则下载时间会很长，也不可能支持很多高级的功能，因为这样会占用过多的客户机资源，因此，无法实现诸如数据库操作等复杂操作，自然也就无法用在 Internet 和网上购物等应用中了。

CGI 是一种在服务器端运行的应用程序，用户通过浏览器调用 CGI 程序并传递参数，CGI 程序运行后将结果返回用户的浏览器，这样就允许在网上实现更多更复杂的任务，使得网上的电子商务应用成为可能。

8. XML 语言

电脑与人脑的区别在于，电脑无法接受提示而人脑可以。当人们看一本杂志时，只要看过文章的标题就能猜出文章的大致内容，看看物品清单就能了解相关的购物指南。电脑当然没有这么聪明！它们需要被明确告知有什么事情？相互之间的关系如何？以及该如何处理这些事情？

可扩展标记语言（Extensible Markup Language，简称为 XML）正是为了用来对信息进行自我描述而设计的一种新语言。这项对计算机通信方式的简单变革有可能会将 Internet 从信息传送扩展到人类活动的许多其他方面。

HTML 仅仅描述 Web 浏览器应该如何在页面上安排文字、图片和按钮，并没有对信息本身进行描述。HTML 注重表现形式，因此相对简单易学，但同时也有弊端存在。当用户需要完成远程处理客户订单、从网站上抽取特定信息等工作时，会发现目前的系统很难满足要求。

XML 包含一组基本规则，任何人都可以利用这种规则创建针对特定应用领域的标记语言，这些标记不是描述信息的显示方式，而是描述信息本身，诸如购物订单中的产品规格、价格、件数、送货方式等。XML 标准的制定将大大促进 Internet 的应用。XML 得到了业界所有大公司的支持。

XML 给我们带来的是更高的 Internet 效率和更加广泛的可承载业务。它是第二代 Web 应用的基础，也是下一代网络应用的基石。对开展电子商务或者交换信息来说，目前以 HTML 为基础的 Web 技术存在两个致命的弱点：一是它仅给出了所处理对象的显示信息，而没有给出描述对象其他属性的信息；二是大量可在本地完成的处理工作不得不交由服务器处理，这大大增加了网络流量，影响了网络效率。HTML 的以上缺陷阻碍了电子商务的应用以及其他许多基于 Internet 的应用的进一步发展。而由 XML 驱动的 Web 将更快、更友好，也更适合进行商务活动。

2.2.5 Intranet 和 Extranet

Internet 在企业业务中的应用可以按照对内和对外分成 Intranet 和 Extranet。

Intranet 指采用 Internet 技术建立的企业内部网络，它采用基于 Internet 的网络协议、Web 技术和设备构造成可提供 Web 信息服务以及数据库访问等其他服务的企业内部网。用户使用浏览器进行操作，完成数据处理和企业管理的各项功能。

Intranet 的功能与传统的 MIS（管理信息系统）相同，它们都是一个封闭的系统，只面向本企业的内部使用计算机联系企业各个部门来完成企业的管理工作。但传统的 MIS 通常是基于 C/S（Client/Server）结构的，维护起来比较困难，对于跨国企业，各分支机构之间的通信问题必须依靠架设专线来解决，这需要一大笔费用；而 Intranet 是 B/W/D（Browser/WebServer/DBMS）结构，使用 Internet 做网络基础，因此各种费用大大减少。

与普通的 Internet 应用相比，Intranet 上流动的是与企业业务相关的关键数据。因此，安全性问题显得至关重要。Intranet 网络安全技术包括防火墙技术、数据加密、身份认证和综合网络安全技术。

Extranet 是 Internet 的另一种应用，Extranet 是将 Intranet 的构建技术应用于企业间系统。它使企业与其客户及其他企业相连成交互合作网络。通过向一些主要贸易伙伴添加外部链接来扩充 Intranet，这些贸易伙伴不限于组织的成员，可超出组织之外，特别是包括那些想与之建立联系的供应商和客户。Extranet 可以通过 Internet 或公司内部网络更新公司数据库，从而保持公司相互间的关系。与 EDI 相比，Extranet 由于使用的是公用网络，费用要便宜得多。另外，EDI 是通过标准的贸易单证完成企业间计算机与计算机之间的通信，而 Extranet 更多的是使用 Web 技术，一个企业的操作人员登录到另一个企业的主页上，通过填写网页上的单证完成交易。

Internet，Intranet 和 Extranet 三者的区别和联系在于：Internet 是基础，是网络基础和包括 Intranet 和 Extranet 在内的各种应用的集合；Intranet 强调企业内部各部门的联系，业务范围仅限于企业内；Extranet 强调各企业间的联系，业务范围包括贸易伙伴、合作对象、零售商、消费者和认证机构。由此可见，Internet 业务范围最大，Extranet 次之，Intranet 最小。

2.3　数据库技术

2.3.1　数据库技术与电子商务

最初的数据库是数据文件的简单集合，今天的大型数据库管理系统已经成为我们日常生活中不可缺少的组成部分。如银行、学校、图书馆都依靠数据库系统实现其正常的运作。在互连网上，不论是搜索引擎、在线商店、网上聊天还是邮件列表，都离不开数据库。

数据库中的数据从整体结构看，按照实现结构化的不同联系方式，可以分为层次性、网络型和关系型 3 种类型。

数据库技术是电子商务的一项支撑技术，它对电子商务的支持是全方位的，从底层的数据基础到上层的应用都涉及到数据库技术，因此数据库技术在电子商务的建设中占有重要的地位。

计算机最大的特点就是能够快速准确地处理大量数据，数据处理是它的基本功能和关键技术。数据处理的中心问题是数据管理，数据管理是指对数据的分类、组织、编码、存储、检索和维护。数据库技术正是数据处理技术发展比较成熟后的产物。电子商务以计算机及其网络技术取代传统方式来进行生产经营活动，离不开数据库技术的支持。电子商务必须通过数据库技术来存储和管理各种商务数据并得到决策支持。

1. 进行数据处理

对于参与电子商务的企业而言，数据的来源不仅仅是企业内部信息系统，还包括大量的外部数据。数据是企业的重要资源，是决策的依据，是进行各类生产经营活动的基础及结果。近几年，随着数据库技术的发展，企业已经可以科学地对数据库中庞大的商务数据进行科学的组织、分析和统计，从而更好地服务于企业。

2. 提供决策支持

决策是关系到企业未来成败的关键，而数据库存储的数据就是决策的依据。对于参与电子商务的企业而言，由于他们的信息更灵通、过程更规范，因此为决策支持打下了良好的基础。

由于电子商务是利用网络来做生意，网络将时空距离对商务的影响降到最低，所以参与电子商务的企业所面对的市场是一个全球化的市场。这一点给企业带来了机遇，同时也带来了挑战。一方面，由于电子商务的介入，企业可以得到更多的经济信息，有利于企业的经营。例如，企业可以在全球范围内采购原材料，货比三家，选择性能价格比最佳的。另一方面，由于电子商务交易的全球化，某地区或厂商的价格变动了就会影响到其他地区，迟早会波及到全球市场，从而使得电子商务市场变化频繁。这样就加大了企业预测市场动向和规划经营管理策略的难度。在这样的环境中，电子商务决策就变得更加重要了。企业应该充分利用电子商务的海量数据进行分析，并依据分析结果做出正确的决策，随时调整经营策略，以适应市场的需求。

电子商务系统如果缺少好的决策支持功能，一方面是对电子商务海量数据资源的一种浪费，另一方面也是对从事电子商务企业的一大损失。

3. 与 EDI 进行数据变换

数据库管理系统对企业从事电子交易起到很大的支持作用。EDI 是电子商务重要的组成部分，要想成功地实现 EDI，企业的基础设施建设是关键，而数据库系统的建设是其中重要的一环。EDI 的最大特点就是把各种贸易单证电子化和标准化。而数据库系统也是把数据管理规范化和标准化，因此，就可以比较容易地实现数据库系统的业务数据与 EDI 的单证之间的自动转换。与手工制作电子单证相比，提高了效率、减少了错误、降低了成本。

4. 与 Web 技术相结合

随着 WWW 的不断扩展，当前许多企业纷纷在 Web 上建设自己的网站。企业通过主页介绍自己的情况；提供琳琅满目的产品信息和优惠的价格，并配有详细的专家评论；同时收集顾客的需求信息。

通过 WWW，企业可以通过较低的成本来介绍和展示自己的产品和服务，也可以获得准确的客户需求信息。同时顾客可以通过 WWW 及时把自己的需求反映给厂家，定制出自己喜欢的产品。

随着技术的发展，Web 技术和数据库技术结合在了一起，产生了 Web 数据库。

目前 Web 上的数据主要以 HTML 方式提供，其优点是表现能力强，链接跳转灵活，与平台无关，但它又存在着数据量大、类型多、缺乏组织和管理等缺点。而且 HTML 文件动态更新特性差，用户很难得到最新的消息反馈。

Web 与数据库相结合，可以集 Web 和数据库的优点于一身。前端有界面友好的 Web 浏览器，后台则有成熟的数据库技术作支撑。这样无疑会带给企业一个良好的应用环境。

电子商务是指利用电子网络进行的商务活动，电子商务应用的前提是企业管理信息系统的广泛应用，而数据库技术是企业管理信息系统的核心技术之一。所以电子商务作为新型的企业经营管理模式，当然也离不开数据库技术的支持。如今，数据库技术正在为推进电子商务应用发挥巨大的作用，随着数据库技术的飞速发展，它一定会为优化企业管理模式做出更大的贡献。

2.3.2 数据库的应用模式

目前数据库技术主要采用 Client/Server（C/S）和 Browser/Server（B/S）两种模式。

1. C/S 模式

C/S 模式最早用于描述软件的体系结构，它用来表示两类协作程序之间的关系，其中一类为客户（Client）程序，另一类为服务器（Server）程序。Client 程序与 Server 程序可以运行在一台计算机中，也可以运行在网络环境中的两台或多台计算机中。在网络环境中，Client 程序向 Server 程序发出服务请求，Server 程序接收并处理 Cliernt 程序的请求，然后将处理结果送回客户机。

在 C/S 模式中，数据库处理分为客户机和数据库服务器两个部分。数据库服务器通常采用高性能的 PC、工作站或小型机，并运行全部或部分数据库管理系统，主要负责数据处理和硬盘访问处理。数据库管理系统一般采用大型数据库系统，如Oracle,Sybase,Informix或SQL Server。客户端采用PC，运行数据库应用程序，主要负责处理所有的有关屏幕和用户I/O任务。

在C/S模式下，客户机应用程序通过网络向数据库服务器请求服务命令，数据库服务器根据客户机的服务请求自动完成查询、统计等任务，然后将计算结果发送给客户机。在这个过程中，客户机和数据库服务器之间只需要传送服务请求命令与命令执行结果，而不需要传送任何数据库文件。

在这种模式中，通过合理的任务分工和协同操作，可以充分发挥数据库服务器和客户机各自的处理功能，并能大大地减少网络通信量，有利于改善网络性能，提高向用户提供的网络服务的质量。

随着网络的发展，随着业务计算的复杂化，C/S模式也存在着很大的局限性。第一，C/S模式的计算能力过于分散，网络中服务器和客户机的数目正发生“细胞”分裂，使得系统的管理费用以几何级数的方式增长；第二，C/S模式中数据库信息的使用，一般也只限于局域网的范围内，无法利用Internet的网络资源；第三，在C/S模式中，无论多小的企业都必须安装自己的服务器，而服务器和服务器软件的管理和维护都是非常复杂的工作，需要专业人员负责，小企业往往无力购买高性能的服务器和聘用专业人员。因此，C/S模式不利于小企业计算机应用的发展。

2. B/S模式

随着Internet技术的发展和应用，WWW服务成为核心服务，用户通过浏览器(Brower)就可以漫游世界。随着浏览器技术的发展，用户通过浏览器上统一资源定位器(URL)不仅能进行超文本的浏览查询，而且还能收发电子邮件，进行文件上下传输等工作。也就是说，用户在浏览器统一的界面中能完成网络上各种服务和应用功能。因此一种新的网络计算模式开始形成和发展，这种基于浏览器、WWW服务器和应用服务器的计算机结构称为B/S计算模式。这种新型的计算模式继承和共融了原来传统客户/服务器（C/S）计算模式中的网络软、硬件平台和应用，它具有传统C/S计算模式所不及的很多特点：更加开放、与软硬件平台无关、应用开发速度快、生命周期长、应用扩充和系统维护升级方便等。

B/S模式是以Web技术为中心的一种应用，客户机上只要安装一个浏览器，再安装很小的支持库，如JAVA或VB的动态链接库；中间层采用Web服务器，它接受客户端的请求，将其转换为SQL语句，通过ODBC（开放性数据库接口标准）或其他手段传给数据库服务器，并将数据库服务器返回的结果用HTML文件格式传回给客户机。客户机实际上就是一个将标准语言转化为界面的解释器，应用程序安装在Web服务器上，其运行也是在这里进行的。

在B/S模式中，用户访问应用服务器资源以动态交互或互相合作的方式进行。在B/S模式中主流语言是Java和HTML等。B/S模式最主要的特点是与软、硬件平台无关，浏览器、Web server、Java、HTML以及数据库资源都可以做到与软、硬件平台无关。而传统的C/S模式却不然，不同的OS与NOS对应着不同的语言和开发工具，由于在这种模式中，要把对数据库资源的访问形成一个统一的连接平台，因此客户机上除负责图形显示和事件输入外，还把应用逻辑和业务处理规则一并（或部分）置于客户机上，这是造成客户机越来越胖的原因，开发着力点自然主要落在客户机端上。由于客户机端配置了大量的应用逻辑和业务处理规则软件以及开发工具软件，则软件的变动与版本的升级以及硬件平台的适应能力牵动着系统中所有的客户机，这种情况势必造成资金开销的增加和管理维护上的难度。而在B/S模式下，则把应用逻辑和业务处理规则放置在服务器一侧，这样的结构可以使客户机做得尽可能的“瘦”，其功能可以只是一个多媒体浏览器或Java虚拟机。

在B/S模式环境中，将会出现一种新的数据库应用模式：Outsourcing（采购数据库服务）。ISP可以向用户提供Web服务器和数据库的接入服务，用户注册后，会得到一个用户名、口令、域名和一定的磁盘与数据库空间。用户可以用浏览器登录ISP提供的开发环境，开发自己的应用程序，也可以在本单位开发完成后，再上载到服务器的指定目录中。这样做的好处是，用户只要集中于应用程序的开发工作，即用户界面和商业与业务逻辑，而不必考虑服务器的管理、维护和数据备份等工作，因为使用的是ISP的服务器和数据库，也不用承担购买服务器和数据库的高额费用，为提高企业尤其是小企业的计算机应用水平提供了很好的机会。

在组建B/S模式的应用系统时，Web服务器产品的选择应考评下列因素：

- 与企业现有网络的配合性；
- 与数据库服务器的结合性；
- 开发Web页面的难易程度；
- 安全性；
- 稳定性。

除此之外，选用Web服务器的一个原则是：与企业现有的系统密切配合，如果现有的企业网络系统是Windows NT，则应考虑Microsoft Internet Information Server（IIS）；如果企业的数据库是Oracle，那么Oracle WebServer是一个适当的选择。Web服务器的市场产品主要有Microsoft的IIS和Oracle WebServer。

客户端浏览器主要负责将用户的服务请求信息提交给Web服务器，同时将负责Web服务器传递过来的结果在客户端显示出来。客户浏览器用HTML的Form表单来完成客户服务请求信息的传递任务，并显示服务请求的结果。目前常用的客户端浏览器工具主要有Netscape和Internet Explorer等。

2.3.3 常用数据库简介

1. ORACLE

ORACLE是一种适用于大型、中型和微型计算机的关系数据库管理系统，它使用SQL（Structured Query Language）作为它的数据库语言。1987年被ISO定为国际标准。目前所有关系数据库管理系统如ORACLE，SYBASE，DB2，INFORMIX，SQL Server等均采用SQL作为基础工具语言。

SQL主要包括数据定义、数据操作（包括查询）和数据控制3方面功能。SQL是一种非过程化程度很高的语言，用户只需说明“干什么”而无需具体说明“怎么干”即可。其语言简洁、使用方便、功能强大，集联机交互与嵌入于一体，能适应广泛的使用环境。ORACLE数据库由3种类型的文件组成，即数据库文件、日志文件和控制文件。

数据字典是由 ORACLE 自动建立并更新的一组表，这些表中记录用户的姓名、描述表和视图以及有关用户权限等信息。数据字典是只读的，只允许查询，也就是说数据字典是一种数据库资源，每个用户都可以访问数据字典。DBA 可通过数据字典来监视 ORACLE RDBMS 的使用，并帮助用户完成其应用。ORACLE RDBMS 本身也要利用数据库字典来管理和控制整个数据库。

2. SYBASE

SYBASE 是美国 SYBASE 公司在 20 世纪 80 年代中期推出的客户/服务器结构的关系数据库系统，也是世界上第一个真正的基于 Client/Server 结构的 RDBMS 产品。

SYBASE 数据库按权限由高到低可将用户分为 4 种不同的类型，分别为：系统管理员、数据库属主、数据库对象属主和其他一般用户。当第一次安装 SYBASE SQL Server 时，会自动建立系统管理员账户。系统管理员具有整个系统的最高权力，同时被赋予系统管理角色、系统安全员角色和操作员角色，有权执行所有 SQL 命令，也是系统数据库 Master 的属主，可访问所有数据库和数据库对象。

3. DB2

DB2 是 IBM 公司开发的关系数据库管理系统，它有多种不同的版本，如：DB2 工作组版（DB2 Workgroup Edition）、DB2 企业版（DB2 Enterprise Edition）、DB2 个人版（DB2 Personal Edition）和 DB2 企业扩展版（DB2 Enterprise-Extended Edition）等，这些产品基本的数据管理功能是一样的，区别在于支持远程客户能力和分布式处理能力。

个人版适用于单机使用，即服务器只能由本地应用程序访问。工作组版和企业版提供了本地和远程客户访问 DB2 的功能（当然远程客户要安装相应客户应用程序开发部件），企业版包括工作组版中的所有部件，外再增加对主机链接的支持。企业扩展版允许将一个大的数据库分布到同一类型的多个不同计算机上，这种分布式功能尤其适用于大型数据库的处理。

DB2 可运行在 OS/2,Windows NT,UNIX 操作系统上，通常将运行在这些平台上的 DB2 产品统称为 DB2 通用数据库，这主要是强调这些产品运行环境类似，并共享相同的源代码。DB2 通用数据库主要组件包括数据库引擎（Database Engine）应用程序接口和一组工具。数据库引擎提供了关系数据库管理系统的基本功能，如管理数据、控制数据的访问（包括并发控制）、保证数据完整性及数据安全。所有数据访问都通过 SQL 接口进行。

4. SQL Server

SQL Server 是微软公司开发的一个关系数据库管理系统，以 Transact－SQL 作为它的数据库查询和编程语言。T－SQL 是结构化查询语言 SQL 的一种，支持 ANSI SQL－92 标准。

SQL Server 采用二级安全验证、登录验证及数据库用户账号和角色的许可验证。SQL Server 支持两种身份验证模式：Windows NT 身份验证和 SQL Server 身份验证。7.0 版支持多种类型的角色，“角色”概念的引入方便了权限的管理，也使权限的分配更加灵活。

SQL Server 为公共的管理功能提供了预定义的服务器和数据库角色，可以很容易为某一特定用户授予一组选择好的许可权限。

SQL Server可以在不同的操作平台上运行，支持多种不同类型的网络协议如TCP/IP，IPX/SPX，Apple Talk等。SQL Server在服务器端的软件运行平台是Windows NT，Windows9x，在客户端可以是Windows 3.x，Windows NT，Windows 9x，也可以采用其他厂商开发的系统，如UNIX，Apple Macintosh等。

2.4 电子商务的技术要求

电子商务是当今信息社会中网络技术、电子技术和数据处理技术在商业领域中综合应用的结果，集中体现了整个信息技术的最新、最前沿的发展水平。

2.4.1 电子商务应用系统的构成

从技术角度看，电子商务的应用系统由3部分组成。

1. 企业内部网

企业内部网由Web服务器、电子邮件服务器、数据库服务器以及电子商务服务器和客户端的PC组成。所有这些服务器和PC都要通过集线器或交换机连接在一起。

Web服务器最直接的功能是向企业内部提供一个WWW站点，借此可以完成企业内部日常的信息访问；邮件服务器为企业内部提供电子邮件的发送和接收；电子商务服务器和数据库服务器通过Web服务器及其本身向企业内外部提供电子商务处理服务。

客户端PC上要安装有Internet浏览器，如微软公司的Internet Explorer，借此访问Web服务器。

在企业内部网中，每种服务器的数量随企业的情况不同而不同，例如，如果企业内访问网络的用户比较多，可以放置一台企业Web服务器和几台部门级Web服务器，如果企业的电子商务种类比较多或者电子商务业务量比较多，可以放置几台电子商务服务器。

2. 企业内部网与Internet连接

为了实现企业与企业之间、企业与用户之间的连接，企业内部网必须与Internet连接。但连接后会产生安全性问题。所以连接时必须采取一些安全措施或具有安全功能的设备，这就是所谓的防火墙。

为了进一步提高安全性，企业往往还会在防火墙外建立独立的Web服务器和邮件服务器，供企业外部访问用；同时，在防火墙与Internet之间，一般会有一台代理服务器。代理服务器的功能有两个，一是安全功能，即通过代理服务器，可以屏蔽企业内部网中的服务器或PC，当一台PC访问Internet时，它先访问代理服务器，服务器再访问Internet；二是缓冲功能，代理服务器可以保存经常访问的Internet上的信息，当PC访问Internet时，如果被访问的信息存放在代理服务器中，那么服务器将把信息直接送到PC上，不必再一次访问Internet，如此可以节省费用。

3. 电子商务应用系统

企业内部网与Internet之间安全、完备地连接之后，基础就已经打好了。在这个基础上，再增加电子商务应用系统就可以了。

一般来讲，电子商务应用系统主要靠应用软件来实现，软件在企业内部网上运行。

电子商务应用系统分为两部分，一部分是完成企业内部的业务处理，并向企业外部用户提供服务，比如用户可以通过 Internet 查看产品目录、产品资料等；另一部分是极其安全的电子支付系统，使得用户可以通过 Internet 在网上购物、支付等，真正实现电子商务。

2.4.2 网络系统建设的技术要求

先有网络，才能谈电子商务，网络的建设问题是实现电子商务最基本的技术问题。

任何一个公司，如果想加入电子商务行列，就必须建设自己的工作平台——把它的内外平台网络化。内部平台就是通用的 Intranet，外部就是怎样与 Internet 接驳。这两点的实现直接决定着今后电子商务是否成功，是否顺利。如何建立企业自己的 Intranet，是决策人员的一道重要课题。

建设局域网之前必须作许多决策，既要分析初始需求、信息需求的因素和现有资源，还要顾及未来增长的需要。因此，在进行 Intranet 建设之前，一定要解决如下问题。

1. 实现网络的目的

首先必须明白实现一个网络的目的，也就是你希望它能解决什么问题。一般主要包括以下几个方面：

- 大量的重复性的工作：如几个销售员输入格式信函；
- 大量的纸张工作：完全可以将备忘录取消，使用电子邮件；
- 由于处理同一项目的多人要频繁交换磁盘和资料而引起的数据完整性问题；
- 由于各部门不共享资源，硬件和软件开支庞大。

2. 电信设备

调查数据通信和电信设备，以找出改进信息流动的最有效的方法，调查的问题一般是：

- 目前有多少容量可用于数据及电信？
- 目前公司进行数据通信的性价比为多少？
- 如果目前的数据通信系统出现故障，怎样处理？
- 局域网必须访问什么种类的私有网络？这些网络对公司的数据通信系统提供的速度有什么要求？
- 通过网络需要共享和传送什么信息？
- 对综合的声音、图像等多媒体信息有需求吗？是否对它有不断增长的需求？

3. 软、硬件

在投资任何新系统之前，列出任何现有的可用于局域网的软硬件资源是很重要的。硬件资源的列表可包括服务器、内存、打印机、硬盘等。软件清单则较为复杂，首先必须把公司的目前活动以及局域网建成后能做的工作列好，之后再确定目前的软件是否可以上网。这个评估包括评价当前的功能和估计局域网所引起的问题。

4. 数据传输的性质

在选择传输介质和网络软硬件之前，需要分析网上的工作。如市场部中的 Excel 工作表和 FoxPro 顾客清单，必须知道它们有多大。如果把宝贵的网络时间花费在庞大的 FoxPro 文件传输上，那么公司便不得不选用快速网络。

5. 网络的地理分布

完成以上工作后，便需要考虑：网络覆盖几个部门、几个大楼，选择什么样的网络拓扑结构等等。网络管理员在选择电缆和物理网络设计方案时，必须了解各种介质（电缆）的物理限制。

如果网络扩展到几个地理位置，像跨城市、省或国家，那么公司必须考虑如何把每个办事处的网络连成一个广域网。相关的连接介质为微波、卫星、租用线等等。

6. 介质选择

网络介质的选择与公司的地理要求有直接的关系。如果网络安装在有大量干扰的环境中，可能要使用光纤，如果大楼已经安装有非屏蔽双绞线，还得确定使用这个介质是否能满足数据传输的要求。

7. 安全性考虑

安全性方面要考虑的内容很多。如：

- 是否能快速修改用户访问权？
- 如果用户没有关闭他的文件就关掉工作站会怎样？能否保证数据的安全性和完整性？
- 网络拓扑结构和介质是否会发现窃听（未经授权而进入）的情况？

8. 备份文件服务器

应要求一个备份系统，使得文件服务器定期备份。

- 备份软件允许无人值守备份吗？
- 网络管理员可以标志出按指定时间间隔备份或发生改变就备份的某些文件吗？
- 如果文件服务器上运行的文件损坏，恢复它很方便吗？

除了以上这些问题要考虑外，还应要求文件服务器配置 UPS。

2.5 构造电子商务系统

一次完整的商业贸易过程是复杂的，包括交易前的了解商情、询价、报价、发送订单和订单应答、发货通知、收货通知、取货凭证及支付汇兑过程等，此外还有涉及行政过程的认证等行为，涉及了资金流、物流、信息流的流动。严格地说，只有上述所有贸易过程都实现了无纸贸易（即全部是非人工介入，使用各种电子工具完成），才能称之为一次完整的电子商务过程。

虽然定义如此严格，但不可能要求所有的企业都一步到位，做到最严格的电子商务过程。在实际运作时，人们往往把所有使用新的通信技术和计算机技术来改变传统商务模式的活动都称做是电子商务。

在BtoB的电子商务活动中，由于贸易额大、信息量大，对安全保密性要求高，通常采用EDI标准格式传送报文；而消费者直接参与电子商务时，一般都是采用Internet贸易方式，而EDI与Internet涉及的诸多技术也正是电子商务涉及的技术。

我们先从电子商务的两种典型模式BtoC、BtoB方面入手分析电子商务的构成与技术实现。BtoC相对BtoB实现起来较简单，但二者所采用的计算机网络与通信技术大致是相同的。电子商务软件也逐渐从传统的C/S模式向B/S模式转换。B/S模式下的电子商务主要以网站的建设为核心。

2.5.1 网站的分类

从技术角度区分，网站分为静态网站和动态网站两种。静态网站是网站建设初期经常采用的一种形式。网站建设者把内容设计成静态网页，访问者只能被动地浏览网站建设者提供的网页内容。动态网站综合利用静态网页、数据库技术，实现网站与用户之间的交互操作。根据用户的不同要求，网站能够提供不同的信息，使访问者与网站之间能够进行信息交流。

从商业角度区分，网站可以分为商业网站、门户网站和宣传网站。商业网站是从事商业活动的网站，是以销售商品为手段的营利型网站。最著名的商业网站是美国的亚马逊书店，堪称商业网站的鼻祖。门户网站向大众提供信息服务，提高访问率和站点知名度，以广告收入作为赢利的手段，类似网站如雅虎（http：//www. yahoo. com）、搜狐（http：//www. sohu. com）等。宣传网站则是在Internet上树立企业形象的网站，不参与商业活动，是以宣传为目的的网站。

商业网站和门户网站几乎都属于动态网站，它们综合采用先进的技术来达到交互性的效果。大公司或企业的宣传型网站，例如http：//www. sap. com也都是动态网站。

建设网络站点有两种模式：一种是自己建网站，另一种是外购整体网络服务。

2.5.2 建设网站的过程

1. 申请域名

申请域名是在Internet上企业网站申请自己的名字。域名是现代企业Web策划中重要的组成部分，和企业的名称一样举足轻重，不容忽视。好的域名与企业形象相辅相成，相互辉映。

2. 选择主机位置

可以选用虚拟主机、服务器托管和租用DDN专线多种方式。

①虚拟主机。即通常所谓的租用ISP硬盘空间。ISP的一台服务器可能会虚拟出很多主机名称，这种做法会影响访问速度。另外，使用到数据库的商业网站或其他动态网站也不适合这种方式。

②服务器托管。企业自行购买、配置、安装Web服务器后，托管在ISP，由企业远程维护。

③租用DDN专线。用户租用DDN专线后，可以把自行配置的服务器放置在任何易于维护的位置。

3. 选择操作系统、服务器、开发工具和数据库

(1) 服务器的选择

服务器是在网络环境下提供网上客户机共享资源（包括查询、存储，计算等）的设备，具有性能较强、可靠性高、吞吐能力强、内存容量大、联网功能强、人机界面友好等特点，是当代网络计算机系统的主设备。在应用系统中，如何采购适合自己需要的服务器，每个用户都十分关心，都想买到适于电子商务的最佳服务器。选择服务器应考虑到安全性、开放性、性能价格比、可扩展性等因素。

(2) 操作系统的选择

目前看，胜任电子商务服务器的操作系统有UNIX，Linux，Windows NT/2000和Netware。

(3) 数据库系统的选择

数据库系统是电子商务的一项支撑系统，在电子商务的建设中占有重要地位。选择数据库系统时应坚持以下原则：

①易用性。易用性是指系统的管理语句符合通用标准。要便于系统的维护、开发和移植；有面向用户的简易开发工具；有计算机辅助软件工程工具CASE来帮助开发者根据软件工程的方法提供各开发阶段的维护、编码环境，便于复杂软件的开发、维护；具有非过程语言的设计方法，用户不需要编写复杂的过程性代码，易学、易植、易维护；支持多媒体数据类型。

②分布性。分布性是指数据库管理系统应该有对分布式应用的支持，包括数据透明与网络透明程度。数据透明，意思是说，用户在应用中不需指出数据在网络中的什么结点上，系统就可以自动搜索网络、提取所需数据；网络透明，则是指用户在应用中无需指出网络所采用的协议，系统就会自动将数据包转换成相应的协议数据。

③并发性。分布式数据库管理系统面临的是多任务分布环境，可能会有多个用户点在同一时刻对同一数据进行读或写操作。为了保证数据的一致性，需要由系统的并发控制功能来完成控制。

④可移植性。指的是垂直扩展和水平扩展的能力。垂直扩展要求新平台能够支持低版本的平台，且数据库客户/服务器机制支持集中式管理模式，保证用户以前的投资和系统；水平扩展要求满足硬件上的扩展，支持从单CPU模式转换成多CPU并行机模式（SMP，CLUSTER，MPP）。

⑤安全性。指的是安全保密的程度，如账户管理、用户权限管理、网络安全控制、数据约束。

⑥容错性。容错性指在异常情况下系统对数据的容错处理能力，评价标准包括硬件的容错——有无磁盘镜像处理功能；软件的容错——有无软件方法异常情况的容错功能。

4. 网站建设

企业需要将传统的 CIS（Corporate Identity System，即企划）的理念运用到企业网站建设中，即 Web 企业策划。Web 企业策划分两大部分：企业网上形象识别设计和网站内容结构的整体策划。

在网站建设之前，应当深入了解和体会企业现状和企业文化，对企业形象做深入分析，并根据网页设计的技术特性，为企业设计出个性鲜明、与传统媒体中的企业形象相匹配的网上形象，使企业传统的 CIS 在网络上得到延伸和渗透。

结合企业的行业特色和销售方式，对企业网站的结构和内容做合理设计和布局，使网站不仅成为企业形象的展示平台，同时也能为企业产品或服务的网络销售做好最前端的铺垫和充分的准备，成为企业整体宣传系统工程中不可缺少的一部分。

不同的 Web 服务器支持不同的功能，选择电子商务站点的 Web 服务器时，最重要的是注意 Web 服务器提供的安全程序。这是因为电子商务站点要在网上传递大量的有关企业与客户交易的重要信息，应确保数据在传输之前加密，在一种安全机制下传输。第二重要的是选择 Web 服务器时注意是否易于管理。服务器必须支持 CGI。通过 CGI 可以实现提供动态内容和及时响应用户输入，它还可以使用户和服务器进行交互。要确保服务器提供具有 CGI 环境变量的 CGI 脚本并且支持服务器方的嵌入部件（可嵌入 HTML 文件的特殊命令）。在 HTML 被传输给 Web 浏览器之前，Web 服务器处理这些命令。

一个完整的电子商务站点一般应由两台服务器及其备份服务器来组成。

第 1 台作为前端服务器，主要用来做企业形象宣传、产品介绍与展示，通过 Internet 告诉人家你有什么产品和服务。同时兼顾顾客选购商品时各种不同的需求，应该为顾客设计“电子购物袋”，让他们尽快找到东西。最好想办法鼓励客户或商业伙伴填写需求文件，收集整理这些信息，并把自己的站点个性化。

第 2 台服务器作为交易系统，进行信用卡处理的后台监控，验证信用卡的合法性并负责清算。这是电子商务站点的后台系统，负责从 Web 浏览器得到订单并安全可靠地处理它。一旦客户发出了一个订单，后台系统就会通过验证支付的方法来确保支付安全。这些系统可与电子银行的系统协同工作，允许客户打开信用卡记录，并在购物时平账。期间，为安全起见，在电子购物中途系统使用加密的口令替代信用卡号，后台系统创建并验证接到的电子信号。

如果支付方法可靠，后台系统就会把来自 Web 服务器的订单转到厂商的订单录入和处理系统，计算税额，并计算邮寄费用。这些系统或许要和传统系统连接，以便更新会计信息、库存管理和订单处理系统，还可以支持与贸易伙伴的有限电子数据交换。

5. 日常维护

保证系统的稳定性，也是树立企业良好形象的一个方面。另外，使站点的内容经常变动，经常给网站的访客提供新的有价值的信息，也是站点日常维护工作的一个重要组成部分。

如何方便且有效地管理整个站点内的所有资料是一件不可疏忽的大事。依据电子商务站点提供的功能及资料的特性，站点管理者（Webmaster）可用的功能区分为系统账号管理、站点及商品资料管理、订单资料管理、会员资料管理等部分。

（1）系统账号管理

电子商务站点管理系统负责整个站点所有资料的管理，因此管理系统的安全性显得格外重要。系统账号管理应该限制所有使用站点管理系统的人员及相关的使用权限。每个管理账号都要给专属的进入代码与确认密码，以验证各站点管理者的真实身份。此外，还应设定账号的等级，依据不同的管理需求设定不同的管理等级，让各管理者能分工管理自己份内的工作，且不会改动没有权限去改动的资料。其他如密码有效天数、账号有效期限的设定等，更提高了管理账号的安全性。而账号进入首页则可让拥有不同的管理账号等级的人看到不同的管理网页样式，拥有不同操作界面的管理网页，管理起来更为方便。

（2）站点及商品资料管理

这部分的功能应该使电子商务站点管理者能够控制整个站点的各商店与商店内的商品，让他很方便地新增、删除、修改各项资料。还可针对各商店不同的需求和商品属性提供不同的商品管理功能。除此之外，还应具有等价商品的管理功能，把站点内等价商品摆在特别明显的位置，以便于顾客选购。

（3）订单资料管理

此功能应包含所有对于站点订单的相关管理功能，可以统计出目前站点中各项商品的销售情况，按销售数量与销售金额等排名，使结果一目了然。也可查询站点中各订单目前的处理状态如何，有多少新订单进来，并且能打印出订单，设定订单出货，完成线上清款与顾客退货等相关信用卡交易。

（4）会员资料管理

电子商务站点对于顾客通常是采用会员制度，系统可让顾客登录为会员，以保留现有顾客的基本资料。除了可借此了解顾客并建立联系外，同时系统将记录下他的相关资料，一有需要便可直接从资料库调出，不用烦劳顾客重复输入。管理系统也应提供相关的功能让站点管理者能够简单地管理会员资料，随时掌握消费群的动态，作为销售参考。

2.5.3 外购整体网络服务方式

ISP供应商所提供的整体网络服务方式主要有两种：虚拟主机方式和服务器托管方式。所谓虚拟主机（Virtual Host），就是使用特殊的软硬件技术，把一台计算机主机分成一台台虚拟的主机，每一台虚拟主机都具有独立的域名和IP地址（或共享的IP地址），具有完整的Internet服务器功能。虚拟主机之间完全独立，在外界看来，每一台虚拟主机和一台独立的主机完全一样。用户可以利用它来建立完全属于自己的Web、FTP和E-mail服务器。

虚拟主机技术的出现，是Internet技术的重大突破，是广大网络用户的福音。由于多台虚拟主机共享一台真实主机的资源，每个用户承受的硬件费用、网络维护费用、通信线路的费用均大幅度降低，Internet真正成为人人用得起的网络。现在，几乎所有的美国公司（包括一些家庭）都在网络上设立了自己的Web服务器，其中相当多的用户采用虚拟主机。

由于虚拟主机服务提供者的服务器硬件构成的性能比较高，通信线路也比较通畅，速度可以达到 45Mb/s，因此为用户提供了一个良好的外部环境。用户还免掉了机器硬件的维护、软件配置、网络监控、文件备份等事项，既不用动手干也不用购买 Web 服务系统。企业主机放置在 ISP 机房内，由 ISP 提供必要的维护工作，由企业自己进行主机内部的系统维护及数据的更新。这种方式不计通信量，不计硬盘空间量，不计访问次数，也不需要申请动用线路和建立复杂的网络环境，因此也就节省了大量的初期投资以及日常维护的费用。

主机托管方式的每月资费标准相对固定，便于主机企业控制支出。这种方式特别适用于有大量数据需要通过 Internet 进行传递以及有大量信息需要发布的单位。

这两种网络服务方式都无需考虑庞大的通信架设费用，尽管全国各地的 ISP 的服务费用没有统一的标准，但电脑网络管理、维护费用和专属网络空间租费都不是很高，并且不用担忧电脑网络系统安全维护技术问题。这两种方式下，只能搞一般的电子商务活动，或者说广义上的电子商务，如产品宣传、企业形象的树立、售后服务、技术咨询等。对一些涉及到企业核心机密的问题，除非与 ISP 有严格的协议规定，否则安全系数较低。

习题 2

1. **选择题**（答案可能不只一个）

(1) 下列说法正确的是（　　）

A. TCP/IP 协议是 Telnet 协议的一部分　　B. FTP 是远程登录协议

C. 电子邮件采用 SNTP 协议　　D. WWW 提供友好的信息查询接口

(2) 局域网的基本特点有（　　）

A. 传输速率高　　B. 资源彻底共享　　C. 误码率低　　D. 联网范围小

(3) 下列不是 Internet 主要功能的是（　　）

A. 远程登录　　B. 文件传输　　C. 局域网　　D. 电子邮件收发

(4) 数据库的整体结构可分为 3 类数据模型，下列错误的是（　　）

A. 层次型　　B. 网络型　　C. 分配型　　D. 关系型

(5) WWW 中文译名为万维网、环球信息网，它是由欧洲核物理研究中心研制，它的全称是（　　）

A. World Web Wide　　B. World Wide Web　　C. Web Wide World　　D. Web World Wide

(6) 按分布距离分类，计算机网络包括（　　）

A. 局域网　　B. 城域网　　C. 区域网　　D. 广域网

(7) 简单邮件传输协议简称（　　）

A. SNTP　　B. SMTP　　C. ICMG　　D. ICMP

(8) 电子邮件的特点是（　　）

A. 价格低　　B. 速度慢　　C. 可传送多媒体信息　　D. 有容量大小限制

(9) WWW 起源于（　　）

A. 美国国防部　　B. 美国科学基金会　　C. 欧洲核物理研究所　　D. 英国剑桥大学

(10) ISP 是（　　）的简称

A. 传输控制协议　　B. 网际协议　　C. Internet 服务商　　D. 拨号器

(11) 在我国，CHINANET 是指（　　）

A. 中国公用计算机网　　B. 中国教育网　　C. 国家计算机网络设备　　D. 中国金桥网

(12) 在计算机中，通常把提供管理共享资源的计算机称为（　　）

A. 工作站　　B. 服务器　　C. 客户机　　D. 网关

(13) 下列叙述不正确的是（　　）

A. Windows NT 操作系统的设计定位在高性能工作站、台式机、服务器及政府机关、大型企业网络、异型机互连设备等多种应用环境

B. Netware 是世界上第一个真正的微机局域网操作系统，结束了多任务操作系统 DOS 为核心的微机网络系统发展历史

C. UNIX 是当代最著名的多用户、多任务的网络操作系统

D. Linux 适应多种硬件平台，如 IBM PC 及其兼容机、Apple Macintosh 计算机（苹果机）、SUN 工作站

2. 问答题

(1) 各种 Internet 接入技术的特点是什么？

(2) 简述 TCP/IP 协议的作用。

(3) IP 地址是如何进行分类的？什么是域名解析？

(4) 电子邮件地址的格式及代表意义是什么？

(5) WWW 服务的特点是什么？

(6) 简述 HTML，Java，JavaScript，ActiveX，ASP，CGI 的概念及特点。

(7) Internet，Intranet 和 Extranet 三者的区别和联系是什么？

(8) 简述 C/S 和 B/S 模式的区别。

(9) 简述网络系统建设中的技术要求。

(10) 简述如何进行 Web 企业策划？

(11) 简述 SMTP，POP3，FTP，WWW，BBS，URL，HTML，HTTP 的概念。

第 3 章 电子商务的安全防范

自 Internet 诞生之日起，信息和网络的安全就成为人们关注的一个焦点。可以说在 Internet 发展的每一个阶段，安全问题都是一个基础性的、关键性的因素。

信息一直是社会发展的重要战略资源，国际上围绕信息的获取、使用和控制的斗争随着 Internet 的推广和电子商务的普及而愈演愈烈。在商业竞争中谁占有了信息的控制权，谁就掌握了主动权。信息安全已成为影响国家安全、经济发展、个人生活、社会稳定的重大问题。从保护国家和个人的利益出发，各国政府都十分重视信息和网络安全。

3.1 计算机与网络的安全

3.1.1 计算机安全

1. 计算机安全面临的严峻形势

从 1946 年世界第 1 台计算机诞生以来，计算机已经有了 50 多年的历程。计算机的应用，特别是计算机网络的应用，呈现出前所未有的社会化趋势。在计算机推动社会发展前进的同时，也面临着形形色色的威胁和攻击。计算机安全问题越来越受到各级领导、专家、技术开发和应用人员的重视。

2. 计算机安全问题主要涉及的领域

计算机安全在工作上涉及的领域和它在技术上涉及的领域是不同的。以我国为例，在工作上它所涉及的领域可分为 3 类。

(1) 党政机关计算机信息系统的安全问题

党政机关的计算机信息系统关系到我国的政治稳定和国计民生，是我国最重要的计算机系统，它的安全问题是最首要的问题，也是公安部门最为关心的问题。

(2) 国家经济领域内计算机信息系统的安全问题

经济领域内的计算机信息系统对国家的经济命脉起着决定作用，也是影响国家经济持续稳定发展的重要因素。

(3) 国防和军队计算机信息系统的安全问题

国防和军队的计算机信息系统是维护国家独立和主权完整的重要保障。

在计算机安全方面，军队与公安部门都有相应的机构负责，同时又有密切的合作。

3. 计算机安全控制制度

计算机安全通常表现在两方面：一个是对计算机系统的安全保护，另一个是对计算机犯罪的防范与打击。对计算机系统的安全保护又包括对计算机系统中薄弱环节的检查，即对现有计算机系统和设计中的计算机系统应有的安全检查和安全审查，找出其薄弱环节和安全隐患，对安全隐患及时加以处置，增加计算机系统的安全防护能力。

1994 年 2 月 18 日，我国颁布了《中华人民共和国计算机信息系统安全保护条例》(以下简称《条例》)，这是我国的第 1 个计算机安全法规，是我国计算机安全工作的总体纲领。它标志着我国的计算机信息系统安全治理走上了规范化、法制化的轨道。《条例》不仅明确规定了“计算机信息系统的建设和应用，应当遵守法律、行政法规和国家其他有关规定。”而且具体提出了计算机信息系统安全保护的 8 项具体制度，使我国计算机信息系统安全保护更加规范化、具体化。

(1) 计算机信息系统安全等级保护制度

《条例》第 9 条指出：“计算机信息系统实行安全等级保护。安全等级的划分标准和安全等级保护的具体办法，由公安部会同有关部门制定。”

将计算机信息系统的安全划分为不同的等级，目的在于对计算机信息系统进行“恰如其分”的保护。所谓恰如其分，就是指对计算机信息系统的安全保护，在人力、物力和财力等方面，按其安全等级的实际需要，进行针对性的适当投入。

计算机信息系统的安全保护措施，必将随其安全等级的不同而有明显的差别。可以认为，没有规范的安全等级的划分，就难以实施恰如其分的计算机信息系统安全保护。

(2) 计算机机房安全管理制度

计算机机房是安装计算机信息系统主体的关键场所，尤其在供电、信息的干扰和泄露等方面，是计算机信息系统安全保护工作的重点之一。

对计算机机房的技术条件及设计、施工和验收，我国制定了一系列的标准，对计算机机房的场地及环境条件也提出完整的安全要求。《条例》第 10 条明确规定：“计算机机房应当符合国家标准和国家有关规定。在计算机机房附近施工，不得危害计算机信息系统的安全。”

在该款条例中，不仅对计算机机房的所在单位提出了要求，对其相邻单位的施工也规定其必须遵守的行为规范，也就是负有不得危害相邻单位计算机信息系统安全的责任和义务。这类施工单位应当主动接受主管计算机信息系统安全的公安机关和城建、规划部门的指导和协调，在维护计算机信息系统安全的大前提下，齐心协力，出谋划策，做好计算机信息系统的安全保护工作。

(3) 计算机信息系统国际联网备案制度

《条例》第 11 条规定：“进行国际联网的计算机信息系统，由计算机信息系统的使用单位报省级以上人民政府公安机关备案。”

计算机信息系统国际联网备案制度是保障联网单位信息系统安全的首要措施，是保障跨越国境数据流安全的强有力的手段。目前，许多发展中国家和发达国家对跨越国境数据流都有相应的规定。

计算机信息系统国际联网备案，仅是一种手段，而不是目的。1997 年 12 月 16 日以公安部 33 号令发布的、经国务院批准的《计算机信息系统网络国际联网安全管理办法》明确规定：“公安机关计算机管理监察机构应当掌握互连单位、接入单位和用户的备案情况，建立备案档案，进行备案统计，并按照国家有关规定逐级上报。”公安机关依此做好国际联网的安全保护管理工作。

(4) 计算机信息媒体进出境申报制度

《条例》第 12 条规定：“运输、携带、邮寄计算机信息媒体进出境的，应当如实向海关申报。”这是坚持改革开放，保护我国政治、经济机密的一项有力措施，是行使国家主权的一个重要方面。

作为重要信息载体的计算机信息媒体的使用已经越来越普遍，记录的信息容量也越来越大，一张极普通的 3.5 英寸 1.44MB 的软盘，可以轻而易举地记录 500 万个汉字，并且携带方便。向海关如实申报进出境的计算机信息媒体，是维护我国信息安全的基础性工作，计算机信息媒体进出境单位、海关和公安机关计算机管理监察部门应当共同负起安全管理的责任。

(5) 计算机信息系统使用单位安全负责制度

《条例》第 13 条规定：“计算机信息系统的使用单位应当建立健全安全管理制度，负责本单位计算机信息系统的安全保护工作。”

计算机信息系统各不相同，使用的安全技术、安全管理手段也是千差万别。将计算机信息系统安全的责任放到各单位、各部门，有利于各个使用单位按照《条例》规定，高度重视计算机信息系统的安全保护工作，认真落实计算机信息系统的安全责任制，自觉做好计算机安全保护工作。

公安机关计算机管理监察部门应检查、指导各使用单位搞好计算机安全保护工作。

(6) 计算机案件强行报告制度

《条例》第 14 条规定：“对计算机信息系统中发生的案件，有关使用单位应当在 24 小时内向当地县级以上人民政府公安机关报告。”

查处危害计算机信息系统安全的违法犯罪，是各地公安机关的职责。计算机案件 24 小时强行报告制度，是迅速及时地侦破计算机犯罪案件的重要保障。

计算机案件强行报告制度是吸取了国外的经验教训而制定的。根据国外几十年对付计算机犯罪的经验，计算机犯罪与传统的盗窃、抢劫等相比，犯罪行为有更大的隐蔽性、不易觉察、不易侦察，只有迅速报案才能有利于保护现场，查找线索。只有报告每一起案件，才有利于归纳分析每一时期的计算机犯罪的特点，从而有针对性地采取预先防范和及时打击的措施。

计算机信息系统的应用十分广泛，所发生的计算机安全事件更是多种多样。有的使用单位认为只有计算机案件才需要报告，这样是非常错误的。因此，一旦发现问题，一定要先报告，至于是否为计算机案件，应如何处理，就由国家政法部门做出判断。

(7) 计算机病毒及其有害数据的专管制度

《条例》第15条规定："对计算机病毒和危害社会公共安全的其他有害数据的防治研究工作，由公安部归口管理。"

计算机病毒和危害社会公共安全的其他有害数据要由公安部归口管理。这是由于计算机病毒所破坏的是计算机信息系统健康的"肌体"，有害数据则是含有攻击人民民主专政、社会主义制度、攻击党和国家领导人、破坏民族团结等危害国家安全内容的信息，含有宣传封建迷信、淫秽色情、凶杀、教唆犯罪等危害社会治安的内容；或者是危害计算机信息系统运行和功能发挥以及应用软件、数据的完整性、可用性和保密性，以及用于违法活动的包括计算机病毒在内的计算机程序。所以，只有建立一个强有力的专管制度，由国家专政机关负责实施，才能确保计算机信息系统的安全。

(8) 计算机信息系统安全专用产品销售许可证制度

《条例》第16条规定："国家对计算机信息系统安全专用产品的销售实行许可证制度。具体办法由公安部会同有关部门制定。"

计算机信息系统安全专用产品是用来保护计算机信息系统安全的专用的硬件和软件产品，如网络防火墙、防病毒软件等。计算机信息系统安全专用产品的技术性、时效性非常强，且关系到整个计算机信息系统的可靠性问题。因此实行许可证销售，有利于加强安全专用产品的管理，确保这些专用产品本身具有可信、可靠的安全功能，有利于保护国家的主权和安全，有利于保证整个信息社会的正常运转。

4. 用于防范计算机犯罪的法律手段

1997年10月1日的我国新《刑法》确定了计算机犯罪的5种主要形式。

① 违反国家规定，侵入国家事务、国防建设、尖端科学技术领域的计算机信息系统；

② 对计算机信息系统功能进行删除、修改、增加、干扰，造成计算机信息系统不能正常运行；

③ 对计算机信息系统中存储、处理或传输的数据和应用程序进行删除、修改、增加的操作；

④ 故意制作、传播计算机病毒等破坏性程序，影响计算机系统的正常运行；

⑤ 利用计算机实施金融诈骗、盗窃、贪污、挪用公款、窃取国家机密或其他犯罪行为。

新《刑法》有关计算机犯罪的规定，是惩处计算机犯罪最有力的武器和最基本的依据。

· 根据《刑法》第285条的规定，犯非法侵入计算机信息系统罪的，处三年以下有期徒刑或者拘役。

· 根据《刑法》第286条第1款的规定，犯破坏计算机信息系统功能罪的，处五年以下有期徒刑或者拘役；后果特别严重的，处五年以上有期徒刑。

· 根据《刑法》第286条第2款的规定，犯破坏计算机信息系统数据、应用程序罪的，依照第286条第1款的规定处罚，即处五年以下有期徒刑或者拘役；后果特别严重的，处五年以上有期徒刑。

· 根据《刑法》第 286 条第 3 款的规定，犯制作、传播计算机破坏性程序罪的，依照第 286 条第 1 款的规定处罚，处五年以下有期徒刑或者拘役；后果特别严重的，处五年以上有期徒刑。

3.1.2　常见的网络安全问题

1. 网络安全主要涉及的领域

随着计算机技术的飞速发展和网络技术的广泛普及，互连网安全问题成为最为热门的安全问题，任何国家都对互连网上的安全性给予了极大的重视。我国同其他国家一样，也规定了专门的管理部门，并投入相当的人力来研究互连网的安全问题。网络安全在工作上涉及的领域和在技术上涉及的领域是不同的。一般认为大致可以分为 3 个领域。

(1) 社会经济领域

在社会经济领域中，主要是党政机关的网络安全问题，它关系到我国的政治稳定和国计民生。国家经济领域内的网络安全问题，它对国家经济持续稳定发展起着决定作用。国防和军队网络安全问题，关系到国家安全和主权完整。

(2) 技术领域

在技术领域中，网络安全包括实体安全，用来保证硬件和软件本身的安全；运行安全，用来保证计算机能在良好的环境里持续工作；信息安全，用来保障信息不会被非法阅读、修改和泄露。

(3) 电子商务领域

21 世纪，网络上的电子商务应用将渗透到我国经济生活的各个方面，电子商务交易安全将直接影响到整个国民经济的正常运行，影响到亿万买卖双方的切身利益。所以有效保护银行、企业和个人的各种权益，防止不良行为和恶意侵袭，已经成为计算机网络安全保护的一个新的重点。

2. 网络上存在的安全问题

(1) 病毒

病毒与计算机相伴而生，而 Internet 更是病毒滋生和传播的温床。从早期的“小球病毒”到引起全球恐慌的“梅丽莎”和 CIH，病毒一直是计算机系统最直接的安全威胁。

(2) 内部威胁和无意破坏

事实上，大多数威胁来自企业内部，来自同事、被解雇的职员、已得到商家信任的顾客、咨询顾问等所有能进入系统的人。此外，一些无意的行为，如丢失口令、疏忽大意、非法操作等都可以对网络造成极大的破坏。据统计，此类问题在网络安全问题中的比例高达

70%。

(3) 系统的漏洞和“后门”

操作系统和网络软件不可能100%无缺陷和漏洞，这些漏洞和缺陷恰恰是黑客进行攻击的首选目标，大部分黑客攻入网络内部的事件都是因为安全措施不完善所致。另外，软件的“后门”通常是软件公司编程人员为了自便而设置的，一般不为外人所知，而一旦“后门”洞开，造成的后果将不堪设想。

(4) 网上的蓄意破坏

例如，在未经他人许可的情形下篡改他人网页，犯案动机多半是因为政治原因或仅仅为了炫耀自己的技术。在去年和今年，美国发生过多起类似案件，我国的一些网站也遭到了此类恶意攻击。

(5) 侵犯隐私或机密资料

很多人有这样的经验，当你进行网络购物或信息搜索时，对方往往会要求你提供信用卡资料作为注册的必要条件之一，并添加一大段文字确保此类个人资料的安全。事实上，黑客并不需要使用多么先进的技术便可获得此类资料，他们通常只需利用偷窥信息的封装程序，即可得知使用者的注册名称和密码，然后利用这些资料上网获取用户的个人资料。

(6) 拒绝服务

组织或机构因为有意或无意的外界因素或疏漏，导致无法完成应有的网络服务项目（例如电子邮件系统或联机功能），称为“拒绝服务”问题。

3.2 电子商务的安全保障

Internet的发展极大地促进了网上电子商务的开展，通过Internet实现的商业销售正高速增长，众多企业把电子商务作为下世纪的业务增长点。然而，面对潮水般涌入的信息流，怎样才能分辨交易的真伪？除了沿用传统的法律和道德来约束交易行为外，在信息时代依靠技术手段来保护自身的安全已经越来越重要了。

3.2.1 电子商务的安全现状

在电子商务交易过程中，企业的商业机密是不能公开的。在竞争激烈的市场环境下，如何保证商业机密的安全是非常重要的问题。一旦商业机密失窃，企业的损失将不可估量。电子商务要得到进一步的发展必须解决安全性和可靠性问题。

安全问题是电子商务推进中的最大障碍，营造信誉良好、安全可靠的交易环境才能让众多的企业和消费者支持电子商务，否则消费者不信任网上交易、企业对网上赊销不信任，电子商务就只能是“水中花，镜中月”。目前，尽管政府以及一些企业已意识到这一问题，但因为业界一直没有提供安全保护的完整概念，所以很多人在安全认知上仅限于对防火墙的了解。其实，防火墙只是安全保护的一方面，绝不等于全部，这也正是实施了防火墙的网络仍然存在漏洞的原因。

为了对电子商务的安全问题有更感性的认识，让我们来看一下黑客盗取信用卡的过程。黑客在 Internet 的新闻组上发布带有后门病毒的程序，并鼓励人们下载到自己的 PC 上。一旦某台 PC 下载了该程序，该台 PC 就成为黑客可以侵略的对象。黑客可以浏览该 PC 上的全部信息资源，实时地掌握被入侵者桌面的使用情况。如果被侵入者此时输入信用卡号，那么黑客就可以易如反掌地窃取到这一代码，这是信用卡被盗用的主要原因。即使用户不曾在公共信息场所下载软件，也很可能成为无辜的受害者，因为黑客程序通常具有很强的蔓延性，即一台 PC 感染后，病毒可通过该台 PC 上的地址簿向其他 PC 传播，如此下去，不断加大传播范围。所以在不经意间，你的 PC 可能就已经成为黑客的盘中餐。而一个从事网上交易的网站一旦发生消费者信用卡泄露事件，将大大影响网民对网站的信任，极有可能导致消费者不再去访问这个网站。所以，要使电子商务能够健康、蓬勃地发展，就必须用全面的电子商务安全解决方案来提供交易的信任保障。

在信息经济的发展过程中，各产业对网络的技术依赖达到了空前的程度。军事、经济、社会、文化各方面都越来越依赖于网络。这种高度依赖性使社会变得十分"脆弱"，一旦计算机网络受到攻击不能正常运作时，整个社会就会陷入危机，甚至比电影中描述的情节还要恐怖。因此，网络信息的安全日益受到各国的高度重视。

随着经济信息化进程的加快，计算机网络上黑客的破坏活动也随之猖獗起来。非法黑客及黑客行为已对经济秩序、经济建设、国家信息安全构成严重威胁。

"黑客"的袭击行为在计算机网络发达国家尤为严重。在西方有完全合法的黑客组织和黑客学会，他们经常召开黑客技术交流会。在 Internet 上，黑客组织公开网址，提供免费的黑客工具软件，介绍黑客手法，出版网上黑客杂志和书籍。因此普通人很容易学到网络攻击的方式。目前，国际黑客对各国计算机系统中高度敏感、保密信息的攻击和窃取正在日益猖獗。例如，对美国国防部的攻击行动成功率高达 65.96%，每年达 25 万次以上，并且还在不断增长。1999 年美国黑客与美国情报局的对抗活动就很典型。

电子攻击可分为 3 个层次：低层次威胁，主要包括消遣性黑客、破坏公共财产者；中间层次威胁是指有组织的威胁，例如一些机构"黑客"，他们有组织地进行商业间谍活动；最高层次威胁是指国家规模上的威胁，例如敌对的外国政府、恐怖主义组织发起的全面信息战。黑客的攻击手段也在不断翻新，最近出现了可植入计算机系统的黑客程序。一旦计算机被黑客程序感染，它与黑客里应外合，就会使攻击变得十分容易。网络上的威胁来自多方面，包括建立模仿合法 Web 网址的假网址的欺骗行为，另外还包括模仿和更改截取的电子信息，以及非法侵入专用企业数据库等。目前已发现 BO 等十几种黑客程序，尽快防范它们已成为计算机安全领域的头等大事。

目前我国发生的黑客事件大多属于低层次的攻击。但我们基本上还是无能为力，无从防范。1999 年 4 月 26 日的 CIH 病毒的爆发，就使中国 25 万多台电脑不能正常运行，大多数电脑的 C 盘数据被毁。中国民航 20 多台电脑也被感染，其中 1999 年下半年的航班时刻表的数据也被摧毁，工作人员 4 个多月的辛苦劳动付之东流。国内很多企业的数据都或多或少的受到损失，不能不说是一种遗憾。因此，网络信息安全应受到我国政府及企业的高度重视。

美国每年因信息与网络安全问题所造成的经济损失达 75 亿美元，企业电脑安全受到侵犯的比例从 1997 年的 49%升到 1999 年的 54%。1997 年，美国出现了两次大的 Internet 瘫痪事件。1999 年，中情局也受到了美国黑客的攻击。

计算机信息系统在防不胜防的破坏性活动面前，有时显得软弱无力，谁也无法预测将会受到什么样的挑战。信息安全漏洞难以堵塞，一方面是由于缺乏全世界统一的操作系统、计算机网络和数据库管理系统，缺乏统一的信息安全标准、密码算法和协议；另一方面，则是由于大多数管理者对网络安全不甚了解。另外，信息犯罪属跨国界的高技术犯罪，要用现有的法律来有效地防范十分困难，现有的科技手段也难以侦察到计算机恐怖分子的行踪，罪犯只需要 1 台计算机、1 条电话线、1 个调制解调器就能进行远距离作案。

同传统的金融管理方式相比，金融电子化使资金在计算机网络里流通。于是，金融部门的计算机系统成了犯罪活动的新目标。

我国金融系统发生的计算机犯罪也呈上升趋势。近年来最大一起犯罪案件造成的经济损失高达人民币 2 100 万元。目前，我国已发生了几百起利用计算机网络进行金融犯罪的案件。对我国金融系统计算机网络现状，专家们有一些形象的比喻：使用不加锁的储柜存放资金（网络缺乏安全防护）；使用“公共汽车”运送钞票（网络缺乏安全保障）；使用“邮寄托运”的方式传送资金（转账支付缺乏安全渠道）；使用“商店柜台”方式存取资金（授权缺乏安全措施）；使用“平信”邮寄机密信息（敏感信息缺乏保密措施）。在金融系统计算机犯罪案件中，具有破坏性的犯罪类型就是篡改数据，而各银行对数据的保护、操作密码保护和储户密码保护都缺乏有力的措施。我国的证券市场也屡受黑客攻击。1998 年 6 月 24 日，上海有一个黑客非法闯入证券营业部电脑系统，盗买了 2.6 亿元的股票。据有关部门对国内证券行业的 1 564 个营业部的 23 万台微机进行抽查，发现基本上都存在着安全漏洞。

与发达国家相比，发展中国家的信息安全更显得脆弱不堪。其原因是多方面的，发展中国家的许多部门只着重信息的应用带来的巨大财富，没有意识到信息安全的漏洞，忽视计算机系统的安全技术防范，给网络基础安全埋下了隐患。与此同时，信息安全保卫工作严重滞后，不少单位还停滞在传统的“看家护院”的工作模式，没有从管理制度、人员和技术上建立相应的电子业务安全防范机制。此外，发达国家限制和封锁信息安全高密度产品的出口，也对许多发展中国家的信息网络安全造成不利影响。

其实，并不是只有电子商务用户和 ISP 才需要解决安全问题，各企业转向在线商务时就要考虑外部和内部的网络安全问题。那些正在努力尝试把内部网对外开放的公司，必须要优先保护其易损的内部信息。无论是对订单还是产品的设计方案，安全性都是公司应最先考虑的问题。

3.2.2 电子商务的安全威胁

从安全和信任的角度来看，传统的买卖双方是面对面的，很容易保证交易过程的安全性，很容易建立信任关系。但在电子商务过程中，买卖双方通过网络来联系，受到距离的限制，因而产生安全感和建立信任相当困难。电子商务交易双方（销售者和消费者）都面临安全威胁。

1. 卖方面临的安全威胁

卖方（销售者）面临的安全威胁主要有：

① 系统中心安全性被破坏。入侵者假冒成合法用户来改变用户数据（如商品送达地址）、

解除用户订单或生成虚假订单。

② 竞争者的威胁。恶意竞争者以他人的名义来订购商品，从而了解有关商品的递送状态和货物的库存情况。

③ 商业机密的安全。客户资料被竞争者获悉。

④ 假冒的威胁。不诚实的人建立与销售服务器名字相同的另一个 Web 来假冒销售者；虚假订单；获取他人的机密数据，比如某人想要了解另一人在销售商处的信誉时，以他的名字向销售商订购昂贵的商品，然后观察销售商的反应。假如销售商认可该订单，说明被观察者的信誉高；否则，说明被观察者的信誉不高。

⑤ 信用的威胁。买方提交订单后不付款。

2. 买方面临的安全威胁

① 虚假订单。一个假冒者可能会打着客户的名字来订购商品，并有可能收到货，而此时此刻真正的客户却被要求付款或返还商品。

② 付款后不能收到商品。在要求客户付款后，销售商中的内部人员不将订单和钱转发给执行部门，因而使客户收不到货。

③ 机密性丧失。客户有可能将秘密的个人数据或自己的身份数据（个人身份号码或个人识别号、口令等）发送给冒充销售商的机构，这些信息也可能会在传递过程中被窃听。

④ 拒绝服务。攻击者可能向销售商的服务器发送大量的虚假订单来挤占它的资源，从而使合法用户得不到正常服务。

3. 黑客攻击电子商务系统的手段

卖方和买方从事网上交易时所面临的安全风险，就是常常被黑客作为攻击的目标。黑客们攻击电子商务系统的手段可以大致归纳为 4 种。

① 系统中断，破坏系统的有效性。网络故障、操作、程序、硬件、软件错误及病毒都能导致系统不能正常工作，贸易数据在确定的时刻和地点的有效性不能得到保证。

② 窃听信息，破坏系统的机密性。通过搭线和电磁泄漏等手段造成的信息泄漏，或对业务流量进行分析而获取有价值的商业情报等行为会损害系统的机密性。

③ 篡改信息，破坏系统的完整性。数据输入时的意外差错或欺诈行为、数据传输中信息的丢失、重复或次序差异都可能导致贸易各方信息的差异，从而影响贸易各方信息的完整性。

④ 伪造信息，破坏系统的真实性。确定贸易双方交易信息的真实和可靠是保证电子商务顺利进行的关键。在电子商务方式下，通过手写签名和印章进行贸易双方的鉴别是不可能的。因此，在交易信息的传输过程中必须为参与交易的个人、企业或国家提供可靠的标识。

3.2.3　电子商务的安全要素和体系

电子商务安全问题涉及面很广。首先，它是一个复杂的管理问题。管理公司的内部网络已经够复杂了，而当把企业网与 Internet 相连时，性能、安全、可管理性等方面就更面临着新的挑战。其次，它是一个技术安全问题。电子商务应由合法的系统给予确认和支持。文件上的数字签名与在法庭上的书面签字应具有同等效力。电子商务是通过信息网络传输商务信息和进行贸易的，与传统的有纸贸易相比减少了直接的票据传递和确认等商业活动，因此要求电子商务比有纸贸易更安全、更可靠。这首先要从技术上保证，如采用电子签名、电子识别等。实际上每一次货物、资金或文件的交换都涉及到保密信息的安全问题。任何泄密事件都会造成十分严重的后果。一些 IT 公司正致力于解决这些问题，以提供真正的端到端的安全解决方案，但目前还存在一些困难。再次，它是一个法律问题，电子商务安全问题的彻底解决要靠法律的完善来加以保证。

1. 电子商务的安全要素

① 有效性、真实性。就是说能对信息、实体的有效性、真实性进行鉴别。

电子商务以电子形式取代了纸张，如何保证一种电子贸易信息的有效性和真实性成为经营电子商务的前提。电子商务作为贸易的一种形式，其信息的有效性和真实性将直接关系到个人、企业或国家的经济利益和声誉。因此，要对网络故障、操作错误、应用程序错误、硬件故障、系统软件错误及计算机病毒的潜在威胁加以控制和预防，保证贸易数据在确定的时刻、确定的地点是真实有效的。

② 机密性。保证信息不会泄露给非授权的人或实体。

网络交易必须保证发送者和接收者之间交换信息的保密性。电子商务作为一种贸易手段，其信息直接代表着个人、企业或国家的商业机密。传统的纸面贸易都是通过邮寄封装的信件或通过可靠的通信渠道发送商业报文来保守机密的；电子商务则建立在一个较为开放的网络环境上，商业保密就成为电子商务全面推广应用的重要屏障。因此，要预防非法的信息存取和信息在传输过程中被非法窃取，确保只有合法用户才能看到数据，防止泄密事件的发生。

③ 数据的完整性。要求能保证数据的一致性，防止数据被非授权建立、修改和破坏。

电子商务的确简化了贸易过程，减少了人为的干预，但同时也带来了维护商业信息的完整、统一的问题。数据输入时的意外差错或欺诈行为，可能导致贸易各方信息的差异。此外，数据传输过程中丢失、信息重复或信息传送的次序差异也会导致贸易各方信息不相同。信息的完整性将影响到贸易各方的交易和经营策略，保持这种完整性是电子商务应用的基础。因此，要预防对信息的随意生成、修改和删除，同时要防止数据传送过程中发生信息的丢失和重复信息，并保证信息传送次序的统一。

2. 电子商务安全的基本要求

电子商务安全系统应充分保证数据传输、存储及电子商务完整性检查的正确和可靠。

① 数据传输的完整性。网络传输所使用的协议必须具有纠错能力，以保证数据的完整性。应具有消息投递的确认与通知信息，以保证传送无误。要确保数据在传递过程中的安全性和真实性，以防止数据的丢失和篡改。

② 数据存储的完整性。电子商务系统的信息存储必须保证准确无误。为确保数据的可靠，对作为存储介质的磁盘，可采用容错和热修补技术。

③ 完整性检查。系统要对电子商务报文进行完整性检查，抛弃不完整的电子商务文件。对接收的电子商务报文数据要进行扫描，按规定的语法规则进行上、下文检查。“违法”的字符将要从数据流中移走。

④ 可靠性、不可抵赖性和可控性。可靠性指保证合法用户对信息和资源的使用不会遭到不正当的拒绝；不可抵赖性指建立有效的责任机制，防止实体否认其行为；可控性指的是控制使用资源的人或实体的使用方式。

在电子商务中确定交易对象的身份是保证电子商务顺利进行的关键。在传统的纸面贸易中，双方通过在交易合同、契约或单据等书面文件上手写签名或印章来鉴别贸易伙伴，确定合同、契约、单据的可靠性并预防抵赖行为的发生，这也就是人们常说的“白纸黑字”，一旦交易开展后便不可撤销。交易中的任何一方都不得否认其在该交易中的作为。这点将确保任何一方都无法伪造报价和推翻报价。

在无纸化的电子商务方式下，通过手写签名和印章进行贸易方的鉴别已经不可能了。因此，要在交易信息的传输过程中为参与交易的个人、企业或国家提供可靠的标识。在 Internet 上每个人都是匿名的，通过添加标识的方法使原发方在发送数据后不能抵赖；接收方在接收数据后也不能抵赖。

为了做交易，各方必须能够鉴别另一方的身份。一旦一方签订交易后，这项交易就应受到保护以防止被篡改或伪造。交易的完整性在其价格、期限及数量作为协议的一部分时尤为重要。接收方可以证实收到的数据是原发方发出的，而原发方也可以证实只有指定的接收方才能接收，以防止身份假冒。根据机密性和完整性的要求，应对数据审查的结果进行记录。

3. 建立电子商务安全体系

由于 Internet 覆盖全球，信息内容广泛，用户结构复杂，因此不可能进行集中统一管理。电子商务的大量问题（控制通信路由选择、追踪和监控通信过程、控制和封闭信息流通、保证通信的可靠性和敏感信息的安全、提供源和目标方的认证、实施法律意义上的公证和仲裁等）都涉及到安全问题，要认真研究，做出解决方案。除了加强制度、法规等管理措施外，还要强化信息系统本身的安全能力。

很多电子商务安全专家都是从内部网出发来考虑电子商务安全问题。内部网将 Internet 技术用于政府部门和企业专用网，它在原有专用网的基础上增加了服务器、服务器软件、Web 内容制作工具和浏览器，并与 Internet 连通。当前的主流思路是从内部网出发来考虑以 Internet 为基础的电子商务安全问题。内部网中存有大量的内部敏感信息，具有极高的商业、政治和军事价值，而它是一种半封闭的集中式可控网。因此，既要保证内部网不被非法入侵和破坏，避免网中的敏感信息被非法窃取和篡改，又要保证网内用户和网外用户之间正常联通，并提供应有的服务。要保证电子商务的安全性，最根本的是要发展商家和政府部门的内部网并保证它们的安全性。

由于电子商务系统是把商家、客户和银行三方通过 Internet 连接起来实现具体的商务操作，因此电子商务安全系统可由三个安全代理服务器及 CA 认证系统构成，它们遵循相同的协议，协调发挥交易数据的完整性、保密性、不可否认性等安全功能。

银行方主要包括银行端安全代理、数据库管理系统、审计信息管理系统、业务系统等几部分，它与商家或客户进行通信，实现对商家或者客户的身份认证机制，认证客户和商家的身份及账号的合法性，以保证业务的安全。

商家主要包括商家端安全代理、数据库管理系统、审计信息管理系统、Web 服务器系统等几个组成部分。电子商务活动进行时，商家的服务器与客户和银行双向通信。

在客户方，电子商务用户通过自己的计算机与 Internet 相连，在客户计算机中除了 WWW 浏览器软件外，还装有电子商务系统的客户安全代理软件。客户端安全代理主要任务是负责对客户敏感信息（如交易信息等）加密、解密和添加数字签名，以密文的形式与商家或银行通信，并通过认证中心（CA）和商家端安全代理或银行端安全代理一起实现用户身份认证。

由上面我们可以总结出，电子商务的安全体系结构主要包括：

① 服务层。包括密码服务、通信、用户接口和访问控制等模块，提供安全通信服务。

② 传输层。发送、接收、组织商业活动所需的数据信息，实现客户和服务器之间根据规定的安全角色来传递数据信息。数据信息的基本类型分为：签名文本、证书、收据、已签名的陈述、信息、数字化的商品、访问某种服务所需的信息、获得物理商品所需的信息。传输层包括付款模块、文档服务模块和证书服务模块。

③ 交换层。本层提供封装数据的公平交换服务，所谓公平是指甲方和乙方同意进行交换，甲方收到乙方的封装数据条的充要条件是乙方收到甲方的封装数据条。

④ 商务层。商务层提供了商业方案（如邮购零售、在线销售信息等）。

3.3 电子商务安全的标准

网络安全市场对 Internet 的安全需求做出了快速的响应，它们一方面修改和完善已有的身份认证和加密技术，以适应 Internet 连接，同时还开发出新的安全产品。在今天的网络安全市场里，充斥着各种未成型的标准、技术和产品，它们分别可以解决某一方面的安全问题，但却难以实现互操作。为了促进电子商务的发展，需要制定若干采用密码技术的、用于安全交易的国际标准。

3.3.1 SSL 协议

SSL 协议又称为安全套接层（Secure Sockets Layer）协议，它是由 Netscape Communication 公司设计开发的，其目的是通过在收发双方建立安全通道来提高应用程序间交换数据的安全性，从而实现浏览器和服务器（通常是 Web 服务器）之间的安全通信。目前 Microsoft 和 Netscape 的浏览器都支持 SSL，很多 Web 服务器也支持 SSL。SSL 使用的是 RSA 数字签名算法，可以支持 X.509 证书和多种保密密钥加密算法。

SSL 协议提供的主要安全功能有：

① 认证用户和服务器，以便确信数据能发往正确的客户机和服务器；

② 对被发送的数据实施加密处理，以便保证数据的保密性；

③ 对传送的数据进行完整性检验，以便保证数据传送过程中没有被改变。

在这些功能的保证下，商家可以对客户承诺客户信息保密。但是，由于这是默认了商家是可以信赖的，因此没有提供客户对商家的认证，这实际上对客户是不公平的，这是 SSL 协议的缺点。

在交易过程中，SSL 协议要求客户首先把求购信息发往商家，商家再将此信息转发给银行，银行验证客户信息的合法性后，告知商家该客户可以支付，商家得知此信息后通知客户购买成功，并将商品寄给客户。

这个过程通过以下步骤进行：

① 接通阶段：客户呼叫服务商，服务商回应客户；

② 密码交换阶段：客户和服务商交换密钥；

③ 确立会话密钥：客户和服务商之间协议确立会话密钥；

④ 会话阶段：客户与服务商交换会话信息，客户提交自己的身份、求购信息和付款方式；

⑤ 认证阶段：服务商认证客户的可信度；

⑥ 结束阶段：客户与服务商交换结束信息，通信结束。

SSL 协议虽然提供了安全通道，但是没有授权功能，对建立的连接不支持访问控制，早期的 SSL 没有提供数字签名，不能实现抗否认，这些弱点限制了它的安全功能。

3.3.2　SET 协议

消费者发出的支付指令，在由商户送到支付网关之前，是在公用网上传送的，这一点与持卡 POS 消费者有着本质的不同，因为从商家 POS 到银行之间使用的是专线。因此，我们必须考虑公用网上支付信息的安全性。在这种需求的推动下，VISA 和 Master Card 两家国际上最大的信用卡公司连同一些计算机厂商，包括 IBM，Microsoft 等信息产业巨头共同制定了电子安全交易（Secure Electronic Transaction，SET）协议。

SET 协议在 1997 年 6 月正式发布，是目前国际通用的网上支付标准。该标准采用 RSA 公开密钥体制对通信双方进行认证，采用 DES、BC4 等对称加密体制加密要传输的信息，并用 Hash 算法来鉴别消息的真伪和有无被篡改。

SET 协议是一种支付协议，只是在持卡人向商家发送支付请求、商家向支付网关发送授权或获取请求、以及支付网关向商家发送授权或获取回应、商家向持卡人发送支付回应时才起作用，它并不包含挑选物品、价格协调、支付方式选择和信息传送等方面的协议。

SET 协议的作用是：

① 保证信息在 Internet 上的安全传输，防止数据被黑客和内部人员窃取。

② 保证电子商务参与者信息的相互隔离，使商家不能看到客户的账户和密码。

③ 完成多方认证，不仅对客户的信用卡认证，而且要对在线商家认证，客户、商家银行间的相互认证。

④ 保证网上交易的实时性，实时在线进行支付的过程。

⑤ 规范协议和消息格式，促进不同厂家开发的软件具有兼容性和互操作性，且可运行在不同的硬件和操作系统平台上。

SET 协议的工作流程分为以下 7 个步骤：

① 客户通过网络选定欲购的商品，并在计算机上输入订单（含联系的在线商家、欲购商品名称、价格、数量、交货时间及地点等信息）；

② 通过与在线商家联系，商家进行应答，并告知以上订单货物单价、应付款数额、交货方式；

③ 客户选择付款方式、确定订单、签发付款指令；

④ 客户通过 SET 协议对订单和付款指令进行数字签名，SET 协议通过处理使商家看不到客户的账号信息；

⑤ 在线商家接受订单后，向客户的开户银行请求支付，此信息通过支付网关送达收单银行，并进一步提交发卡银行确认。确认批准后，发卡银行返回确认信息，经收单银行通过支付网关发给在线商家；

⑥ 在线商家发送订单确认信息给客户，客户端记录交易日志，以备日后查考；

⑦ 在线商家发送商品或提供服务，并通知收单银行将货款从客户账号转移到商家账号，或通知发卡银行请求支付。

从第 4 步开始，SET 协议介入处理过程。在处理的过程中，SET 协议规定的通信协议、请求信息格式、数据类型等都要严格符合。每一步操作客户、在线商家、支付网关都通过认证中心（CA）来验证通信主体的身份，以确保不会假冒。

3.3.3 CHAP 协议

身份认证在计算机系统和网络中非常重要。目前采用的身份认证技术主要有 3 种：固定密码的身份认证、动态密码身份认证和采用数字证书认证方式。其中，前两种方式比较适合不需要经过第 3 方认证的系统，如企业内部网络或借助互连网连接的专用网络。而第 3 种方式则适合于跨部门、跨企业的业务往来。在第 1 种和第 2 种方式中，动态密码的认证方式更为可靠，其优点是用户每一次登录网络的密码都不一样，杜绝了因在网络上窃听密码而造成的系统不安全。

目前，动态密码的认证方式基本上采用 CHAP（Challenge Handshake Authentication Protocol）协议。CHAP 协议能保证用户密码的安全，但其安全性又建立在用户客户机和服务器共享相同的用于认证用户身份的秘密值。为了用户的利益，用户当然会安全地保存自己的秘密值，但服务器秘密值的安全性依赖于服务器本身的安全，谁又能保证超级用户不泄露或复制用户的秘密值？谁又能担保系统被黑客侵入后用户的资料不丢失？

CHAP 是一种通过验证方与被验证方之间的三次信息交互（握手）来验证访问者身份的认证协议。验证方周期性地检验登录和访问请求，一旦检测到，就生成和发送一个随机数 Challenge 给被验证者。被验证者据此生成一个单向加密（One - way encryption）的摘要值作为应答（Response），传给验证方。验证方根据收到的应答来判断用户身份的合法性。

CHAP 成功认证的前题是验证双方共享同样的秘密值和单向加密算法（实际上就是 HASH 算法）。在实际验证中，服务器端在发出随机数的同时，会和客户端一道以共享的秘密值和 Challenge 为因子，计算报文摘要，并把二者计算的结果汇总、比较。若二者相等，则认可该次访问，反之予以拒绝。

根据客户端秘密值的存储和定义，往往演化出单因子和双因子两种不同的认证机制。在传统单因子认证中，秘密值就是 Password，它存于用户的脑海；而在双因子认证当中，秘密值则存于软盘、Smart Card 等便携存储介质里。

这种认证的好处在于关键的用户认证信息（秘密值）不在网上传输，避免了网上侦听的威胁。但在服务器端，秘密值的保存和管理却不容易做到既方便又安全。对许多信息安全需求较高的应用客户来说，来自系统内部的账号信息泄密反而成为更为担心的问题。

3.3.4 ECHAP 协议

ECHAP（Extended Challenge Handshake Authentication Protocol）是一种更安全、灵

活的 CHAP 扩展认证协议。ECHAP 实现了安全的身份认证和用户敏感验证信息（秘密信息）在服务器和客户端的安全存储，防止了因超级用户泄露或复制用户的秘密值的安全隐患。

在该协议中引入多种加密技术，对 CHAP 认证进行了变通和扩展，从而使身份认证的过程和用户账号信息管理都更完善、安全。

首先，ECHAP 在验证方为每个注册用户生成了一个随机秘密值 S，并采用某种对称加密算法（如 RC4）对其加密存储；同时，加密（秘密值）的密钥 K 和原始秘密值 S 则存于某种便携安全存储介质（如 Smart Card）中交给用户保管，在服务器端没有加密的密钥。这样做一方面源于双因子认证比传统单因子认证更可靠、安全，另一方面保证了敏感账号信息在客户和服务器两端的存储安全。

ECHAP 由于在服务器端对秘密值进行加密存储，提高了敏感信息存储的安全性；而密钥不在服务器保存，又避免了系统管理人员窃取用户账号信息的可能性；最后，为保证认证过程密钥传递的安全及重复攻击（Replay Attack），采用了公钥加密和一次性密钥技术，圆满实现了传统认证过程信息传递和数据存储的安全。采用该协议，格方网络安全有限公司开发了格方强双因子系列产品，如 RASA 远程拨号安全认证服务系统、LASA 局域网络安全认证系统和基于 Web 服务器浏览器安全身份认证系统。系统具有防密码猜测、防网上密码盗窃、防用户个人隐私泄密等功能。

3.4　电子商务的安全技术

3.4.1　计算机安全技术

从技术上讲，计算机安全问题可以分为 3 种类型。

· 实体的安全性：实体安全包括环境安全、设备安全和媒体安全，它用来保证硬件和软件本身的安全。

· 运行环境的安全性：运行安全包括风险分析、审计跟踪、备份与恢复和应急，它用来保证计算机能在良好的环境里持续工作。

· 信息的安全性：信息安全包括操作系统安全、数据库安全、网络安全、防病毒、访问控制、加密、认证，它用来保障信息不会被非法阅读、修改和泄露。采用先进可靠的安全技术，可以减少计算机信息系统的脆弱性。安全技术是计算机信息系统安全的基础，必须大力发展。

1. 实体安全技术

实体安全技术包括以下内容。

· 电源防护技术：采用良好的屏蔽及避雷措施防止雷电和工业射电干扰；采用稳压电源防止电压波动；采用不间断电源 UPS 防止突然断电引起设备损坏和数据丢失等损失。

· 防盗技术：安装报警器、各种监视系统及安全门锁等。

· 环境保护：按计算机房安全要求采取防火、防水、防尘、防震、防静电等技术措施。

· 电磁兼容性：采取电磁屏蔽及良好接地等手段，使系统中的设备既不因外界和其他设备的电磁干扰而影响其正常工作，也不因自身的电磁辐射影响周围其他设备的正常工作。

2. 存取控制

存取控制是对用户的身份进行识别和鉴别，对用户利用资源的权限和范围进行核查，是数据保护的前沿屏障，它可以分为身份认证、存取权限控制、数据库保护等几个层次。

- 身份认证：身份认证的目的是确定系统和网络的访问者是否是合法用户。主要采用密码、代表用户身份的物品（如磁卡、IC 卡等）或反映用户生理特征的标识（如指纹、手掌图案、语音、视网膜扫描等）鉴别访问者的身份。
- 存取权限控制：存取权限控制的目的是防止合法用户越权访问系统和网络资源。因此，系统要确定用户对哪些资源（比如 CPU、内存、I/O 设备程序、文件等）享有使用权以及可进行何种类型的访问操作（比如读、写、运行等）。为此，系统要赋予用户不同的权限，比如普通用户、有特殊授权的计算机终端或工作站用户、超级用户、系统管理员等，用户的权限等级是在注册时赋予的。
- 数据库存取控制：对数据库信息按存取属性划分的授权为允许或禁止运行，允许或禁止阅读、检索，允许或禁止写入，允许或禁止修改，允许或禁止清除等。

3.4.2 路由器技术

路由器是一种多端口设备，用于按照协议和网络信息负责数据帧的转发。路由器位于一个或多个网段的交界处，它一般在网络层和传输层工作。在网络层，当路由器遇到一个 IP 包时，它便检查 IP 包中的 IP 目的地址，并与路由选择表中的项目进行比较。如果匹配，路由器则依照表中的指示转发 IP 包，如果不匹配，并且没有缺省的路由选择，IP 包便被滤掉。

在传输层，路由器利用 TCP 报头中的源端口号、目的端口号和 TCP 标志进行包过滤。路由器可以阻塞广播信息和不知名地址的传输，达到保护内部安全的目的。

路由器使用的包过滤技术的优点是不要求客户机和主机应用程序做出修改，因为它们只在 IP 和 TCP 层工作，而 IP 层和 TCP 层与应用层的问题毫不相关，但是由于它考虑的只是 IP 层和 TCP 层的地址、端口号和 TCP 标志等信息并作为判定过滤与否的惟一依据，并没有对其他安全需求做出说明，因此路由器不能对通过高层协议进行的攻击实现有效的检测。另外，对于一些协议如 UDP 和远程程序调用很难进行过滤。路由器防范入侵的主要措施就是根据系统要求确定路由规则，设计包过滤访问列表（ACL），能否达到安全要求取决于对通信协议和行为的高水平理解。

在许多包过滤器的实现中，过滤规则的数量也受到一定限制。随着规则数目的提高，需要额外的方法对附加规则进行处理，因此相应的成本也会提高。路由器的另一个缺点是在许多包过滤实施中缺乏审计和报警装置。

总之，多数路由器采用静态分组过滤来控制网络信息传输，它适用于对安全要求不是很高的场合，实际应用中一般与防火墙结合使用，可以达到更加安全的效果。

3.4.3 防火墙技术

1. 防火墙的概念

目前保护网络安全最主要的手段之一是构筑防火墙，防火墙（Firewall）在计算机界是指一种逻辑装置，是获取安全性方法的形象说法。防火墙是一种隔离控制技术，它是计算机硬件和软件的结合，使互连网（Internet）与内部网（Intranet）之间建立起一个安全网关（Security Gateway），是用来对两个或多个网络之间的互相访问实行强制性管理的安全系统，保护内部的网络不受来自外界的侵害，是近年来日趋成熟的保护计算机网络安全的重要措施。

防火墙是在两个网络通信时执行的一种访问控制尺度，它能允许企业用户“同意”的人和数据进入内部网络，同时将企业用户“不同意”的人和数据拒之门外，阻止网络中的黑客来访问企业的网络，防止他们更改、复制、毁坏企业的重要信息。

防火墙主要用于实现网络路由的安全性。网络路由的安全性包括两个方面：

① 限制外部网对内部网的访问，从而保护内部网特定资源免受非法侵犯。

② 限制内部网对外部网的访问，主要是针对一些不健康信息及敏感信息的访问。

防火墙在内部网与外部网之间的界面上构造了一个保护层，并强制所有的连接都必须经过此保护层，在此进行检查和连接。只有被授权的通信才能通过此保护层，从而保护内部网及外部的访问。防火墙技术已成为实现网络安全策略的最有效的工具之一，并被广泛地应用到 Internet 上。

2. 防火墙的优点

① 保护那些易受攻击的服务。防火墙能过滤那些不安全的服务。只有预先被允许的服务才能通过防火墙，这样就降低了受到非法攻击的风险性，大大提高了网络的安全性。

② 控制对特殊站点的访问。防火墙能控制对特殊站点的访问。如有些主机能被外部网络访问，而有些则要被保护起来，防止不必要的访问。通常会有这样一种情况，在内部网中只有 Mail 服务器、FTP 服务器和 Web 服务器能被外部网访问，其他访问则被主机禁止。

③ 集中化的安全管理。对于一个企业而言，使用防火墙比不使用防火墙可能更加经济一些。这是因为如果使用了防火墙，就可以将所有修改过的软件和附加的安全软件都放在防火墙上集中管理；而不使用防火墙，就必须将所有软件分散到各个主机上。

④ 对网络访问进行记录和统计。如果所有对 Internet 的访问都经过防火墙，那么，防火墙就能记录下这些访问，并能提供网络使用情况的统计数据。当发生可疑动作时，防火墙能够报警并提供网络是否受到监测和攻击的详细信息。

3. 防火墙的 5 大基本功能

① 过滤进出网络的数据包；

② 管理进出网络的访问行为；

③ 封堵某些禁止的访问行为；

④ 记录通过防火墙的信息内容和活动；

⑤ 对网络攻击进行检测和告警。

为网络建立防火墙，首先需决定此防火墙将采取何种安全控制模型。通常有两种模型可供选择：

① 没有被列为允许访问的服务都是被禁止的。

② 没有被列为禁止访问的服务都是被允许的。

如果防火墙采取第 1 种安全控制模型，那么，需要确定所有可以被提供的服务以及它们的安全特性，然后，开放这些服务，并将所有其他未被列入的服务排除在外，禁止访问。如果防火墙采取第 2 种模型，则正好相反，需要确定哪些被认为是不安全的服务，禁止其访问，而其他服务则被认为是安全的，允许访问。总之，从安全性角度考虑，第 1 种模型更可取一些。因为我们一般很难找出网络所有的漏洞，从而也就很难排除所有的非法服务。而从灵活性和使用方便性的角度考虑则第 2 种模型更合适。

4. 防火墙技术的缺陷

防火墙技术的缺陷主要体现在以下几个方面：

① 防火墙把外部网络当成不可信网络，主要是用来预防来自外部网络的攻击。它把内部网络当成可信任网络。然而事实证明，50%以上的黑客入侵都来自于内部网络，但是对此防火墙却无能为力。为此可以把内部网分成多个子网，用内部路由器安装防火墙的方法以保护一些内部关键区域。这种方法的维护成本和设备成本都会很高，同时也容易产生一些安全盲点，但毕竟比不对内部进行安全防范要好。

② 基于 Web 的视频会议系统和电子商务系统都增加一些传统防火墙所没有的访问规则，从而有可能使传统防火墙的功能得到削弱，增加了黑客入侵的机会。

③ 防火墙只允许来自外部网络的一些规则允许的服务通过，这样会抑制一些正常的信息通信，从某种意义上说大大削弱了 Internet 应有的功能，特别是对电子商务发展较快的今天，防火墙的使用很容易使用户错失商机。

④ 公司销售人员因出差等原因想查看一下公司内部网络上的重要数据库信息，或公司领导想从内部网络对在外的内部人员发出指令，也常常被防火墙堵截在门外，这样容易导致政令不通；而一旦给公司的这些人员赋予访问权限，他们的计算机又将成为安全盲区，反而易成为黑客攻击的重点。公司 CEO 等要员的移动电脑内常常带有公司内部重要资料，一旦被入侵，将给公司造成巨大损失。对这种情况的一个补救措施是对该电脑内的每个重要文件都设立登录名和口令，严加控制以防黑客入侵。另外一些公司政要的家庭计算机内也常有重要资料，入侵者完全可以把一个远程控制的特洛伊木马程序发送到他们的机器上，从而可以获得穿过公司内的防火墙和虚拟专用网的权限，因为这些公司要员的计算机对公司局域网而言是可信任的。

⑤ 现在跨地区的大公司常利用公用的 Internet 网建立本公司的虚拟专用网（VPN），虽然大部分防火墙集成了对 VPN 的支持，但 VPN 只是在介于公司两个局域网络的网关间的公共网络上建立起一个加密通道，一旦通信越过目标站点网关，它将被解密并暴露在内部网络上，内部网络上固有的安全隐患也将可能出现。

3.4.4 加密技术

通常网络系统安全保障的实现方法可以分为两大类：以防火墙技术为代表的被动防卫型和建立在数据加密、用户授权确认机制上的开放型网络安全保障系统。

以数据加密和用户确认为基础的开放型安全保障技术是普遍适用的，是对网络服务影响较小的一种途径，并可望成为网络安全问题最终的一体化解决途径。这一类技术的特征是利用现代的数据加密技术来保护网络系统中包括用户数据在内的所有数据流。只有指定的用户或网络设备才能够解译加密数据，从而在不对网络环境作特殊要求的前提下从根本上解决网络安全的两大要求（网络服务的可用性和信息的完整性）。这类技术一般不需要特殊的网络拓扑结构的支持，因而实施代价主要体现在软件的开发和系统运行维护等方面。这类方法在数据传输过程中不对所经过的网络路径的安全程度作要求（因而不会受之影响），从而真正实现网络通信过程的端到端的安全保障。目前已经有了相当数量的以不同方法实施的这一类安全保障系统。但是由于大部分数据加密算法源于美国，并且受到美国出口管制法的限制而无法在以国际化为特征的 Internet 网络上大规模使用，因而目前以这一途径实现的系统大多局限在应用软件层次。在网络层次上应用和实现的网络一般规模相对较小，限制了以此作为基础的全面的网络安全解决方案的产生。但预计在未来 3～5 年内，这一类型的网络安全保障系统有希望成为网络安全的主要实现方式。

1. 基本概念

防火墙技术是一种被动的防卫技术，因此难以对电子商务活动中来自 Internet 上的潮水般访问中的不安全因素进行有效的防卫。加密作为一种主动的防卫手段，其优势就显示出来了，因此要保障电子商务的交易安全，就应当充分利用加密技术来助阵。

加密技术是实现信息保密性的一种重要的手段，目的是为了防止合法接收者之外的人获取信息系统中的机密信息。所谓信息加密技术，就是采用数学方法对原始信息（通常称为“明文”）进行再组织，使得加密后在网络上公开传输的内容对于非法接收者来说成为无意义的文字（加密后的信息通常称为“密文”）。对于合法的接收者，因为其掌握正确的密钥，可以通过解密过程得到原始数据（即“明文”）。由此可见，在加密和解密的过程中，都要涉及信息（明文/密文）、密钥（加密密钥/解密密钥）和算法（加密算法/解密算法）这 3 项内容。

尽管在网上传递的信息有可能被非法接收者捕获，但仍是比较安全的。因为想在没有密钥和解密算法的前提下恢复明文或者读懂密文，是非常困难的。具体有多困难，就要看加密算法的复杂程度以及密钥的长度了。

这样就出现了两门学科：密码编码学（进行密码体制设计）和密码分析学（在未知密钥的情况下，从密文推出明文或密钥的技术）。

这两门学科合起来就称为密码学。密码编码学是为了设计出安全的密码体制，防止被破译。而密码分析学则是研究如何破译密文。密码学正是在这种破译和反破译的过程中发展起来的。

2. 加密技术的分类

加密技术在网络应用中一般采取两种加密形式：对称密钥和公开密钥，采用何种加密算法则要结合具体应用环境和系统，而不能简单地根据其加密强度来做出判断。因为除了加密算法本身之外，密钥合理分配、加密效率与现有系统的结合性，以及投入产出分析都应在实际环境中具体考虑。

(1) 对称密钥

这种算法的加密密钥和解密密钥相同或者本质上相同（即从其中一个可以很容易地推出

另一个）。其优点是具有很高的保密强度，但它的密钥必须按照安全途径进行传递，密钥管理成为影响系统安全的关键性因素，难以满足开放式计算机网络的需求。对称密钥加密存在着以下问题：

· 密钥使用一段时间后就要更换，加密方需经过某种秘密渠道把密钥传给解密方，而密钥在此过程中可能会泄露。

· 网络通信时，如果网内用户都使用相同的密钥，就失去了保密的意义；但如果网内任意两个用户通信都使用互不相同的密钥，密钥量太大，难于管理。

· 无法满足互不相识的人进行私人谈话的保密性需求。

· 难以解决数字签名验证的问题。

对于对称密钥加密。其常见加密标准有 DES 等，当使用 DES 时，用户和接受方采用 64 位密钥对报文加密和解密。当对安全性有特殊要求时，则可以采取 IDEA 和 RC4 等。

（2）公开密钥

这种算法的加密密钥和解密密钥不相同，而且从其中一个很难推出另一个。这样加密密钥可以公开，而解密密钥可由用户自己秘密保存。公开密钥加密体制具有以下优点：

· 密钥分配简单。

· 密钥的保存量少。

· 可以满足互不相识的人之间进行私人谈话时的保密性需求。

· 可以完成数字签名和数字鉴别。

在 Internet 中使用更多的是公钥系统，常用的公钥加密算法是 RSA 算法，该算法加密强度很高。

3. 加密技术的应用

在信息安全领域中，凡涉及到数据通信均需采用加/解密机制。而目前日益发展的电子商务正是充分展示加/解密机制的一个十分重要的领域。

电子商务涉及到的对象总体上可分 4 类：消费者、网上商店、网上银行、独立认证机构。

在交易之前，消费者、商店和银行均需在认证中心注册，以获取惟一的身份号码 ID。为了使交易具有安全可靠性、防抵赖性、防假冒性等，这三者的每一次交易通信均应被认证中心确认，而认证的重要工具便是数字签名。被认证者只需将自己的 ID 用私钥加密，并发送给认证中心，认证中心便从公钥信箱中找出能解读此 ID 的那把公钥，这样便可确认 ID 的身份，并注册交易。同样，每一步的确认过程亦是一个认证的过程。

在电子商务中，订单的保密性需用加密技术来处理，而订单的可靠性、时间性等则需用数字签名技术，有时往往还要进行双重签名。例如，王先生要买李小姐的一处房产，他发给李小姐一个购买报价单及他对银行的授权书的消息，如果李小姐同意按此价格出售，则要求银行将钱划到李小姐的账上。但是王先生不想让银行看到报价，也不想让李小姐看到他的银行账号信息。此外，报价和付款是相连的、不可分割的，仅当李小姐同意他的报价，钱才会转移。要达到这个要求，采用双重签名即可实现。

具体的实现方法是：首先生成两条消息的摘要，将两个摘要连接起来，生成一个新的摘要（称为双重签名），然后用签发者的私有密钥加密，为了让接收者验证双重签名，还必须将另一个消息的摘要一起传过去。这样，任何一个消息的接收者都可以通过以下方法验证消息的真实性：生成消息摘要，将它和另外一个消息摘要连接起来，生成新的摘要，如果它与解密后的双重签名相等，就可以确定消息是真实的。拿上面的例子来说，如果李小姐同意，就发一个消息给银行表示她同意，通过报价单的消息摘要，银行能验证王先生授权的真实性，用王先生的授权书生成的摘要和李小姐消息中的报价单的摘要验证双重签名。银行根据双重签名可以判定报价单的真实性，但却看不到报价单的内容。

在采用公开密钥的电子商务系统中，对文件进行加密传输的过程包括 6 个步骤：

① 买方从虚拟市场上寻找到欲购的商品，确定需要联系的卖方，并从认证机构获得卖方的公开密钥；

② 买方生成一个自己的私有密钥并用从认证机构得到的卖方的公开密钥对自己的私有密钥进行加密，然后通过网络传输给卖方；

③ 卖方用自己的公开密钥进行解密后得到买方的私有密钥；

④ 买方对需要传输的文件用自己的私有密钥进行加密，然后通过网络把加密后的文件传输到卖方；

⑤ 卖方用买方的私有密钥对文件进行解密得到文件的明文形式；

⑥ 卖方重复上述步骤向买方传输文件，实现相互沟通。

在上述过程中，只有卖方和认证中心才拥有卖方的公开密钥，或者说，只有买方和认证中心才拥有买方的公开密钥，所以，即使其他人得到了经过加密的买卖双方的私有密钥，也因为无法进行解密而保证了私有密钥的安全性，从而也保证了传输文件的安全性。

公开密钥系统在电子商务文件的传输中实现了两次加密解密过程：私有密钥的加密和解密与文件本身的加密和解密。买卖双方的相互认证是通过认证中心提供的公开密钥来实现的。在实际交易时，认证中心需要向咨询方提交一个由 CA 签发的包括个人身份的证书，持卡人证书、商家证书、账户认证、支付网关证书、发卡机构证书等多项内容的电子证书，使交易双方彼此相信对方的身份。顾客向 CA 申请证书时，可提交自己的驾驶执照、身份证或护照，经验证后，颁发证书，证书包含了顾客的名字和他的公钥，以此作为网上证明自己身份的依据。

4. 存在的问题

密码学界流传着这样一句名言：加密技术本身都是很强的，但是它们的实现却往往很差。人们需要的是一个确实贯彻了加密体制的、针对企业环境开发的、标准的加密系统。现在加密的标准很多，虽然选择的余地多了，但同时也带来了兼容性的问题。由于缺乏一个安全交易的通用标准，所以不同的商家可能会采用不同的标准。

由于加密技术是国家控制的技术，很多加密技术的出口自然受到国家的限制。例如，目前美国可以使用 128 位的安全套接层技术，但出口的算法密钥一般只允许达到 40 位，它的安全性显然比 128 位的密钥算法差得多。近来美国对这方面的限制有所放松，允许出口较尖端的技术应用于银行系统，这对于整个世界银行系统的安全性是很有好处的。但就我国而言，开发自己的高强度加密技术还是很有必要的，因为只有把加密技术牢牢地把握在自己手中，才能够比较主动地把握各类信息的安全性。

3.4.5 认证技术

认证是目前我国电子商务发展过程中最亟待解决的三大问题之一。总的来说，电子商务代表着一种新型的商业运作模式。它将传统的商业交易重构于电子技术和计算机网络技术基础之上，利用因特网的基础设施和标准，通过电子的手段完成包括原材料查询、采购、产品展示、订购、出品、储运、支付在内的全部商业贸易过程。

在一个完整的电子商务活动中，所有交易信息都是以电子数据的方式进行交换，买方和卖方不直接见面。传统商业交易的三个主要内容——信息交换、资金交换和产品交换如何能够安全可靠地实现电子网络化，对于我国在金融信用并不十分完善、配送体系并不十分发达的环境下发展电子商务更具挑战意义。因此，支付、认证和物流也就成为制约我国电子商务发展而急需解决的 3 大难题。

在支付、认证和物流三者之间，支付和认证的关系相对于物流而言更为密切，这是因为支付和认证，特别是金融支付和认证都是为了完成商业交易中的资金交换，都采用了相同的协议标准，通过网络实现。

信息认证是安全性很重要的一个方面。信息认证的目的有两个：

① 确认信息发送者的身份。

② 验证信息的完整性，即确认信息在传递或存储过程中未被篡改过。

认证是为了防止有人对系统进行主动攻击（如篡改）的一种重要技术。与认证有关的技术包括数字签名技术、身份识别技术和信息的完整性校验技术等。

1. 数字签名技术

对文件进行加密只解决了第一问题，而要防止他人破坏传输的文件，要确定发信人的身份，还需要采取一种手段，这个手段就是数字签名。在电子商务安全保密系统中，数字签名技术有着特别重要的地位，安全服务中的源鉴别、完整性服务、不可否认服务，都要用到它。完善的数字签名应具备签字方不能抵赖、他人不能伪造、在公证人面前能够验证真伪的特点。

在书面文件上签名是确认文件的一种手段，其作用有两点：

- 因为自己的签名难以否认，从而确认文件已签署这一事实；
- 因为签名不易仿冒，从而确定了文件是真的这一事实。

数字签名与书面文件签名有相同之外，也能确认两点：

- 信息是由签名者发送的；
- 信息自签发后到收到为止未曾做过任何修改。

这样数字签名就可用来防止电子信息因易于修改而有人作伪、冒用别人名义发送信息以及发出（收到）信件后又加以否认。

因此数字签名必须保证以下几点：

- 接收者能够核实发送者对报文的签名；
- 发送者事后不能抵赖对报文的签名；
- 接收者不能伪造对报文的签名。

2. 身份识别技术

通过电子网络开展电子商务，身份识别是一个不得不解决的问题。一方面，只有合法用户才可以使用网络资源，所以网络资源管理要求识别用户的身份。另一方面，传统的交易方式双方可以面对面地谈判交涉，很容易识别对方的身份。而通过电子网络交易却不同，交易双方并不见面，通过普通的电子传输信息很难确认对方的身份。因此，电子商务中的身份识别问题显得尤为突出。只有采取一定的措施使商家可以确认对方身份，商家才能放心地开展电子商务。当然，这其中也需要一个仲裁机构，以便在发生纠纷时进行仲裁。因为存在身份识别技术，有关当事人就无法抵赖自己的行为，从而使仲裁更为有理有据。在电子商务中，身份识别技术的实现往往要采用密码技术（尤其是公钥密码技术）设计出安全性高的识别协议。

身份识别的常用方法主要有两种，一种是使用口令的方式，另一种是使用标记的方式。

3. 信息完整性

信息的完整性要靠信息认证来实现，信息认证是信息的合法接收者对消息的真伪进行判定的技术。信息认证的内容包括：

- 信息的来源
- 信息的完整性
- 信息的序号和时间

使用数字签名技术和身份识别技术可以鉴别信息发送者的身份，也就是明确了信息的来源。正像前面分析的那样，数字签名技术可以证实文件的真伪，而身份识别技术可以证实发送人身份的真伪。

信息序号和时间的认证主要是为了阻止信息的重放攻击。常用的方法有：消息的流水作业号、链接认证符、随机数认证和时间戳等。

信息内容的认证即完整性检验，常用的方法是：信息发送者在信息中加入一个鉴别码并经加密后发送给接收者检验（有时只需加密鉴别码）。接收者利用约定的算法对解密后的信息进行运算，将得到的鉴别码与收到的鉴别码进行比较，若二者相等则接收，否则拒绝接收。目前实现这一功能的方法有两种：一种是采用消息认证码（MAC），另一种是采用篡改检测码（MDC）。

3.4.6　防病毒技术

电脑病毒是令人头痛的问题，Internet 的快速发展使得病毒造成毁灭性的灾难成为可能。因此，防止网络病毒问题是保障电子商务交易安全最重要的研究课题之一。

为了避免计算机病毒的感染和传播，应从预防和清除两个方面着手。

首先，应当树立预防为主的思想。要充分利用操作系统中的安全功能和安全机制，加强存取控制，防止非法用户进入。同时，要加强对目前广泛应用的因特网的管理，防止病毒通过网络传播。为防止病毒侵入对信息的破坏，应当经常进行自行检测，并能养成定期替文件做备份的良好习惯。

Internet 带来了两种不同的病毒威胁。一种威胁是来自文件下载。这些被浏览的或是通过 FTP 下载的文件中可能存在病毒。而共享软件和各种可执行的文件，如格式化的介绍性文件已经成为病毒传播的重要途径。并且，Internet 上还出现了 Java 和 Active X 形式的恶意小程序。另一种主要威胁来自于电子邮件。大多数的 Internet 邮件系统提供了在网络间传送附带格式化文档邮件的功能。只要简单地敲敲键盘，邮件就可以发给一个或一组收信人。因此，受病毒感染的文档或文件就可能通过网关和邮件服务器涌入企业网络。

针对网络环境下病毒感染传播的特点，上载和下载的文件不带有病毒对企业的网络是非常重要的，但到目前为止解决网络病毒的有效办法仍是安装防病毒软件。性能良好的防病毒软件应当能够追随病毒的最新发展不断升级，能够同时防杀单机病毒和网络病毒，能够识别病毒的种类和性质，并能够判断病毒的位置。原则上说，网络中任何存放文件和数据库以及有数据通过的地方都需要安装防病毒软件。

为保证计算机不受病毒的侵害，应拒绝购买或使用盗版软件和盗版光盘。从最近病毒发生的情况看，盗版软件和盗版光盘是最容易携带病毒的。此外，在使用外来磁盘和从 Internet 上下载文件之前，也必须进行病毒检查，防止病毒进入自己的计算机信息系统。

总的来说，计算机病毒的防范可以从以下几个方面进行。

① 备份：对所有的软件（甚至操作系统）进行备份，并制定应付突发情况的应急方案。

② 预防：提高警惕性，实行安全制度，例如，使用正版软件等。

③ 检测：使用杀病毒软件来检测、报告并杀死病毒。

④ 隔离：确认并隔离携带病毒的部位。

⑤ 恢复：杀毒或清除被病毒感染的文件。

3.4.7 其他

除此之外，还有一些其他的安全技术措施。如容错技术，它是为避免由于硬件故障或用户失误等原因而酿成系统故障的一种预防措施。容错就是寻找最常见的故障点，并通过冗余度来加强它们。又如审计跟踪技术，它自动记录系统资源被访问和使用的情况，以备必要时追查和分析。

3.4.8 安全电子商务的法律要素

安全的电子商务仅靠单一的技术手段来保证是不够的，必须依靠法律手段、行政手段和技术手段的完美结合来最终保护参与电子商务各方的利益。这就需要在企业和企业之间、政府和企业之间、企业和消费者之间、政府和政府之间明确各自需要遵守的法律义务和责任。其主要涉及的法律要素有：

① 有关认证（CA）中心的法律。CA 中心是电子商务中的核心角色，它担负着保证电子商务公正、安全进行的任务。因而必须由国家法律来规定 CA 中心的设立程序和资格以及必须承担的法律义务和责任，同时要由法律规定对 CA 中心进行监管的部门、监管方法以及违规后的处罚措施。

② 有关保护个人隐私、秘密的法律。本着最小限度收集个人数据、最大限度保护个人隐私的原则来制定法律，以消除人们对泄露个人隐私以及重要个人信息的担忧，从而吸引更多的人上网进行电子商务。

③ 有关电子合同的法律。需要制定有关法律对电子合同的法律效力、数字签名、电子商

务凭证的合法性予以确认；需要对电子商务凭证、电子支付数据的伪造、变更、涂销做出相应的法律规定。

④ 有关电子商务的消费者权益保护的法律。网络交易中消费者对商家信誉的信心只能寄托于 CA 中心和银行等部门。其中，CA 中心能够核实商家的合法身份，银行则能掌握商家的信誉情况。一旦因商家不付货、不按时付货或者货不符实而产生对消费者损害时，可以由银行先行赔偿消费者，再由银行向商家追偿。如果商家屡次违规，银行可以取消商家的电子账号，并将违规情况通报给 CA 中心，由 CA 中心记入黑名单，情况严重时可以取消商家的数字证书，由此商家将失去开展电子商务的权利。

⑤ 有关网络知识产权保护的法律。网络对知识产权的保护提出了新的挑战，因此在研究技术保护措施时，还必须建立适当的法律框架，以便侦测仿冒或欺诈行为，并在上述行为发生时提供有效的法律援助。

在制定电子商务法律时，要坚持灵活性和安全性的辩证统一。为了电子商务的安全性，必须要加快电子商务立法。但另一方面，由于电子商务还处在快速发展中，在电子商务的很多方面（如数字身份认证）应该首选考虑行业的自律机制，以避免不灵活的或不协调的政府法规的"锁定"效应。

3.4.9　安全问题的未来研究方向

进入 20 世纪 90 年代以来，信息技术的高速发展和信息量的飞速膨胀使得诞生于 70 年代的 Internet 得以快速发展。今天许多企业和政府机构纷纷将自己的局域网连入 Internet，并在此基础上构筑自己的内部专用网络 Intranet。然而由于安全意识淡薄，同时又缺乏应有的安全防范措施，使得非法入侵、对数据进行篡改和窃听等事件时有发生。虽然一些企业也采取了相应的安全措施，如建立自己的防火墙等，但是据报道有 1/3 的防火墙已被黑客攻破，许多安全措施也形同虚设。为了防止非法用户进入内部网络对数据进行存取和窃听，必须认真解决验证对方身份、防止抵赖、确保数据的真实性和完整性等安全问题。下面我们将从 Internet 存在的安全漏洞及常见的黑客攻击点、常见的防范措施及其缺陷、未来需要解决的问题等几个方面阐述网络安全问题。

1. 必须建立自主产权的网络操作系统

现在国内 90%以上的 Web 站点用的都是 Windows NT/2000 服务器操作系统，而客户机大部分用的是 Windows 95/98 或 Windows NT 操作系统。Intel PentiumⅢ处理器和 Windows 98 在产品中都开了后门，通过 PentiumⅢ处理器的序列号，在上网时将用户的信息与截获的信息一一对应起来，就能破获用户的隐私和密码；对于 Windows 98 的用户在拨号上网时，Microsoft 的系统能自动搜集用户电脑内的资料和身份认证资料。这样我们使用的网络产品极易留下嵌入式病毒、隐性通道和可恢复密钥的密码等隐患。建立在他人操作系统之上的网络安全系统，无论从何种角度上讲，安全性都值得怀疑。特别对于军队的网络安全系统而言，使用自己的网络操作系统就显得更加重要。当然建立一个安全可靠的操作系统并非易事，但 Linux 等开放源代码系统做了大量的前期准备工作，建立在该代码之上的开发或许对我们会有所帮助。

2. 必须研制高强度的保密算法

网络安全从本质上说与数据加密息息相关。现在网络上采用的加密算法分对称密钥算法和公开密钥算法两种。对称密钥算法密钥管理难度较大且安全性不够高。公开密钥算法使用公共密钥和私有密钥，公共密钥可从认证机构 CA 中得到，私有密钥由个人保存，从根本上解决了对称密钥算法管理上的困难。电子商务使用的数字签名技术就使用了公开密钥算法体制。电子商务在我国能否大力发展，很大程度上取决于所使用的加密算法的加密强度，因此研制高强度的密码算法非常重要。网络安全建设应与密码算法研制同步发展。同时，也应该重点关注密钥管理理论和安全性证明方法的研究。

3. 需要研制新一代的防火墙和入侵测试软件

该软件可装在每台机器上进行实时监测，监测范围包括来自外部和内部的入侵，并能进行及时报警。它对 Internet 上正常友好的通信应该允许通过，克服现有防火墙的许多缺陷。

4. 需要研究新一代的防病毒软件

Internet 给人类带来信息资源共享便利的同时，也带来了网络病毒、蠕虫、特洛伊木马、电子邮件炸弹等有害的东西。这些病毒通过 E-mail 或用户下载的 Java Applet 和 ActiveX 组件进行传播。除了对现有的杀毒软件要不断升级外，研制针对网络安全的杀毒软件也刻不容缓。

网络安全措施的使用是为了保护信息交换，而不是限制信息交换或使其复杂化。系统管理也是在开发安全系统时应该高度重视的，这些管理包含网络配置、密钥分配、设备检查、数据库维护和审计报告的生成等。另外应保证数据的安全存储，确保数据的机密性，即使攻击者得到数据也无法使用。总之，要综合考虑各种因素，使构筑的网络既好用又安全。

习题 3

1. 选择题（答案可能不只一个）

(1) 下列关于 Firewall 的说法最准确的是（　　）

A. Security Gateway　　B. System　　C. NET　　D. 计算机

(2) 用户的存取权限控制在（　　）时赋予。

A. 用户访问时　　B. 管理员达成协议时　　C. 用户注册时　　D. 创建用户时

(3) 计算机安全工作上所涉及的领域可分为 3 类，指出下面哪一类不在其中（　　）

A. 党政机关计算机信息系统的安全问题

B. 国家经济领域内计算机信息系统的安全问题

C. 国防和军队计算机信息系统的安全问题

D. 个人计算机系统的安全问题

(4) 计算机安全保密技术是电子商务普及和发展的重要保证，应从哪 4 个方面采取措施确保电子商务的安全运行（　　）

A. 硬件、软件、网络和信息　　B. 个人、软件、网络和信息

C. 硬件、个人、网络和信息　　D. 硬件、软件、个人和网络

(5) 实体的安全性是（　　）

A. 用来保证硬件本身的安全

B. 保证计算机能在良好的环境里持续工作

C. 用来保障信息不会被非法阅读、修改和泄漏

D. 用来保证软件本身的安全

(6) 关于防火墙的说法正确的是（　　）

A. 防火墙是一种获取安全性方法的形象说法

B. 是用来对两个或多个网络之间的互相访问实行的自由性管理的安全系统

C. 是一种隔离控制技术

D. 是一种计算机硬件和软件的结合

(7) 计算机系统最直接的安全威胁是（　　）

A. 网上的蓄意破坏　B. 侵犯隐私或机密资料　C. 病毒　D. 内部威胁和无意破坏

(8) 在电子商务的安全威胁中，卖方（销售者）面临的安全威胁主要有（　　）

A. 系统中心安全性被破坏　B. 竞争者的威胁　C. 拒绝服务　D. 信用的威胁

(9) 电子商务安全的主要要素包括（　　）

A. 有效性、真实性　B. 机密性　C. 可控性　D. 数据的完整性

(10) 电子商务安全系统要求（　　）

A. 数据传输的完整性　B. 数据存储的完整性

C. 完整性检查　D. 可靠性、可抵赖性和可控性

(11) 在采用公开密钥的电子商务系统中，获得买方的公开密钥是为了（　　）

A. 生成私有密钥　B. 取得买方的信任　C. 加密私有密钥以便后期交易　D. 加密文件

(12) 公开密钥系统在电子商务文件的传输中实现了（　　）加密解码的过程。

A. 一次　B. 二次　C. 三次　D. 四次

(13) 电子商务安全体系结构主要包括（　　）

A. 服务层　B. 交换层　C. 传输层　D. 商务层

2. 简答题

(1) 简述电子商务的安全现状。

(2) 网络常见的安全问题有哪些？

(3) 电子商务的安全要素有哪些？

(4) 电子商务安全的基本要求是什么？

(5) 简述 SSL、SET 协议的应用范围。

(6) 计算机病毒的防范可以从几个方面进行？

(7) 简述安全认证在电子商务中的作用。

(8) 简述常见电子商务安全技术的作用。

(9) 我国电子商务安全问题的研究方向是什么？

(10) 常见加密技术的分类和特点是什么？

(11) 防火墙技术在网络安全中的作用是什么？

(12) 路由器技术在网络安全中的作用是什么？

第 4 章　电子商务支付

随着信息技术的发展、产品形式的变化以及贸易方式的改变，现有的商务支付系统也发生了深刻的变革，电子支付系统应运而生，如电子信用卡、电子现金、电子支票以及电子转账系统等。

电子支付就是指参加电子商务活动的一方向另一方付款的过程。实现完全的在线支付功能，保证交易各方的安全、保密，是实现电子商务最关键的问题。在进行电子支付活动的过程中，会涉及到很多技术问题，因此，在这一章，就围绕电子支付这个主题，介绍电子支付过程中所涉及的各种技术。

4.1　电子支付的基础知识

4.1.1　电子支付的概念

所谓电子支付，指的是电子交易的当事人，包括消费者、厂商和金融机构，使用电子支付手段通过网络进行货币支付或资金流转。与传统的支付方式相比，电子支付具有以下特征：

· 电子支付是采用先进的技术通过数字流转来完成信息传输的，其各种支付方式都是通过数字化的方式进行款项支付的；而传统的支付方式则是通过现金的流转、票据的转让及银行的汇兑等物理实体来完成款项支付的。

· 电子支付的工作环境是基于一个开放的系统平台（即 Internet）；而传统支付则是在较为封闭的系统中运作。

· 电子支付使用的是最先进的通信手段，如 Internet，Extranet，而传统支付使用的则是传统的通信媒介；电子支付对软、硬件设施的要求很高，一般要求有联网的微机、相关的软件及其他一些配套设施，而传统支付则没有这么高的要求。

· 电子支付具有方便、快捷、高效、经济的优势。用户只要拥有一台上网的 PC，便可以足不出户，在很短的时间内完成整个支付过程。支付费用仅相当于传统支付的几十分之一，甚至几百分之一。

4.1.2　电子支付的方式

在 Internet 上，典型的电子支付方式包括：

· 电子货币支付方式（电子现金、电子钱包）

· 电子支票支付方式（电子支票、电子汇款、电子划款）

- 电子信用卡支付方式（信用卡、借记卡）

这些方式各有自己的特点和运作模式，适用于不同的交易过程。

其中电子信用卡支付方式是目前最广泛使用的电子支付方式，同时也是金融服务的常见方式。信用卡可采用联网设备在线刷卡记账、POS 结账、ATM 机提款等方式进行。在电子商务环境下，可使用信用卡直接在网上支付。

网上信用卡支付系统与传统信用卡支付系统的差别主要有：

① 使用的信息传递通道不同。网上信用卡支付系统中的消费者和商家都使用 Internet，银行使用专用网，在 Internet 与专用网之间设有支付网关以确保交易的安全性。传统信用卡支付系统使用专用网。

② 付款地点不同。网上信用卡支付系统是用户直接在个人计算机上进行支付，传统信用卡支付系统是在特定的机器上进行支付。

③ 身份认证方式不同。网上信用卡支付系统通过 CA 认证中心的数字证书对持卡人、商家、支付网关进行认证，传统信用卡支付系统是在购物现场使用身份证等相关证件对持卡人进行认证。

④ 付款授权方式不同。网上信用卡支付系统是用数字签名进行远程授权，传统信用卡支付系统是在购物现场用手写签名的方式进行授权。

⑤ 商品的支付信息采集方式不同。网上信用卡支付系统直接使用计算机的输入设备采集信息，传统信用卡支付系统则通过 POS 机、读卡设备、条形码扫描仪等设备采集信息。

目前网上商店经常使用的网上支付卡有：

- 招商银行一网通
- VISA 信用卡
- 中国银行长城电子借记卡
- 交通银行太平洋信用卡
- 中国工商银行牡丹信用卡
- 中国农业银行金穗卡
- 中国工商银行活期存折

很多网上银行都有大众版和专业版之分，两者的区别主要在于业务内容、安全机制、使用方法和限额不同。

4.1.3　电子支付的流程

电子支付流程如图 4.1 所示。

根据工作流程图，可将整个电子支付工作程序分为下面 7 个步骤。

① 消费者利用自己的 PC 通过 Internet 选定所要购买的物品，并在计算机上输入订单，订单上包括在线商店、购买物品名称及数量、交货时间及地点等相关信息。

② 通过电子商务服务器与有关在线商店联系，在线商店做出应答，告诉消费者所填定货单的货物单价、应付款额、交货方式等信息是否准确，是否有变化。

③ 消费者选择付款方式，确认订单，签发付款指令。此时 SET 协议开始介入。

④ 在 SET 协议中，消费者必须对订单和付款指令进行数字签名。同时利用双重签名技术保证商家看不到消费者的账号信息。

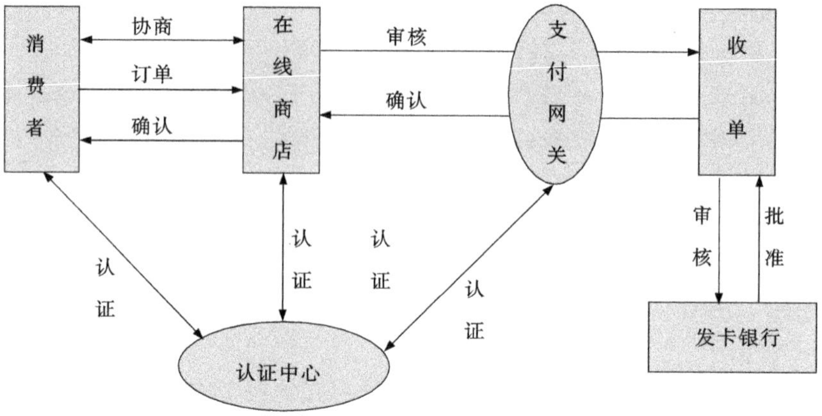

图 4.1　电子支付的工作流程图

⑤ 在线商店接受订单后，向消费者所在银行请求支付认可。信息通过支付网关到收单银行，再到电子货币发行公司确认。批准交易后，返回确认信息给在线商店。

⑥ 在线商店发送订单确认信息给消费者。消费者端软件可记录交易日志，以备将来查询。

⑦ 在线商店发送货物，或提供服务；并通知收单银行将钱从消费者的账号转移到商店账号，或通知发卡银行请求支付。

在认证操作和支付操作中间一般会有一个时间间隔，例如，在每天的下班前请求银行结一天的账。

4.1.4　电子支付存在的问题

1. 安全问题

安全问题存在于任何一种支付方式中，但是作为电子商务使用的电子化货币安全问题更突出，一直是困扰电子支付发展的关键性问题。大规模地推广电子支付，必须解决黑客入侵、内部作案、密码泄露、网上欺诈等涉及资金安全的问题。电子支付的安全问题对电子商务交易的双方都存在，世界各国都在竭尽全力解决网上支付的安全问题。

2. 速度问题

速度是困扰我国网民上网购物的一大障碍。办卡、认证、发送等几乎网上购物的所有环节都存在速度慢的问题。

3. 支付的条件问题

消费者所选用的电子支付工具必须满足多个条件，要由消费者账户所在的银行发行，有相应的支付系统和商户所在银行的支持，被商户所认可等。如果消费者的支付工具得不到商户的认可，或者说缺乏相应的系统支持，电子支付也还是难以实现。

4.2　电子货币的使用方法

4.2.1　电子货币

1. 电子货币的概念

货币是一种固定充当一般等价物的特殊商品。所谓一般等价物是指任何其他商品的价值都可以用它来衡量；所谓商品是指它可以用来交换。货币的这两个属性决定了它在人类社会经贸发展中所起到的重要作用。尤其是当今社会，随着劳动分工的逐步细化、生产越来越趋于专业化，没有商品贸易简直是无法想象的。货币作为贸易的媒介物，是沟通整个社会经济运行的命脉。

电子货币又称数字货币，它是采用电子技术和通信技术在市场上流通的、按照法定货币单位来反映商品价值的信用货币。具体地说，就是以电子化方式来代替传统金属、纸张等媒体进行资金存储、传送和交易的信用货币。电子货币是近年来产生的一种新鲜事物，是现代经济和科技发展的结果。

2. 电子货币的特点

现在，多数电子商务仍然采用传统信用卡结账的方式，但越来越多的人开始采用电子货币付款的方式。电子货币利用电脑或储值卡进行金融资金的转移，使用这种方式如同使用现金一样方便、安全，使用者每次消费时，只需从卡片存储的金额上扣除相应消费金额。

电子货币是计算机介入货币流通领域后产生的，是现代商品经济高度发展之下要求资金快速流通的产物。电子货币利用银行的电子存款系统和各种电子清算系统记录和转移资金，它使纸币和金属货币在整个货币供应量所占的比例愈来愈小。

电子货币的优点是明显的，它的使用和流通更方便，而且成本低，尤其对大笔的资金流动更是如此。目前，电子货币已和人们的生活密切相关，银行的存款、货款、汇款等柜台服务大都借助于计算机系统实现，代发工资、代收费、储蓄通存通兑、银行卡、电子支票、电子现金等多种银行业务就是电子货币的各种表现形式。

电子货币是在银行电子化技术高度发达的基础上出现的一种无形货币。也就是说，电子货币是在现有的银行、支票和纸币之外，通过网络大量流通的钱。这些渠道使消费者和企业能够通过比银行系统更省钱、更方便和更快捷的方式相互收付资金。这种货币可以通过庞大的计算机网络来联系社会中每个经济单位乃至个人的账户，随时记录每笔交易的收付双方金额，从而实现资金的划拨。

电子货币实际上是由一组数字构成的特殊信息，它含有用户的身份、密码、金额、使用范围等内容。人们使用电子货币交易时，实际上交换的是相关信息，这些信息传输到开设这种业务的银行后，银行就可以为双方交易结算。

电子货币是在传统货币基础上发展起来的。它与传统货币在本质、职能以及作用等方面存在着许多共同之处。电子货币和传统货币一样，本质上都是充当一般等价物的特殊商品，而这种特殊商品在一定程度上体现了特殊的社会生产关系。两者都具有价值尺度、流通手段、储藏手段和国际通货等职能。它们都反映了商品的价值，对商品交换起到媒介作用，并对商品流通有调节作用。

但是，电子货币同传统货币相比，两者的产生背景不同。电子货币可以说是货币发展的高级阶段。电子货币是用数字脉冲代替金属、纸张等媒体进行传输和显示资金的，通过芯片进行处理和存储，没有传统货币的形状、大小、重量和印记。电子货币在流通领域的流通速度远快于传统货币的流通速度。

电子货币作为现代金融业务与现代科学技术相结合的产物，具有如下特点：

① 电子货币以计算机技术为依托，进行储存、支付和流通；

② 电子货币是一种电子符号，其存在形式随处理媒介的变化而不断变化，如在磁盘上存储时是磁介质，在网络中传播时是电磁波或光波等。

③ 电子货币的流通以相关的设备正常运行为前提，新的技术和设备也引发了电子货币新的业务形式的出现。

④ 电子货币可广泛应用于生产、交换、分配和消费领域；

⑤ 电子货币集储蓄、信贷和非现金结算等多种功能为一体；

⑥ 电子货币使用简便、安全、迅速、可靠；

⑦ 现阶段，电子货币通常以银行卡（磁卡、智能卡）为媒介；

⑧ 电子货币的安全性不是依靠普通的防伪技术来实现，而是通过用户密码，软硬件加、解密系统等网络设备的安全保护功能来实现的。

电子货币通常是在专用网络上传输，通过 POS、ATM 进行处理。近年来，随着 Internet 商业化的发展，网上金融服务已经开始在世界范围内开展。网络金融服务包括了网上消费、家庭银行、个人理财、网上投资交易、网上保险等。这些金融服务的特点是通过电子货币进行及时的电子支付与结算。电子货币的种类和形式又有了进一步的发展。

电子货币主要有存款、转账和兑现等功能，其主要特征表现在方便性、通用性和高效性 3 个方面。在使用和结算过程中，电子货币简化了以往传统货币需要的复杂程序，不仅减小了印钞、发行、流通等费用支出，同时也节省了社会劳动，并可以为客户提供更多的金融服务，促进了商品交易的实现。一些类型的电子货币在使用和结算时可以不受时间、地点、服务对象的限制，无论所购商品是在国内还是国外，人们都可以在自己方便的时间内完成交易。通过必要的管理手段，电子货币的流向和流量也可控制在一定范围内，这样就保证了电子货币的正常流通。电子货币在现代化的网络通信手段的支持下，加快了资金的周转速度，提高了资金的使用效益，进一步促进了商品经济的发展。

电子货币将给人们的日常生活带来便利。例如，当家长用电子货币给孩子零花钱时，可以通过计算机进行设置来限制这些钱的用途，比如禁止用它来购买香烟和酒精饮料。这是目前纸币不具有的优点。

由于电子货币的移动性好，人们持有的资金将以难以置信的速度在国际间流通，而且不留痕迹，令他人无法跟踪。这可能会削弱政府的监控和税收能力，从长远看，这将导致经济与国家的分离。

电子货币最大的问题就是安全问题，目前主要有如下几点：

① 尽管电子货币比纸币更难复制，但它和数字信息一样，目前还没有绝对保险的加密技术，伪造者很可能复制出组成电子货币的数字序列。

② 电子货币与纸币一样都是没有价值的，而且多数情况下连纸币所具有的实物形式也没有，一切都是凭着计算机里的记录信息。那么，一旦银行计算机系统由于本身故障，或遭人恶意破坏而造成数据错误，后果将是很严重的。

③ 电子货币在传输过程中，也有被篡改的危险。

电子商务的核心是金融服务和货币支付，新的支付技术对于消费者、商家和金融机构都有着重要意义。在许多国家这些产品还处在发展的初期，人们对它所能带来的收益和风险尚无法定论。随着新技术的高速发展，许多政府和中央银行都对制定有关政策表现出很大的兴趣，比如西方七国集团的首脑共同推出一个合作研究计划，就如何通过目前的技术水平使零售业在电子支付方面更加完善和确保应有收益等问题进行探讨。

总之，电子货币的出现彻底改变了银行传统的手工记账、手工算账、邮寄凭证等操作方式。同时，电子货币的广泛使用也给普通消费者在购物、饮食、旅游和娱乐等方面的付款带来了更多便利。应该说电子货币是货币史上的一次重大变革。

4.2.2 电子现金

电子现金（E-Cash）又称为数字现金，是一种以数据形式流通的货币，它把现金数值转换成为一系列的加密序列数，通过这些序列数来表示现实中各种金额的币值。电子现金是能被客户和商家同时接受的、通过 Internet 购买商品或服务时使用的一种交易媒介。

商务活动中的各方从不同角度对电子现金有不同的要求。客户要求电子现金方便灵活，但同时又要求具有匿名性；商家则要求电子现金具有高度的可靠性，所接收的电子货币必须能兑换成真实的货币；金融机构则要求电子现金只能使用一次，不能被非法使用，不能被伪造。

1. 电子现金的特点

· 独立性。电子现金不依赖于所用的计算机系统。

· 银行和商家之间应有协议和授权关系。

· 客户、商家和 E－Cash 银行都需使用 E－Cash 软件。

· E－Cash 银行负责客户和商家之间资金的转移。

· 身份验证是由 E－Cash 本身完成的。E－Cash 银行在发放电子货币时使用了数字签名。商家在每次交易中，将电子货币传送给 E－Cash 银行，由 E－Cash 银行验证用户支持的电子货币是否无效（伪造或使用过等）。

· 不可重复使用：电子现金一次花完后，就不能用第二次。

· 匿名性：买方用数字现金向卖方付款，除了卖方以外，没有人知道买方的身份或交易细节。如果买方使用了一个很复杂的假名系统，那么甚至连卖方也不知道买方的身份。

· 可传递性：电子现金可以方便地从一个人传给另一个人。

· 不可跟踪性：不可跟踪性是现金的一个重要特性。不可跟踪性可以保证交易的保密性，这也就维护了交易双方的隐私权。除了双方的个人记录之外，没有任何关于交易已经发生的记录。因为没有正式的业务记录，连银行也无法分析和识别资金流向。也正是因为这一点，如果电子现金丢失了，就会同纸币现金丢失一样无法追回。

· 可分性：电子现金可用若干种货币单位，具有现金特点，可以把大钱分为小钱，可以存、取、转让，适用于小的交易量。

2. **电子现金带来的问题**

当然，电子现金同样会带给我们一些问题，主要表现在以下几个方面：

① 只有少数商家接受电子现金，而且只有少数几家银行提供电子现金开户服务。

② 成本较高：电子现金对于硬件和软件的技术要求都较高，需要一个大型的数据库存储客户完成的交易和 E－Cash 序列号以防止重复消费。因此，尚需开发出软、硬件成本低廉的电子现金。

③ 税收与洗钱：由于电子现金可以实现跨国交易，税收和洗钱将成为潜在的问题。通过 Internet 进行跨国交易是否要征税呢？如果要征税，又如何征税（例如，使用哪个国家的税率，对谁征税，哪个国家征税等）？现在，这样的国际税收的问题时有发生，将来会更加突出。为了解决这个问题，国际税收规则必须进行调整，此外，由于电子现金像真实的现金一样，流通不会留下任何记录，税务部门很难追查，所以即使将来调整了国际税收规则，收税也不是一件容易的事。电子现金的这个不可跟踪性将很可能被不法分子用以逃税。电子现金使洗钱变得很容易，因为利用电子现金可以将钱送到世界上的任何地方而不留下一点痕迹。如果调查机关想要获取证据，则需要检查网上所有的数据包并且破译所有的密码，这几乎是不可能的。

④ 外汇汇率的不稳定性：电子现金存在货币兑换问题，将会增加外汇汇率的不稳定性。电子现金也是总货币供应量的一个组成部分，可以随时兑换成普通现金。普通现金有外汇兑换的问题，电子现金也同样有。由于电子货币仍以传统的货币体系为基础，因此德国银行只能以德国马克的形式发行电子现金，法国银行只能发行以法郎为基础的电子现金，因此从事跨国贸易就必须要使用特殊的兑换软件。电子现金涉及的外汇兑换也要有汇率，这就需要在 Internet 上设立一个外汇交易市场。电子现金的汇率与真实世界里的汇率应该是一样的，即使不一致，套汇交易也马上就会使二者等同起来。在真实世界里，只有一小部分人如交易代理商、银行家和外贸公司等能参与外汇市场交易。而在电脑空间里，任何人都可以参与外汇市场，这是因为手续费低，而且人们不再受到国界的限制。这种大规模参与外汇市场的现象将会导致外汇汇率的不稳定。

⑤ 货币供应的干扰：因为电子现金可以随时与普通货币兑换，所以电子现金量的变化也会影响真实世界的货币供应量。如果银行发放电子现金，电子现金量就可能增多，因而产生新货币。这样当电子现金兑换成普通货币时，就会影响到现实世界的货币供应。电子现金与普通货币一样会有通货膨胀等经济问题，而且因其特殊性，这些问题可能还会更加严重。在现实世界里，国家边界和浮动汇率的风险在一定程度上抑制了资金的流动量，而电子现金却没有这样的障碍，而且，电子现金没有国界、没有中央银行机构，可以由任何银行发放，所以即使政府想控制电子现金的数量也做不到。这个因素将使中央银行对货币量的控制更加困难。在没有一个中央银行对电子货币量进行有效控制的情况下，电脑空间发生金融危机的可能性比现实世界更大。

⑥ 风险较大：像其他电子产品一样，电子现金也存在安全性的问题，风险较大。电子现金是存储在计算机里的，因此也可能遭到恶意程序的破坏。如果某个用户的硬驱损坏，电子现金丢失，钱就无法恢复，这个风险许多消费者都不愿承担。更令人担心的是电子伪钞的出

现，电子产品的一大特点就是易复制。要想流通电子现金，就一定防止非法复制或重复使用电子现金。另外，如果不妥善地加以保护，电子现金也有被人盗用的危险性。所以，一定要采取某些安全措施如加密等，保护电子现金的存储和使用安全，否则电子现金就很难被用户接受。

⑦ 电子现金的发行权问题：这个问题涉及到谁有权发行电子现金，每个银行是否都能发行自己的电子现金，如果可以，那么用户如何防止欺诈？谁来管理银行的业务以保护客户的利益？

3. 电子现金的支付过程

电子现金的支付可分为独立的 3 个阶段。

第 1 阶段（获得电子现金，简称提款）：

- 客户为了获得电子现金，要求它的开户行把其存款转到 E－Cash 银行。
- 客户的开户行从客户的账目向 E－Cash 银行转账。
- E－Cash 银行给客户发送电子现金。客户将电子现金存入其计算机或 Smart 卡。

第 2 阶段（用电子现金购物，简称支付）：

客户得到电子现金后，无论何时都可用之购物，而且只要其电子现金未花完，就可多购物。

- 客户挑选货物并且把电子现金发给商家。
- 商家向客户提供货物。

第 3 阶段（商家兑换电子现金，简称存款）：

商家收到电子现金后，无论何时都可兑换。

- 商家将电子现金发送给 E－Cash 银行。或者，商家把电子现金发送给他的开户银行，由他的开户银行负责在 E－Cash 银行兑换。
- E－Cash 银行把钱发送给商家的开户银行，商家的开户银行为商家入账。

以上过程是在客户和商家之间进行的，类似的也可在两个客户或两个机构之间进行。

4.2.3　智能卡

1. 智能卡的概念

智能卡又名 IC 卡、智慧卡、聪明卡，英文名称为 Smart card 或"Integrated Circuit Card"，是法国人 Roland Moreno 于 1970 年发明的，同年日本发明家 Kunitaka Arimura 取得首项智能卡的专利，距今已有近 30 年的历史。智能卡一般是指一张标准大小的塑料卡片，就像我们常用的银行卡、IC 卡，上面封装了集成电路芯片，用于存储和处理数据，既具有智能性又便于携带的卡片，为现代信息处理、传递提供了一种全新的手段。

随着超大规模集成电路技术、计算机技术和信息安全技术的发展，智能卡技术也更成熟了，并获得更为广泛的应用。智能卡提高了人们生活和工作的现代化程度，已成为一个国家科技发展水平的标志之一。

2. 智能卡的特点

① 存储容量和灵活性。智能卡与磁卡的区别在于两者分别是通过嵌入式芯片和磁条来储

存信息。磁卡的存储容量最大只有几百个字节，一般磁条只有几十个字节，磁条只能作为一种被动的存储中介。智能卡的容量可以达到几千个字节（现已有 2Mb 的智能卡问世），存储信息量较大，存储信息的范围较广，而且智能卡上存储区可以分割，可以有不同的访问级别，这就为信息处理及一卡多用提供了方便。

② 破坏性和耐用性。磁卡是靠其面上的磁条来存储信息的，磁条在遇到磁场、静电、扭弯、刮伤等情况下，存储在里面的信息容易丢失，尽管制造商采用了很多手段来提高使用寿命，但先天的缺陷总是难以彻底排除，再者，磁条上的信息存放时间有读写次数较少、修改不方便的缺陷。智能卡是由硅片来存储信息的，先进的硅片制作工艺完全可以保证卡的抗磁性、静电及各种射线能力，而且由于硅片的体积很小，里面有环氧层的保护，外面有 PCB 板及基片的保护，因此，抗机械、化学破坏能力很强。这些技术指标在 ISO 7816－1 中都有详细的规定，现在智能卡已做得十分精致、耐用。信息保存期都在 100 年以上，而且读写方便，读写次数高达 100 000 次以上，即使考虑到多种影响因素，一张智能卡也至少可以使用 10 年以上。

③ 加密性。由于磁卡的存储容量有限，又是静态的，即内部没有对数据内容的安全控制或对读出、修改内容进行控制的逻辑电路。读取技术是顺序和机械的，所以，一般卡的加密性较差，很容易被复制，就是金融业用的磁卡系统，防伪性也很有限。美国每年由于信用卡被仿造和非法使用造成的损失达数亿美元。智能卡系统具有很强的加密性，由于智能卡内安装嵌入式微型控制器芯片，因而可储存并处理数据。卡上的价值受用户的个人识别码（PIN）保护，因此只有用户能访问它。多功能的智能卡内嵌入有高性能的 CPU，并配备有独自的基本软件（OS），能够如同个人电脑那样自由地增加和改变功能。这种智能卡还设有“自爆”装置，如果犯罪分子想打开 IC 卡非法获取信息，卡内软件上的内容将立即自动消失。

④ 有关设备的成本。磁卡的读写设备中含有精密机械及信号转换装置，因此成本高，一个简单的读卡装置售价都在几百元，而复杂一点的读写卡装置要卖到几千元，且可靠性低、维护量大。另外，由于磁卡的加密性较差，存储容量小，因此有些信息不能存放在磁卡上，这样，为了提高磁卡应用系统的安全性，网络设计要求高，软件工作量大。智能卡本身就是一个数字电路。因此，智能卡的读写只需要一个可供插卡的卡座就行，简单的卡座只有十几元人民币，高级的卡座也只要百元左右，而且使用寿命长，可靠性高，基本上不用维护，因此，智能卡可用于一些“一卡配一座”的大众化产品中去。尽管目前单个智能卡的成本要高一些，但从性价比，整个系统的成本及以后工艺成本的降低趋势来看，采用智能卡，成本不会是一个障碍。

总之，智能卡具有突出的“3S”特点，即 Standard（国际标准化）、Smart（灵巧智能化）、Security（安全性）。它存储量大、数据保密性好、抗干扰能力强、存储可靠、读卡设备简单、操作速度快、脱机工作能力强，在电子商务应用方面，智能卡卡在作为网上交易的支付前端、用户证书的载体以及签名、加密的工具上，起着举足轻重的作用。

3. 智能卡系统的工作过程

首先，在适当的机器上启动 Internet 浏览器，这里所说的机器可以是 PC，也可以是一部终端电话，甚至是付费电话，然后，通过安装在 PC 上的读卡机，用智能卡登录到为你服务的银行 Web 站点上，智能卡会自动告知你的银行账号、密码和其他一切加密信息。完成这两步操作后，就能够从智能卡中下载现金到厂商的账户上，或从银行账号下载现金存入智能卡。例如，你想购买一束 20 元的鲜花，当你在花店选中了满意的花束后，将你的智能卡插入到花店的计算机中，登录到你的发卡银行，输入密码和花店的账号，片刻之后，花店的银行账号上增加了 20 元，而你的现金账面上正好减少了这个数。当然，你买到了一束鲜花。

在电子商务交易中，智能卡的应用类似于实际交易过程。只是你在自己的计算机上选好商品后，键入智能卡的号码登录到发卡银行，并输入密码和在线花店的账号，完成整个支付过程。

4. 智能卡的分类

智能卡大致分 4 种：存储卡、加密存储卡、CPU 卡、射频卡。

① 存储卡：只有存储器，不能处理信息，是简单的存储设备，基本与磁卡相同。优点是比磁卡的存储容量更大，缺点是同磁卡一样存在着安全缺陷。

② 加密存储卡：在存储卡的基础上增加加密逻辑，安全性提高，同时保持存储卡的价格优势。一次性的加密卡（又称预付费卡）用得较多，像电话储值卡。

③ CPU 卡：有处理器和存储器，不仅能存储信息还能对数据进行复杂的运算。由于可以实现对数据的加密处理，安全性有了显著提高。卫星电视收视卡就属于这一类。

④ 射频卡：在 CPU 卡的基础上增加了射频收发电路，属于非接触式读写卡。因成本较高，尚未大范围应用，仅限于部分行业和部门。

5. 智能卡上的信息

智能卡上一般存储以下几种信息：

① 用户的身份信息；

② 用户的绝对位置；

③ 用户的相对位置以及相对于其他装置的物体的方位；

④ 特定的环境参数，如光、噪声、热量和湿度；

⑤ 用户的生理状况和其他生物统计信息；

⑥ 特定的计时参数，如某一事件发生的频率或用户采取某种行动需要多长时间才能完成；

⑦ 特定的运动参数，如速度、加速度、物理姿态和跟踪信息；

⑧ 用户持有的货币信息。

6. 智能卡的应用范围

① 电子支付，如智能卡用于电话付费，代替信用卡；

② 电子识别，如能够控制对大楼房间或系统的访问，如计算机或收银机；

③ 数字存储，即一种必须实时存储和查询数据的应用，如存储和查询病历，目标跟踪信息或处理验证信息。

4.2.4　电子支票

电子支票（Electronic Check，e－check 或 e－cheque）又称电子资金传输，它从 20 世纪

60 年代开始使用，它通过排除纸面支票，最大限度地利用了当前银行系统的自动化潜力。

1. 电子支票的特点

电子支票方式的付款可以脱离现金和纸张进行。购买方通过计算机或 POS 终端机获得一个电子支票付款证明，而不是传递支票或直接在柜台前付款。

电子资金传输包含 3 个实体：购买方、销售方及金融中介。在购买方和销售方做完一笔交易后，销售方要求付款。购买方从金融中介那里获得一个惟一凭证（相当于一张支票），这个电子形式的付款证明表示购买方账户欠金融中介的钱。购买方在购买时把这个付款证明交给销售方，销售方再交给金融中介。整个事务处理过程同传统的支票查证过程类似。当作为电子方式进行时，付款证明是一个由金融中介出示证明的电子流。更重要的是，付款证明的传递、账户的负债和信用几乎是同时发生的。如果购买方和销售方没有使用同一家金融中介，通常由国家中央银行或国际金融机构协同控制。

目前电子支票系统一般是专用网络系统，国际金融机构通过自己的专用网络、设备、软件及一套完整的用户识别、标准报文、数据验证等规范化协议完成数据传输，并控制数据安全。这套系统今后将逐步过渡到 Internet 上。

2. 电子支票的优点

与传统的纸面支票和其他形式的支付相比，电子支票有以下优点：

① 节省时间。电子支票利用数字传递将钱款从一个账户转移到另一个账户。这种支付是在与商户及银行相连的网络上以密码方式传递的，多数使用公用关键字加密签名或个人身份证号码（PIN）代替手写签名。它的发行不需要填写、邮寄或发送，而且它的处理也很省时。

② 减少了处理纸支票的时间费用。使用电子支票可免除诸如每月去银行排队购买支票的时间；也减少了银行职员收支支票、处理支票的时间。

③ 没有退票。电子支票的设计方式使得商家在接收前，可以先得到客户开户行的认证。

④ 电子支票用于支付时，不必担心丢失或被盗。如果被盗，接收者可要求支付者停止支付。

⑤ 电子支票不需要安全的存储。只需对客户的私钥进行安全存储。

使用电子支票支付这种方式，可以减少事务处理的费用，处理速度会大大增加，而且银行也能为参与电子商务的商户提供标准化的资金信息，所以用电子支票支付有可能成为最有效率的支付手段。

3. 电子支票的应用范围

- 通过银行自动柜员机（ATM）网络系统进行普通费用的支付。
- 通过跨省市的电子汇兑、清算，实现全国范围内的资金传输。
- 大额资金在海外银行之间的传输。
- 每月从银行账户中扣除电话费等。

4. 电子支票的支付过程

电子支票系统用于发出支付和处理支付的网上服务。付款人向受款人发出电子支票，受款人将其存入银行，以取出现金。每宗业务都是在 Internet 上进行的。电子支票与通常支票的工作方式大致相同，它具有一种类似的电子签名，常规的加密方式使得电子支票和通常的支票都适用于信用卡无法处理的小额支付。

电子支票系统中主要的各方有客户、商家、客户的开户行、商家的开户行和票据交易所。票据交易所可由一独立的机构或现有的一个银行系统承担，其功能是在不同的银行之间处理票据。

一宗完整的电子支票业务由下面的若干步骤构成，这些步骤可分为 3 个不同阶段。

第 1 阶段（购买货物）：

- 客户访问商家的服务器，商家的服务器向客户介绍其货物。
- 客户挑选货物并向商家发出电子支票。
- 商家通过其开户银行对支付进行认证，验证客户支票的有效性。
- 如果支票是有效的，商家则接收客户的这宗业务。

第 2 阶段（把支票存入商家的开户银行）：

- 商家把支票发送给它的开户行。商家可根据自己的需要，自行决定在何时进行发送。

第 3 阶段（不同银行之间交换支票）：

- 商家的开户行把电子支票发送给交易所，以兑换现金。
- 交易所向客户的开户行兑换支票，并把现金发送给商家开户银行。
- 客户的开户行为客户下账。

4.2.5 电子钱包

电子钱包（IEP,Electronic Wallet）是顾客在电子商务购物活动中常用的一种支付工具，一个设计用来让消费者在网络上进行交易及记录交易的计算机软件，在一切认证机构及相关法令有迹可寻时，消费者可以凭借电子钱包中的电子安全交易协议（SET），安心地通过 Internet，使用信用卡来进行一切网络交易活动。

电子钱包是专门针对小额的支付而设计的（每笔少于 20 美元）。不需要电话确认、签名和密码，就可以用来支付食品、交通、电话、电影等多种数额较小的支出。

1994 年以来，电子钱包在欧洲取得了令人瞩目的发展，现在相关的计划正向全球逐步推广。

英国西敏寺（National - Westminster）银行开发的电子钱包 Mondex 是世界上最早的电子钱包系统，于 1995 年 7 月首先在有“英国的硅谷”之称的斯温顿（Swindon）市试用。目前世界上有 VISA cash 和 Mondex 两大电子钱包服务系统，其他电子钱包服务系统还有 MasterCardcash、EuroPay 的 Clip 和比利时的 Proton 等。

1. 电子钱包的特点

电子钱包的功能包括有电子证书的申请、储存及删除、进行 SET 交易时辨认商店身份和传送交易信息等，因此，消费者若想要在网络上进行交易，必须先安装符合安全标准的电子钱包软件，并在持卡人及特约商店使用符合标准的 SET 软件来确认彼此的身份，经确认无误后，才可以开始进行网络交易。

应用电子钱包来发展电子商业，将会影响国家整体的经济。电子商业是未来商业型态发展的主要趋势之一，各国政府也都在积极推动有关于 Internet 的规划。美国在今年率先公布了电子商业草案，以期能够让电子商业发展更加快速、健全、完善。

2. 电子钱包的工作原理

使用电子钱包购物，通常需要在电子钱包服务系统中进行。电子商务活动中的电子钱包的软件通常都是免费提供的，可以直接使用与自己银行账号相连接的电子商务系统服务器上的电子钱包软件，也可以从 Internet 上调用，采用各种保密方式利用 Internet 上的电子钱包软件。

使用电子钱包的顾客通常在银行里都是有账户的。在使用电子钱包时，将有关的应用软件安装到电子商务服务器上，利用电子钱包服务系统就可以把自己的各种电子货币或电子金融卡上的数据输入进去。在发生收付款时，如果顾客要用电子信用卡付款，例如用 Visa 卡或者 MasterCard 卡等收付款时，顾客只要单击一下相应项目（或相应图标）即可完成。

在电子钱包内只能完全装电子货币，即可以装入电子现金、电子零钱、安全零钱、电子信用卡、在线货币、数字货币等，这些电子支付工具都可以支持单击式支付方式。

在电子商务服务系统中设有电子货币和电子钱包的功能管理模块，称为电子钱包管理器，顾客可以用它来改变保密口令或保密方式，用它来查看自己银行账号上的收付往来的电子货币账目、清单和数据。电子商务服务系统中还有电子交易记录器，顾客通过查询记录器，可以了解自己都买了些什么物品，购买了多少，也可以把查询结果打印出来。

3. 电子钱包的购物过程

① 客户使用浏览器在商家的 Web 主页上查看在线商品目录浏览商品，选择要购买的商品。

② 客户填写订单。内容包括：项目列表、价格、总价、运费、搬运费、税费。

③ 订单可通过电子化方式从商家传过来，或由客户的电子购物软件建立。有些在线商场可以让客户与商家协商物品的价格（例如出示自己是老客户的证明，或给出了商家竞争对手的价格信息）。

④ 顾客确认后，选定用电子钱包来支付。将电子钱包装入系统，单击电子钱包的相应项或电子钱包图标，电子钱包立即打开，然后输入自己的保密口令，在确认是自己的电子钱包后从中取出一张电子信用卡来付款。

⑤ 电子商务服务器对此信用卡号码采用某种保密算法算好并加密后，发送到相应的银行去，同时销售商店也收到了经过加密的购货账单，销售商店将顾客的编码加入电子购货账单后，再转送到电子商务服务器上去。这里，商店对顾客电子信用卡上的号码是看不见的，不可能也不应该知道，销售商店无权也无法处理信用卡中的款项。因此，只能把信用卡送到电子商务服务器上去处理，经过电子商务服务器确认这是一位合法顾客后，将其同时送到信用卡公司和商业银行，在信用卡公司和商业银行之间要进行应收款项和账务往来的电子数据交换和结算处理。信用卡公司将处理请求再送到商业银行请求确认并授权，商业银行确认并授权后送回信用卡公司。

⑥ 如果经商业银行确认后拒绝并且不予授权，则说明顾客的这张电子信用卡上的钱数不够用了或者是零，或者已经透支。遭商业银行拒绝后，顾客可以再单击电子钱包的相应项打开电子钱包，取出另一张电子信用卡，重复上述操作。

⑦ 如果经商业银行证明这张信用卡有效并授权后，销售商店就可交货。与此同时，销售商店留下整个交易过程中发生往来的财务数据，并出示一份电子收据发送给顾客。

⑧ 上述交易成交后，销售商店就按照顾客提供的电子订单将货物交到顾客或其指定的人手中。

电子钱包的购物过程中间虽经过信用卡公司和商业银行等多次身份确认、银行授权、各种财务数据交换和账务往来等，但这些都是在极短的时间内完成的。实际上，从顾客输入订单后开始到拿到销售商店出具的电子收据为止的全过程仅用 5～20s 的时间。这种电子购物方式十分省事、省力、省时。而且，对于顾客来说，整个购物过程自始至终都是十分安全可靠的。在购物过程中，顾客可以用任何一种浏览器（如 IE 浏览器）进行浏览和查看。由于顾客的信用卡上的信息别人是看不见的，因此保密性很好，用起来十分安全可靠。另外，有了电子商务服务器的安全保密措施，就可以保证顾客去购物的商店是真实的，不会是假冒的，保证顾客安全可靠地购到货物。

总之，这种购物过程彻底改变了传统的面对面交易和一手交钱一手交货等购物方式，是一种很有效的而且非常安全可靠的电子购物过程，是一种与传统购物方式根本不同的现代高新技术购物方式。

习题 4

1. **选择题**（答案可能不只一个）

(1) 下列关于电子支付工具分类，说法不正确的是（　　）

A. 电子货币类　　B. 电子钱包类　　C. 电子信用卡类　　D. 电子支票类

(2) 使用电子钱包进行购物的步骤有（　　）

A. 登录商家网站　　B. 浏览商品，并放入购物车中

C. 选择电子钱包付款　　D. 电话通知银行

(3) 下列关于 E-Cash 存在的问题说法错误的是（　　）

A. 只有少数商家接受电子现金也只有少数银行提供电子现金开户服务

B. 电子硬币仍以传统货币体系为基础

C. 从事跨国贸易必须使用特殊的兑换软件

D. 不存在电子伪钞的问题

(4) 以下关于电子现金的特点说法错误的是（　　）

A. 银行和商家之间有协议和授权的关系

B. E-Cash 银行在发放电子货币时使用密码的形式

C. 具有匿名性

D. 具有现金特点

(5) 电子现金是一种以数据形式流通的货币，用户在办理什么手续后才可以在接受电子现金的商店购物（　　）

A. 用户只需在开展电子现金业务的银行开设账户后就可以了

B. 用户只要在任意一家银行内设有账户就可以了

C. 用户需要在所在的银行内，存有一定数额的现金才可以

D. 用户在开展电子现金业务的银行开设账户并在账户内存钱后就可以了

(6) 下列说法正确的是（　　）

A. 网上购物使用的电子钱包需要在电子钱包服务系统中运行

B. 在电子钱包内可以装入各种电子货币、电子零钱、电子借记卡等

C. 电子钱包软件一般都是收费的

D. 电子钱包可以管理电子货币和处理交易记录

(7) 智能卡系统所使用的终端，不可以是（　　）

A. PC　　B. 网络打印机　　C. 终端电话　　D. 付费电话

(8) 电子现金具有很多特点，请你在下面的几个选项中选出你认为正确的选项（　　）

A. 具有现金特点，可以存、取、转让任意额的现金

B. 匿名性

C. 由于使用电子货币，省去了很多纸币所带来的不便，因此其成本较低廉

D. 电子货币可以免去伪钞的现象，因此其风险性较小

(9) 电子支付与传统的支付方式相比具有哪些特征（　　）

A. 电子支付的工作环境是基于一个开放的系统平台

B. 电子支付对软、硬件的要求比较一般，而传统的方式要求较高

C. 电子支付具有方便快捷、高效、经济的优势

D. 电子支付是采用先进的技术通过数字流传来完成信息传输的

(10) 下列关于智能卡的功能说法不正确的是（　　）

A. 保护式的“自爆功能”　　B. 较大存储信息和安全的功能

C. 携带者的四处漫游　　D. 基于封闭的系统平台

(11) 传统信用卡支付系统与网上银行卡支付系统的差别是（　　）

A. 使用的信息传递通道不同　　B. 付款地点不同

C. 身份认证方式不同　　D. 付款授权方式不同

(12) 银行卡的支付方式有（　　）

A. 在线刷卡记账　　B. POS 结账　　C. ATM 机提取货币　　D. Internet 支付

(13) 典型的电子支付方式有（　　）

A. 电子货币支付方式　　B. 电子支票支付方式　　C. 信用卡支付方式　　D. 借记卡支付方式

(14) 下列哪些涉及到电子商务的资金安全问题（　　）

A. 黑客入侵　　B. 内部作案　　C. 密码泄露　　D. 网上欺诈

(15) 电子货币目前主要存在的安全问题有（　　）

A. 电子货币会被伪造

B. 电子货币的安全性依赖于计算机的安全性

C. 电子货币有被盗窃的危险

D. 电子货币在传输过程中，有被篡改的危险

(16) 智能卡有哪几种（　　）

A. 存储卡　　B. 加密存储卡　　C. CPU 卡　　D. 射频卡

2. 简答题

(1) 电子支付具有哪些特征？

(2) 电子支付工具有哪些分类？

(3) 传统信用卡支付系统与网上银行卡支付系统的差别有哪些？

(4) 电子货币的特点是什么？

(5) 电子现金有哪些特点？

(6) 电子现金带来哪些问题？

(7) 智能卡有哪些特点？

第 5 章 网络营销基础知识

5.1 网络营销的理论基础

凡是以互连网为主要手段进行的、为达到一定营销目标的营销活动，都可称为网络营销，也就是说，网络营销贯穿于企业开展网上经营的整个过程，包括初期的信息发布、信息收集，到开展网上交易为主的电子商务阶段，网络营销一直都是一项重要内容。

5.1.1 网络营销的概念

关于网络营销的理论和方法，国内已经出版了一些专著，专业报刊上发表的文章也不少，更多资料出现在互连网相关的网站上。现有各种观点都没有形成一个完整的体系。大量信息，反而给人们造成只见树木不见森林的感觉。

为了理解网络营销的全貌，有必要对网络营销下一个比较合理的定义。

市场营销是为达到个人和组织的交易活动，而规划和实施创意、产品、服务观念、定价、促销和分销过程。

而网络营销是以互连网络为媒体，以新的方式、方法和理念实施营销活动，更有效地促成个人和组织交易活动的实现。

网络营销在国外有许多译法，如 Cyber Marketing，Internet Marketing，Network Marketing，e－Marketing 等等。不同的单词词组有着不同的含义：

① Cyber Marketing 主要是指网络营销是在虚拟的计算机空间（Cyber，计算机虚拟空间）进行运作；

② Internet Marketing 是指在 Internet 上开展的营销活动；

③ Network Marketing 是在网络上开展的营销活动，同时这里的网络不仅仅是指 Internet，还可以是一些其他类型的网络，如增值网 VAN 等；

④ e－Marketing 是目前比较习惯和采用的翻译方法，e－表示是电子化、信息化、网络化涵义，既简洁又直观明了，而且与电子商务（e－Business）、电子虚拟市场（e－Market）等对应。

5.1.2 网络营销的特点

市场营销中最重要也最本质的是组织和个人之间进行信息交换和传播，如果没有信息交换和传播，网上交易也就成了无本之源，正因为互连网络具有营销所要求的某些特性，使得网络营销呈现出以下一些特点。

(1) 跨时空

网络营销可以一直进行，没有时间限制。企业的营销信息发布在网上后，就可以为用户提供一天 24 小时，一年 365 天的全天候、全球性服务。

(2) 多媒体

互连网络可以传输多媒体信息，如文字、声音、图像等，这样可以充分发挥营销人员的创造性和能动性，将进行交易的信息以多种形式存储和交换。

(3) 交互式

利用互连网的互动性，商家和顾客之间可以进行信息的交互，比如商家可以收集市场情报、可以进行产品测试与消费者满意调查等，网络营销为商品信息的提供、产品的设计提供了一个有利工具。

(4) 拟人化

互连网络上的促销是一对一的、理性的、消费者主导的、非强迫性的、循序渐进式的，而且是一种低成本、人性化的促销，避免了推销员强势推销的干扰，并通过信息提供与交互式交谈，与消费者建立长期良好的关系。

(5) 成长性

互连网络使用者数量快速增长并遍及全球，使用者多属年轻、中产阶级、高教育水准群体，由于这部分群体购买力强而且具有很强的市场影响力，因此是一项极具开发潜力的市场渠道。

(6) 整合性

互连网络上的营销可以从商品信息到收款、售后服务一气呵成，因此也是一种全程的营销渠道。另一方面，企业可以借助互连网络将不同的传播营销活动进行统一设计规划和协调实施，以统一的传播咨讯向消费者传达信息，避免不同传播中不一致性产生的消极影响。

(7) 超前性

互连网络是一种功能强大的营销工具，它同时具有渠道、促销、电子交易、互动顾客服务，以及市场信息分析与提供的多种功能。它所具备的一对一营销能力，正是符合定制营销与直复营销的未来趋势。

(8) 高效性

电脑可储存大量的信息，可传送的信息数量与精确度，远超过其他媒体，并能应市场需求，及时更新产品或调整价格，因此能及时地了解并满足顾客的需求。

(9) 经济性

通过互连网络进行信息交换，代替以前的实物交换，一方面可以减少印刷与邮递成本，可以无店面销售，免交租金，节约水电与人工成本，另一方面可以减少由于迂回多次交换带来的损耗。

(10) 技术性

网络营销是建立在高技术作为支撑的互连网络的基础上的，企业实施网络营销必须有一定的技术投入和技术支持，因此，改变传统的组织形态，提升信息管理部门的功能，引进懂营销与电脑技术的复合型人才，未来才能具备市场的竞争优势。

5.1.3　网络营销的主要内容

网络营销作为新的营销方式和营销手段实现企业营销目标，它的内容非常丰富。一方面，网络营销要针对新兴的网上虚拟市场，及时了解和把握网上虚拟市场的消费者特征和消费者行为模式的变化，为企业在网上虚拟市场进行营销活动提供可靠的数据分析和营销依据。另一方面，网络具有传统渠道和媒体所不具备的独特优势，即信息交流自由、开放和平等，而且信息交流费用非常低廉，信息交流渠道既直接又高效，因此在网上开展营销活动，必须改变传统的一些营销手段和方式。在 Internet 上进行营销活动，网络营销的基本营销目的和营销工具是一致的，只不过在实施和操作过程中与传统方式有着很大区别。下面是网络营销中一些主要内容。

(1) 网上市场调查

主要利用 Internet 交互式的信息沟通渠道来实施调查活动。它包括直接在网上通过问卷进行调查，还可以通过网络来收集市场调查中需要的一些二手资料。利用网上调查工具，可以提高调查效率和加强调查效果。Internet 作为信息交流渠道，由于它的信息发布来源广泛、传播迅速，使它成为信息的海洋，因此在利用 Internet 进行市场调查时，重点是如何利用有效工具和手段实施调查和收集整理资料。获取信息不再是难事，关键是如何在信息海洋中获取想要的资料信息和分析出有用的信息。

(2) 网上消费者行为分析

Internet 用户作为一个特殊群体，它有着与传统市场群体截然不同的特性，因此要开展有效的网络营销活动必须深入了解网上用户群体的需求特征、购买动机和购买行为模式。Internet 作为信息沟通工具，正成为许多兴趣、爱好趋同的群体聚集交流的地方，并且形成一个个特征鲜明的网上虚拟社区，因此了解这些虚拟社区的群体特征和偏好是网上消费者行为分析的关键。

(3) 网络营销策略制定

不同企业在市场中处于不同地位。在采取网络营销实现企业营销目标时，必须采取与企业相适应的营销策略，因为网络营销虽然是非常有效的营销工具，但企业实施网络营销时是需要进行投入并且又有风险的。同时企业在制定网络营销策略时，还应该考虑到产品周期对网络营销策略制定的影响。

(4) 网上产品和服务策略

网络作为信息有效的沟通渠道，它可以成为一些无形产品（如软件和远程服务）的载体，改变了传统产品的营销策略，特别是渠道的选择。作为网上产品和服务营销，必须结合网络特点，重新考虑产品的设计、开发、包装和品牌的产品策略。

(5) 网上价格营销策略

网络作为信息交流和传播工具，从诞生开始实行的便是自由、平等和信息免费的策略。因此，在制定网上价格营销策略时，必须考虑到 Internet 对企业定价影响和 Internet 本身独特的免费思想。

(6) 网上渠道选择与直销

Internet 对企业营销影响最大的是对企业营销渠道的影响。美国 Dell 公司借助 Internet 的直接特性建立的网上直销模式获得巨大成功，改变了传统渠道中的多层次的选择、管理与控制问题，最大限度降低了营销渠道中的费用。但企业建设自己的网上直销渠道必须考虑到重建与之相适应的经营管理模式的问题。

(7) 网上促销与网络广告

Internet 作为一种双向沟通渠道，最大优势是可以实现沟通双方突破时空限制直接进行交流，而且简单、高效、费用低廉。因此，在网上开展促销活动是最有效的沟通渠道，但网上促销活动的开展必须遵循网上一些信息交流与沟通规则，特别是遵守一些虚拟社区的礼仪。网络广告作为最重要的促销工具，主要依赖 Internet 的第 4 媒体的功能，目前网络广告作为新兴的产业得到迅猛发展。网络广告作为在第 4 类媒体发布的广告，具有传统的报纸杂志、无线广播和电视等传统媒体发布广告无法比拟的优势，即网络广告具有交互性和直接性。

(8) 网络营销管理与控制

网络营销作为在 Internet 上开展的营销活动，它必将面临许多传统营销活动无法碰到的新问题，如网上销售的产品质量保证问题、消费者隐私保护问题，以及信息安全与保护问题等。这些问题都是网络营销必须重视和进行有效控制的问题，否则网络营销效果可能适得其反，甚至会产生很大的负面效应，这是由于网络信息传播速度非常快，并且网民对反感问题反应比较强烈而且迅速。

5.2 网上市场调查

5.2.1 网上市场调查的概念

市场调查是针对特定营销环境进行简单调查设计、收集资料和初步分析的活动。市场调查有两种方式，一种是直接收集一手资料，如问卷调查、专家访谈、电话调查等；另一种是间接的收集二手资料，如报纸、杂志、电台、调查报告等现成资料。

利用互连网进行市场调查（称为网上市场调查，简称网上调查），相应也有两种方式，一种是利用互连网直接进行问卷调查等方式收集一手资料，这种方式称为网上直接调查；另一种方式，是利用互连网的媒体功能，从互连网收集二手资料。由于越来越多的传统报纸、杂志、电台等媒体，还有政府机构、企业等也纷纷上网，因此网上成为信息海洋，信息蕴藏量极其丰富，关键是如何发现和挖掘有价值的信息。对于第二种方式一般称为网上间接调查。网上直接调查一般适合于针对特定问题进行的专项调查，而网上间接调查主要是利用互连网收集与企业营销相关的市场、竞争者、消费者以及宏观环境等信息。对于一个企业来说用得最多的还是网上间接调查方法，因为它的信息广泛并能满足企业管理决策需要。

网上市场调查与网上市场的调查是两个不同的概念，网上市场的调查是针对网上市场而进行的调查，它可以采用传统的调查方法，也可以采用网上调查方法；而网上市场调查既可以调查网上市场，也可以调查传统的一般市场。这里的网上市场是指在网上进行买卖形成的“虚拟的”无实物形态的市场。一般网上市场调查主要是指利用 Internet 的特性进行市场调查，当然也包括针对 Internet 市场的调查，只不过对 Internet 虚拟市场的调查也可以采用一些传统市场调查方法来进行。

5.2.2 网上市场调查的特点

网上市场调查的实施可以充分利用 Internet 作为信息沟通渠道，它的开放性、自由性、平等性、广泛性和直接性的特性，使得网上市场调查具有传统的市场调查手段和方法所不具备的一些特点和优势。

(1) 及时性和共享性

网上调查是开放的，任何网民都可以进行投票和查看结果，而且在投票信息经过统计分析软件初步自动处理后，可以马上查看到阶段性的调查结果。

(2) 便捷性和低费用

实施网上调查节省了传统调查中耗费的大量人力和物力，它只需要一台能上网的计算机即可，通过站点发布电子调查问卷，由网民自愿填写，然后通过统计分析软件进行信息整理和分析。

(3) 交互性和充分性

网络的最大好处是交互性，因此在网上调查时，被调查对象可以及时就问卷相关问题提出自己更多的看法和建议，可减少因问卷设计不合理导致调查结论偏差。同时被调查者还可以自由地不受时间限制，在充分了解问卷问题后发表自己的看法。

(4) 可靠性和客观性

网上调查问卷的填写是自愿的，不是传统的强迫式的，因此填写者一般对调查内容有一定兴趣，回答问题也相对认真些，因此问卷填写信息的可靠性有助于调查结论的客观性。同时，网上调查还可以避免传统调查中访问调查时人为错误（如访问员缺乏技巧，诱导回答问卷问题）导致调查结论的偏差。

（5）无时空、地域限制

网上市场调查是24小时全天候的调查，这就与受区域制约和时间制约的传统调研方式有很大不同。

（6）可检验性和可控制性

利用Internet进行网上调查收集信息，可以有效地对采集信息的质量实施系统的检验和控制。

5.2.3 网上直接调查法

1. 网上直接调查的手段

（1）利用自己的网站

网站本身就是宣传媒体，如果企业网站已经拥有固定的访问者，完全可以利用自己的网站开展网上调查。这种方式要求企业的网站必须有调查分析功能，对企业的技术要求比较高，但可以充分发挥网站的综合效益。如海尔公司希望获得用户使用投诉调查，就可以在自己的网站上做类似的调查。

（2）借用别人的网站

如果企业自己的网站还没有建好，可以利用别人的网站进行调查。这里包括访问者众多的网络媒体提供商（ICP）或直接查询需要的信息。这种方式比较简单，企业不需要建设网站和进行技术准备，但必须花费一定费用。如海尔公司可以在人民日报网站进行调查（它已经购买了广告位）。

（3）混合型

如果企业网站已经建设好但还没有固定的访问者，可以在自己网站调查，但前提是已与其他一些著名的ISP/ICP网站建立广告链接，以吸引访问者参与调查。这种方式是目前常用的方式，根据调查研究表明传统的优势品牌并不一定是网上的优势品牌，因此它需要在网上重新发布广告吸引顾客访问网站。如中国互连网络中心（CNNIC）每半年进行一次的“中国互连网络发展状况调查”就属于此类型。

（4）E-mail型

直接向你的潜在客户发送调查问卷，这种方式比较简单直接，而且费用非常低廉。但要求企业必须积累有效的客户E-mail地址，而且顾客的反馈率一般不会非常高。采取该方式时要注意是否会引起被调查对象的反感，最好是能提供一些奖品作为对被调查对象的补偿。

（5）讨论组型

在相应的讨论组中发布问卷信息，或者发布调查题目，这种方式与E-mail型一样，成本费用比较低廉而且是主动型的。但在 Web 网站上的新闻组（Usernet News）和公告栏（BBS）上发布信息时，要注意网上行为规范，调查的内容应与讨论组主题相关，否则可能会导致被调查对象的反感甚至是抗议。

2. 网上直接调查的分类

根据采用调查方法的不同，可以分为网上问卷调查法、网上实验法、网上观察法。

网上问卷调查法是将问卷在网上发布，被调查对象通过 Internet 完成问卷调查。

问卷调查是从企业角度出发考虑问题，它比较客观、直接，缺点是不能对某些问题进行深入调查和分析原因。

（1）网上问卷调查的途径

一种是将问卷放置在 WWW 站点上，等待访问者访问时填写问卷。这种方式的好处是填写者一般是自愿的，缺点是无法核对问卷填写者的真实情况。为达到一定问卷数量，站点还必须进行适当宣传，以吸引大量访问者。

另一种是通过 E-mail 方式将问卷发送给被调查者，被调查者完成后将结果通过 E-mail 返回。这种方式的好处是，可以选择被调查者，缺点是容易遭到被访问者的反感，有侵犯个人隐私之嫌。

（2）网上问卷调查的分类

· 按照调查者组织调查样本的行为，网上问卷调查可以分为主动调查法和被动调查法。

主动调查法，即调查者主动组织调查样本，完成统计调查的方法。

被动调查法，即调查者被动地等待调查样本造访，完成统计调查的方法，被动调查法的出现是统计调查的一种新情况。

· 按网上调查采用的技术可以分为站点法、电子邮件法、随机 IP 法和视讯会议法等。

① 站点法。站点法是将调查问卷的 HTML 文件附加在一个或几个网络站点的 Web 上，由浏览这些站点的网上用户在此 Web 上回答调查问题的方法。站点法属于被动调查法，这是目前出现的网上调查的基本方法，也将成为近期网上调查的主要方法。

② 电子邮件法。电子邮件法是通过给被调查者发送电子邮件将调查问卷发给一些特定的网上用户，由用户填写后以电子邮件的形式再反馈给调查者的调查方法。电子邮件法属于主动调查法，与传统邮件法相似，优点是邮件传送的时效性大大提高了。

③ 随机 IP 法。随机 IP 法是以产生一批随机 IP 地址作为抽样样本的调查方法。随机 IP 法属于主动调查法，其理论基础是随机抽样。利用该方法可以进行纯随机抽样，也可以依据一定的标志排队进行分层抽样和分段抽样。

④ 视讯会议法。视讯会议法是基于 Web 的计算机辅助访问（Computer Assisted Web Interviewing，简称 CAWI）。是将分散在不同地域的被调查者通过互连网视讯会议功能虚拟地组织起来，在主持人的引导下讨论调查问题的调查方法。这种调查方法属于主动调查法。

3. 其他网上直接调查方法

许多企业设立了 BBS 以供访问者对企业产品进行讨论，或者参与某些专题的新闻组进行讨论，以更多形式的深入调查获取有关资料。及时跟踪和参与新闻组和公告栏，有助于企业获取一些问卷调查无法发现的问题，新闻组和公告栏是用户自发的感受和体会，他们传达的信息也是最接近市场和最客观的，缺点是信息不够规范，需专业人员进行整理和挖掘。

5.2.4 网上间接调查法

网上间接调查渠道主要通过 WWW，Usernet News，BBS，E-mail 等方式实现，其中 WWW 是最主要的信息来源，根据统计目前全球有 8 亿个 Web 网页，每个 Web 网页所涵盖的信息包罗万象，无所不有。

1. 利用搜索引擎收集资料

随着 Internet 的迅速发展，互连网上的信息包罗万象，通常用户上网都有一定的目的，例如在网上查看某一条新闻，到某个网站打打牌，寻找专业信息等。面对纷繁复杂、处于无序状态的 Internet，可能会令许多用户无所适从，找不到所需的信息资源。因此，搜索引擎（Search Engine）应运而生了，它是 Internet 上的一个站点，具有帮助用户在 Internet 上查找特定信息的功能。犹如茫茫大海中的导航灯，但它只是告诉用户所需信息，而不能提供具体查找信息的内容。

目前 Internet 上的搜索引擎非常多，中国用户使用比较多的是中文搜索引擎，英文搜索引擎次之。国内中文搜索引擎都在 1999 年进行了升级，分别可以按分类、网站和网页来搜索关键字。由于国内的搜索引擎一般都是模拟雅虎，采用分类层次目录结构，使用时可以从大类再找小类，直到找到相关网站，操作时只需进行选择即可。为提高查找效率和准确度，可以通过搜索引擎提供的搜索功能直接输入关键字进行查找相应内容。目前引擎可以按分类、网站和网页来进行搜索。值得注意的是按分类只能粗略查找，按网页虽然可以比较精确地查找，但查找结果却比较多，因此搜索最多的还是按网站搜索。在按网站搜索时，是将要搜索的关键字与网站名和网站的介绍进行比较，显示出比较相等的网站，如要查找市场调查类的网站，可以在搜索引擎的主页搜索输入栏内输入汉字“市场调查”并确认，系统将自动找出满足要求的网站。如果找不到满足要求的网站，这时可以按照网页方式查找，系统将自动找出满足要求的网页。

使用较多的中文搜索引擎是：

- Google（http：//www. google. com）
- 搜狐（http：//www. sohu. com）
- 新浪（http：//search. sina. com. cn）
- 网易（http：//www. yeah. net）
- 中文雅虎（http：//gbchinese. yahoo. com）。

如果是外文信息，使用较多的搜索引擎是：

- Yahoo!（http：//www. yahoo. com）
- Excite（http：//www. excite. com）
- Lycos（http：//www. lycos. com）
- Infoseek（http：//www. infoseek. com）
- AltaVista（http：//www. altavista. com）。

2. 利用公告栏收集资料

BBS（Bulletin Board System，公告牌系统或电子公告板）是早期 Internet 最普遍的应用之一，随着 Internet 技术的发展，BBS 的功能越来越丰富，它相当于一个很多人参加的大论坛，为广大网友提供了一个彼此交流的空间。任何人都可以在上面进行留言回答问题或发表意见，也可以查看其他人的留言，好比在一个公共场所进行讨论一样，你可以随意参加也可以随意离开。

在 BBS 上，你可以方便地从索引栏目中找到感兴趣的主题，畅所欲言；同时，BBS 还是一个解答问题的百宝箱，不管是技术难题还是情感困惑，众多的网友会互相开导提供帮助；通过 BBS，你还有机会结识志趣想投的网友，还可以到在线聊天室体会虚拟空间的概念。但在 BBS 上，如在公共场所一样，发言人可要注意一下言行举止，不要随便发表反动言论或进行人身攻击，为此公告栏一般都进行了申明，请务必注意，否则可能引起恶劣影响。

BBS 通常有两种访问方式；Web 页浏览方式和远程登陆方式。有的 BBS 支持以上两种访问方式，有的可能只支持其中的一种。Web 页浏览方式比较简单，熟悉使用浏览器浏览网页的用户就可以很容易地参与 BBS，但是 Web 方式使用的是 HTTP 协议，传输网页内容比纯文本方式信息量大得多，因此可能在传输速度上受到影响。远程登录方式使用 Telnet 协议，传送的是纯文本信息，所以传输速度高，但这种方式必须使用远程登录软件，目前使用较多的有 Telnet 或 NetTerm 等。利用 BBS 收集资料主要是到主题相关的 BBS 网站了解情况。

目前许多 ICP 都提供免费的公告栏，你只需要申请使用即可。如广州热讯的留言系统：http：//www. abc. yesite. com ，可以直接到该网址申请；如用户名为 dianshang，则留言板为：http：//dianshang. abc. yesite. com，然后你只需要在你的主页加上该链接即可，操作非常简单。

3. 利用新闻组收集资料

新闻组（Newsgroup）是 Internet 上专门讨论某个特定主题的讨论小组。就像日常生活中的讨论会一样，参与讨论的用户可以就所选主题发表文章（或称之为消息），也可以听取其他参与讨论的用户的意见，所有文章都是通过电子邮件来实现的。

新闻组已经成为互连网上一个重要的组成部分，由于新闻组使用方便，内容广泛，并且可以精确地对使用者进行分类（按兴趣爱好及类别），其中包含的各种不同类别的主题已经涵盖了人类社会所能涉及到的所有内容，如科学技术、人文社会、地理历史、休闲娱乐等。你可以通过新闻组，参与自己感兴趣的主题讨论，加深对这一主题的认识。可以通过新闻组，提出自己在学习或生活中遇到的问题，其他用户也许能够给出答案；同样也可以利用自己的知识为其他用户答疑解难，形成一个网上的生活学习小组。新闻组是 Internet 为人们提供的又一种人与人之间的交流方式，每天都吸引着全球众多的访问者。使用新闻组的人主要是为了从中获得免费的信息，或相互交换免费的信息。但使用时要对新闻组中的内容非常敏感，并对张贴消息也非常小心。因为如果因透露过多的个人信息，就会受到垃圾邮件的侵害。

这里必须注意，新闻组中的“新闻”不同于日常生活中所见的“新闻”，它是指参与讨论的用户对某一主题发表的意见，纯属个人观点，不具备日常新闻所要求的实时性、准确性等特点。而且，新闻组中的发言不受政府或ISP的监管，有很大的随意性，可畅所欲言，但是与日常生活中的交往一样，用户在参与新闻组时也要保持一定的礼貌和风格，否则也有可能激怒他人，遭到攻击。

4. 利用E-mail收集资料

E-mail是Internet使用最广的通信方式，它不但费用低廉，而且使用方便快捷，通过E-mail收集信息是最快捷有效的渠道，收集资料时只需要到有关网站进行注册，以后等着接收E-mail就可以了。因此它最受用户的欢迎，许多用户上网主要是为收发E-mail信件。目前许多ICP和传统媒体，以及一些企业都利用E-mail发布信息。但采取这种方式时，要注意的是避免受到侵扰，因为注册后很容易收到一些垃圾信件，所以在注册前一定要注意是否可以取消订阅，是否有其他的商业要求。一般来说，对于一些规范的网站都允许用户取消订阅。

5.3 网络促销

5.3.1 网络营销促销内涵

1. 网络营销促销的特点

网络促销是指利用现代化的网络技术向虚拟市场传递有关产品和服务的信息，以启发需求，引起消费者的购买欲望和购买行为的各种活动。它突出地表现为以下3个明显的特点。

第1，网络促销是通过网络技术传递产品和服务的存在、性能、功效及特征等信息的。它是建立在现代计算机与网络通信技术基础之上的，并且随着计算机和网络技术的不断改进而改进。

第2，网络促销是在虚拟市场上进行的。这个虚拟市场就是互连网。互连网是一个媒体，是一个连接世界各地的大网络，它在虚拟的网络社会中聚集了众多的人，融合了多种文化。

第3，互连网虚拟市场的出现，将所有的企业，不论是大企业还是中小企业，都推向了一个世界统一的市场。传统的区域性市场的小圈子正在被一步步打破。

2. 网络营销促销与传统促销的区别

虽然传统的促销和网络促销都是让消费者认识产品，引导消费者的注意和兴趣，激发他们的购买欲望，并最终实现购买行为，但由于互连网强大的通信能力和覆盖面积，网络促销在时间和空间观念上，在信息传播模式上以及在顾客参与程度上与传统的促销活动相比都发生了较大的变化。

① 时空观念的变化。以产品流通为例，传统的产品销售和消费者群体都有一个地理半径的限制，网络营销突破了这个原有的半径，使之成为全球范围的竞争；传统的产品订货都有一个时间的限制，而在网络上，订货和购买可在任何时间进行，这就是现代最新的电子时空观（Cyber Space），时间和空间观念的变化要求网络营销者要随之调整自己的促销策略和具

体实施方案。

② 信息沟通方式的变化。多媒体信息处理技术提供了近似于现实交易过程中的产品表现形式；双向、快捷、互不见面的信息传播模式，将买卖双方的意愿表达得淋漓尽致，也留给对方充分思考的时间。在这种环境下，传统的促销方法显得软弱无力。

③ 消费群体和消费行为的变化。在网络环境下，消费者的观念和消费行为都发生了很大的变化。上网购物者是一个特殊的消费群体，具有不同于消费大众的消费需求。这些消费者直接参与生产和商业流通的循环，他们普遍大范围地选择和理性地购买。这些变化对传统的促销理论和模式产生了重要的影响。

④ 对网络促销的新理解。网络促销虽然与传统促销在促销观念和手段上有较大差别，但由于它们推销产品的目的是相同的，因此，整个促销过程在设计上具有很多相似之处。所以，对于网络促销的理解，一方面应当站在全新的角度去认识这一新型的促销方式，理解这种依赖现代网络技术、与顾客不见面、完全通过网络交流思想和意愿的产品推销形式；另一方面则应当通过与传统促销的比较去体会两者之间的差别，吸收传统促销方式的整体设计思想和行之有效的促销技巧，打开网络促销的新局面。

3. 网络营销促销形式

传统营销的促销形式主要有 4 种：广告、销售促进、宣传推广和人员推销。网络营销是在网上市场开展的促销活动，相应形式也有 4 种，分别是网络广告、销售促进、站点推广和关系营销。其中网络广告和站点推广是网络营销促销的主要形式。

网络广告类型很多，根据形式不同可以分为旗帜广告、电子邮件广告、电子杂志广告、新闻组广告、公告栏广告等。

销售促进就是企业利用可以直接销售的网络营销站点，采用一些销售促进方法如价格折扣、有奖销售、拍卖销售等方式，宣传和推广产品。

站点推广就是指利用各种网络技术手段在互连网上进行的宣传活动。主要包括登录中英文搜索引擎、发布网站 Banner 广告、定向电子邮件发送、电子杂志广告、论坛与 BBS 的宣传等，利用网络营销策略扩大站点的知名度，吸引网上流量访问网站，起到宣传和推广企业以及企业产品的效果。站点推广主要有两类方法，一类是通过改进网站内容和服务，吸引用户访问，达到推广效果；另一类通过网络广告宣传推广站点。前一类方法，费用较低，而且容易稳定顾客访问，但推广速度比较慢；后一类方法，可以在短时间内扩大站点知名度，但费用较高。

关系营销是通过借助互连网的交互功能吸引用户与企业保持密切关系，培养顾客忠诚度，提高顾客的收益率。

4. 网络营销的促销作用

网络促销的作用主要表现在以下几个方面：

① 告知功能。网络促销能够把企业的产品、服务、价格等信息传递给目标公众，引起他们的注意。

② 说服功能。网络促销的目的在于通过各种有效的方式，解除目标公众对产品或服务的疑虑，说服目标公众坚定购买决心。例如，在同类产品中，许多产品往往只有细微的差别，

用户难以察觉。企业通过网络促销活动，宣传自己产品的特点，使用户认识到本企业的产品可能给他们带来的特殊效用和利益，进而乐于购买本企业的产品。

③ 反馈功能。网络促销能够通过电子邮件及时地收集和汇总顾客的需求和意见，迅速反馈给企业管理层。由于网络促销所获得的信息基本上都是文字资料，信息准确，可靠性强，对企业经营决策具有较大的参考价值。

④ 创造需求。运作良好的网络促销活动，不仅可以诱导需求，而且可以创造需求，发掘潜在的顾客，扩大销售量。

⑤ 稳定销售。由于某种原因，一个企业的产品销售量可能时高时低，波动很大。这是产品市场地位不稳的反映。企业通过适当的网络促销活动，树立良好的产品形象和企业形象，往往有可能改变用户对本企业产品的认识，使更多的用户形成对本企业产品的偏爱，达到稳定销售的目的。

5.3.2 网站推广

网站推广是指利用各种网络技术手段在互连网上进行的宣传活动。主要包括登录中英文搜索引擎，发布网络广告，定向电子邮件发送等。

通过网站推广，可以扩大站点知名度、增加访问流量，从而达到树立企业形象、推广公司产品与服务的目的，最大可能地利用互连网这种新型传播媒体和商务工具。

1. 网站推广的原则

① 有效性。商业网站开展网站推广，不是简单的访问量的增加，而是目标用户的访问，有针对性，有实效性。

② 经济性。网站推广既要实现效果的最大化，而且钱还要花在刀刃上，一定要站在客户的角度，充分地权衡、比较，尽量少花钱，多办事。

③ 延续性。网站推广是个长期的工作，不是一朝一夕就完事的，需要长期、有规划地延续开展。推广是分阶段的，延续性保证了网站推广的完整。

2. 网站推广的方法

(1) 搜索引擎注册

根据调查显示网民在找新网站时主要是通过搜索引擎来实现的，因此在著名的搜索引擎进行注册是非常必要的，而且在搜索引擎进行注册一般都是免费的。

(2) 建立链接

互连网的一个特点就是通过链接将所有的网页连在一起，国外学者经过大量统计分析，发现两个不同的网页之间间距为 8.9，也就是说只需要经过 9 次链接点击后，就可以从一个网页找到另一个网页。因此，与不同站点建立链接，可以缩短网页间的距离，提高站点的被访问概率。一般建立链接有下面几种方式：

① 在行业站点上申请链接。如果站点属于某些不同的商务组织，而这些组织建有会员站点，应及时向这些站点申请一个链接。

② 申请交互链接。寻找具有互补性的站点，并向它们提出进行交互链接的要求（尤其是对那些能够提供免费服务的站点）。为通向其他站点的链接设立一个单独的页面，这样就不会使刚刚从前门请进来的顾客，转眼间就从后门溜到别人的站点上去了。

③ 在商务链接站点申请链接。特别是当站点提供免费服务的时候，可以向网络上的许多小型商务链接站点申请链接。只要站点能提供免费的东西，就可以吸引许多站点为你建立链接。寻找链接伙伴时，通过搜索寻找可能为站点提供链接的站点，然后向该站点的所有者或主管发送电子邮件，告诉他们可以链接站点的名称、URL 以及 200 字的简短描述。

(3) 发送电子邮件

电子邮件的发送费用非常低，许多网站都利用电子邮件来宣传站点。利用电子邮件来宣传站点时，首要任务是收集电子邮件地址。为防止发送一些令人反感的电子邮件，收集电子邮件地址时要非常注意，一般可以利用站点的反馈功能记录愿意接受电子邮件的用户电子邮件地址。还可通过租用一些愿意接受电子邮件信息的通信列表来收集电子邮件地址。这些通信列表一般是由一些提供免费服务的公司收集的。

发布电子新闻邮件。假如有严格的时间性，那么每周、每月或是每季度发布新闻邮件的做法将是最行之有效的手段之一。它能保持你与客户的联系、增进信任、增强品牌意识并为未来的业务发展打下基础。在发送电子邮件时，在电子邮件程序上设置一个“签名档”。多数电子邮件程序，如 Eudora 和 Netscape，都允许设置一个“签名档”，它会出现在你所发送的每条信息的末尾。应当把这个签名档控制在 6～8 行之内，包括公司名称、地址、电话号码、URL、电子邮件地址以及对公司特色业务的只言片语的描述。

(4) 发布新闻

及时掌握具有新闻性的事件（例如新业务的开通），并定期把这样的新闻发送到你的行业站点和印刷品媒介上。其次，将站点在公告栏和新闻组上加以推广。互连网络使得具有相同专业兴趣的人们组成成千上万的具备很强针对性的公告栏和新闻组。比较好的做法是加入这些讨论，让邮件末尾的“签名档”发挥推广的作用。

(5) 提供免费服务

提供免费资源，在时间和精力上的代价都是昂贵的，但其在增加站点流量上的功效就是回报。应当注意，所提供的免费服务应是与所销售的产品密切相关的，这样，所吸引来的访问者同时也就可以成为良好的业务对象。也可以在网上开展有奖竞赛，因为人们总是喜欢免费的东西。如果在站点上开展有奖竞赛或者是摸奖活动，将可以产生很大的访问流量。

(6) 发布网络广告

利用网络广告推销站点是一种比较有效的方式。比较廉价的做法是加入广告交换组织，广告交换组织通过不同站点的加盟后，在不同站点交换显示广告，起到相互促进作用。另外一种方式是在适当的站点上购买广告栏发布网络广告。

(7) 使用传统的促销媒介

使用传统的促销媒介来吸引访问站点也是一种常用方法，如一些著名的网络公司纷纷在传统媒介发布广告。这些媒介包括直接信函、分类展示广告等。对小型工业企业来说，这种方法更为有效。应当确保各种卡片、文化用品、小册子和文艺作品上包含有公司的 URL。企业在传统媒体发布展示性广告时也要包含 URL。如果在商业杂志、报纸或其他媒体上购买了展示性或分类广告，应把公司的 URL 加进去，把站点作为广告的补充信息。用广告来抓住读者的注意力，然后再指示读者转向公司网页以获取更多的信息或是发出订单。

5.3.3 网络广告

所谓网络广告，就是指在 Internet 站点上发布的以数字代码为载体的经营性广告。广告界甚至认为互连网络广告将超越户外广告，成为传统 4 大媒体（电视、广播、报纸、杂志）之后的第 5 大媒体。自 1997 年中国互连网出现第 1 个商业性网络广告以来，网络广告一直受到不少人的青睐。

1. 网络广告的特点

凭借互连网具有的不同于传统媒体的交互、多媒体和高效的独有特性，网络广告呈现出不同于传统媒体广告的以下特点：

① 互动性。网络广告是一种交互式的与大众进行双向沟通的“活”广告。

② 快捷性。网络广告由于有自动化的软件工具进行创作和管理，能以低廉费用按照需要及时变更广告内容。

③ 丰富性。网络广告可以做得内容十分详尽，形式丰富多彩。

④ 广泛性。网络广告的特色即它的时间的连续性和地域的广泛性。

⑤ 可控性。广告主和广告商可以实时评估网络广告效果，调整广告策略，并按效果付费。

2. 网络广告的类型

① 旗帜型广告（Banner）。又称网幅广告、旗帜广告、横幅广告，是一个表现商家广告内容的图片，放置在广告商的页面上，是互连网广告中最基本、最常见的网络广告形式，也是网站中最重要、最有效的宣传手段。网络广告最早即起源于这些位于网站顶部或底部的长方形的旗帜广告。旗帜广告允许客户用极简练的语言、图片介绍企业的产品或宣传企业形象。其宽度一般在 400～600 个像素之间（约 8.44～12.66cm），高度在 80～100 个像素之间（约 1.69～2.11cm），以 GIF、JPG 等格式建立图像文件。旗帜广告又分为非链接型和链接型两种。链接型旗帜广告与广告主的主页或网站相链接，浏览者可以点选（click），进而看到广告主想要传递的更详细信息。

② 按钮型广告（Button）。其实这是从 banner 广告演变过来的一种广告形式，最常用的按钮广告尺寸有 4 种，它们分别是：125×125（方形按钮）、120×90、120×60、88 ×31，单位为像素（pixels），图形尺寸比 banner 要小。图标在主页上是不动的，通过点击可链接到客户的广告内容上去。按钮广告的不足在于其被动性和有限性，它要求浏览者的主动点选，才能了解到有关企业或产品的更为详尽的信息。一般是 120×60 像素，甚至更小。由于图形尺寸小，故可以被更灵活地放置在网页的任何位置。

③ 移动广告（Mobile）。也叫游标广告，大小为 80×80 像素，也是一种为改变旗帜广告

比较呆板的新形式广告，该广告是一种可以在屏幕上移动的小型图片广告，在首页上跟随视屏游动，效果极明显。用户用鼠标点击该小型图片时，该移动广告会自动扩大展示广告版面。

④ 主页型广告（Homepage）。即将企业所要发布的信息内容分门别类地制作成主页，放置在网络服务商的站点或企业自己建立的站点上。主页型广告可以详细地介绍企业的相关信息，让用户全面地了解企业及企业的产品和服务。

⑤ 巨型广告（Huge）。它的版面一般要占屏幕显示的 1/3 空间，版面增大后，可以增加广告显示的信息，而且展现的内容主要采用的是 Flash 动画格式，因此显示的信息比原来旗帜广告要丰富，形式也更多样化，可以吸引访问者更多的注意力。

⑥ 分类广告。是一种专门提供广告信息服务的站点，它类似于报纸杂志中的分类广告，在站点中提供按照产品或者企业等分类检索的深度广告信息，这种形式的广告对于那些想了解广告信息的访问者提供了一种快捷有效的途径。

⑦ 列表分类播发型广告。即利用电子邮件列表和新闻组（专题讨论组）列表，将客户的广告信息按信息类别发向相应的邮件地址和新闻组。

⑧ 电子杂志广告。利用免费订阅的电子杂志发布广告，电子杂志的版面与一般的 Web 页广告类似，广告形式可以是文字或者图片。

⑨ 新闻式广告。利用网上虚拟社区或者公告栏 BBS 发布有关产品、企业的广告信息，但发布时不是以直接广告形式，而是以新闻形式，以免引起反感。

⑩ 链接广告。即在热门站点的 Web 页上放置可以直接访问其他站点的链接，通过热门站点的访问，吸引人们点击链接的站点。

5.3.4 网络广告的发布

就目前来讲，网络广告的发布大致可以分为 3 类：

一种形式是在 Internet 上建立自己的站点，通过自己的主页发布广告，由感兴趣的读者自己来调阅这些广告。但这种形式需要较大投资。

另一种形式是向广告服务商租用空间，自己进行广告运作。这种形式价格较第一种形式便宜许多，但由于不与热门站点相链接，点击率不高，广告效果不明显。

第三种形式是在热门站点上做旗帜广告。这种方法投资最少，效果最佳，这是目前网络上应用最广泛的一种广告形式。

广告主如何通过 Internet 发布企业的广告，从目前来看，一般有以下几种方式，企业可以根据自身的需求，从中选择一种或几种方式。

(1) 主页形式

建立自己的主页，对于大公司来说，是一种必然的趋势。这不但是一种企业形象的树立，也是宣传产品的良好工具。实际上，在互连网上做广告，归根到底要设立公司自己的主页。其他的网络广告形式，无论是黄页、企业名录、免费的 Internet 服务广告，还是网上报纸、新闻组，都提供了一种快速链接至公司主页的形式，所以说，在 Internet 上做广告，建立公司的 Web 主页是最根本的。主页形式是公司在 Internet 进行广告宣传的主要形式。按照今后的发展趋势，一个公司的主页地址也会像公司的地址、名称、标志、电话、传真一样，是独有的，是公司的标识，将成为公司的无形资产。

(2) 专类销售网

这是一种专类产品直接在 Internet 上进行销售的方式。现在有越来越多这样的网络出现，著名的如 Automobile Buyer's Network、AutoBytel 等。以 Autlmobile Buyer's Network 为例，消费者只要在一张表中填上自己所需汽车的类型、价位、制造者、型号等信息，然后轻轻按一下 Search（搜索）键，计算机屏幕上就可以马上出现完全满足你所需要的汽车的细节，当然还包括何处可以购买到此种汽车的信息。另外，消费者考虑购买汽车时，很有可能首先通过此类网络进行查询，所以，对于汽车代理商和销售商来说，这是一种很有效的 Internet 广告方式。汽车商只要在网上注册，那么他所销售的汽车细节就进入了网络的数据库中，也就有可能被消费者查询到。与汽车销售网类似，其他类别产品的代理商和销售商也可以连入相应的销售网络，从而无需付出太大的代价就可以将公司的产品及时地呈现在世界各地的用户面前。

(3) 免费的 Internet 服务

在 Internet 上有许多免费的服务，如国外的 http：//bigfoot. com、http：//www. hotmail. com 及国内的 http：//www. 163. net 与 http：//www. telebrid. com. cn、http：//www. 263. net 等都提供免费的 E-mail 服务，很多用户都喜欢使用。由于 Internet 上广告内容繁多，即使公司建有自己的 Web 页面，也需要用户主动通过大量的搜索查询工作，才能看到广告的内容。而这些免费的 Internet 服务就不同，它能帮助公司将广告主动送至使用该免费 E-mail 服务、又想查询此方面内容的用户手中。具体说来此种方式有以下特点：

① 主动性强。所有的使用者都可以按照自己的喜好和兴趣选择订阅一些免费信息。一旦你选择订阅了有关的信息，就可以定期地收到所订阅的信息。当然，其中包含着广告的内容。不过用户既可以随时增加订阅，也可以随时修改或停止订阅信息内容。

② 统计性好。每一个用户在第一次使用免费 E-mail 时，必须要详细地填写一张用户档案（Member Profile）。这就使得提供免费 E-mail 的服务商能了解使用者的具体情况，若有公司利用免费 E-mail 做广告，免费 E-mail 服务商就会每月给你一份调查报告，告诉你在这个月中有多少用户看了你的广告，又有多少用户进一步了解了广告的内容（即按了广告的图标）。在每月报告中，免费 E-mail 服务商还会提供对你的产品或服务感兴趣的用户的具体情况的统计资料。

③ 针对性强。随着免费 E-mail 会员的进一步增加，广告主还可以根据使用者的特性（地域、年龄、性别、家庭收入、职业、受教育水平、兴趣爱好、婚姻状况等），有针对性地发布自己的广告。

(4) 黄页形式

在 Internet 上有一些专门的用以查询检索服务的网络服务商的站点如 Yahoo!,Infoseek，Excite 等。这些站点就如同电话黄页一样，按类别划分便于用户进行站点的查询。在其页面上，都会留出一定的位置给企业做广告。比如在 Excite 上，在 search 一栏中填入关键字 auto mobile，Excite 页面的中上部就会出现某汽车公司的广告图标。在这些页面上做广告的好处是：

① 针对性强。在查询的过程中都是以关键字区分的，所以广告的针对性较强；

② 醒目。处于页面的明显处，容易被正在查询相关问题的用户所注意，而成为用户浏览的首选。

(5) 企业名录

一些 Internet 服务提供者（ISP）或政府机构会将一些企业信息融入他们的主页中。如香港商业发展委员会（Hong Kong Trade Development Council）的主页中就融有汽车代理商、汽车配件商的名录。只要用户感兴趣，就可以直接通过链接，进入相应行业代理商（或者配件商）的主页上。

(6) 网上报纸或杂志

在 Internet 日益发展的今天，新闻界也不落人后。一些世界著名的报纸和杂志，如美国的《华尔街日报》、《商业周刊》，国内的《人民日报》、《文汇报》、《中国日报》等，纷纷将触角伸向了 Internet，在 Internet 上建立自己的 Web 主页。而更有一些新兴的报纸与杂志，干脆脱离了传统"纸"的媒体，完完全全地成为了一种"网上报纸或杂志"，反响非常好，每天访问的人数不断上升。可以预计，随着计算机的普及与网络的发展，网上报纸与杂志将如同今天的报纸与杂志一般，成为人们必不可少的生活伴侣。对于注重广告宣传的公司来说，在这些网上杂志或报纸上做广告也是一个较好的传播渠道。

(7) 新闻组（Newsgroup）

新闻组、虚拟社区和公告牌都是常见的 Internet 服务，都是网上比较流行的交流沟通渠道，都可以利用他们来发布企业网络广告。

在网上人人都可以订阅新闻组，成为它的一员。成员可以在上面阅读大量的公告，也可以发表自己的公告，或者回复他人的公告。新闻组是一种很好的讨论与分享信息的方式。对于一个公司来说，选择在与本公司产品相关的新闻组上发表自己的公告将是一种非常有效的、传播自己的信息的渠道。参加某一新闻组的人们有着共同兴趣，或关心特定主题，利用新闻组可有效地推广你的网站。

(8) 友情链接

建立友情链接要本着平等的原则，平等有着广泛的含义，网站的访问量、在搜索引擎中的排名位置、相互之间信息的补充程度、链接的位置、链接的具体形式（图像还是文本方式，是否在专门的 resource 网页，或单独介绍你的网站）等等，这些都是在建立友情链接时需考虑的事情。建立友情链接的注意事项：

① 发出邀请函。

· 礼貌地开头，尽可能地找到对方网站管理员的名字，用他们的名字与其联系。称赞他的网站提出的某个观点，这样你可以抓住对方的注意力，使他们立刻感到温暖。不能这样开头："请参观我的网站，地址为 http：//www. yoursite. com，如果你给我一个链接，我也将给你一个链接”。这样他们可能不会去访问。

· 告诉他们你已经有一个链接指向贵方的网站，并且给出那个网页的 URL 地址，如果你给对方一个有价值的链接，也许还有对网站的简单介绍，那么你可能得到更多的“巧克力”。不一定用你的网站首页建立友情链接，任何一个子网页都可以（这要看对方网站提供友情链接的形式），用户可从你的子网页“跳到”你的首页。

· 告诉对方你的网站提供什么产品或服务，你已经浏览过他们的网站，并知道贵方的网站访问者对什么感兴趣，与他们建立链接的理由就是你的网站与他们有着相同或相近的主题，也就是说，可以提供其他有价值的信息给贵方的访问者。

② 向谁发函。你需要与那些访问量大的网站建立链接，一个有效的办法就是在搜索引擎中查找网站，然后浏览结果列表前面的网站，这些就是你所需要的，选择与你的主题相似或互补的网站。你希望链接的网站有着很好的排名位置，也就意味着，他们选择对象是非常苛刻的，实际上，他们想要建立友情链接的网站是他们认为有用的站点，大有“不要给我们打电话，我们会给你去电话”的味道，所以不要总是不厌其烦地要求，除非你提供大量免费的、有价值的资讯。

③ 选择对方网站。如果你为了增加网站访问量而敞开你的大门，与任意网站建立友情链接，这样不会给你带来任何的好处，建立友情链接不仅仅是为了增加访问量，还应对你的网站内容起补充的作用，以便更好地服务你的用户，如果你链接了大量低水平的网站，用户将不会再来了。

④ 信守承诺。互惠链接一个基本的原则就是诚实，事实上，网站管理员很少有时间来查看已建立互惠链接的网站，他们信任其他的网站管理员，所以，不要把人家的链接随意地删除，维护人家的利益的同时，也保护了你自己。

(9) 使用电子邮件和电子邮件列表发布广告

在 Internet 中到处都充满了商机，就像传统广告中的邮寄广告一样，网络世界中另外一种广告发布形式正在被更多的商家所利用，即电子邮件广告。传统的邮寄广告是广告主把印制或书写的信息，包括商品目录、货物说明书、商品价目表、展销会请柬、征订单、明信片、招贴画、传单等，直接通过邮政系统寄达选定对象的一种传播方式。电子邮件广告是广告主将广告信息以 E-mail 的方式发送给有关的网上用户。

① 电子邮件的使用。调查表明，电子邮件是因特网上最经常使用的工具。只有不到30%的网民每天上网浏览信息，但却有超过70%的网民每天都要使用电子邮件。对企业管理人员尤其如此。他们上网主要是为了使用电子邮件交流，浏览仅占上网时间的一小部分，而且，主要是上一些专业性强的网站。

同时，利用电子邮件收集客户信息具有针对性强、费用低廉的特点。它可以针对具体某一个人征集特定信息。而且，商务信息内容不受限制（但包含有成人内容的站点的宣传，以及其他网上广告形式的宣传都会受到很多限制）。

使用电子邮件发布商务信息时，主要有如下技巧：

· 主动收集。主动收集就是想方设法让客户参与进来，如竞赛、评比、猜谜、网页特殊效果、优惠、售后服务、促销等。用这种方式来有意识地营造自己的网上客户群，不断地用 E-mail 来维系与他们的关系。这个客户群就是销售者的最大财富。如果是企业的网站，建立一个用户登记电子邮箱的页面，定期向客户发送本企业的产品信息和产品的正确使用方法与保养方法等，这种 E-mail 用户还是愿意收到的，也体现了企业的一种特殊的售后服务，而且成本是很低的。

· 准确定位。发送电子邮件要注意接收对象，如果滥发的话，一来效果低，二来会被当作垃圾邮件，也许会产生相反的效果。所以在发送邮件时，要首先进行分析，了解哪些是潜在客户，再进行发送。比如一家医疗器械销售站点，其对象就是医生、患者或对医疗器械感兴趣的人群，定期向他们发送相关医疗器械产品或知识的介绍，一定会受到欢迎，反之，如果给所有的人发送信息，可能会遭到反感，甚至会触到人家的忌讳。这就不是销售者的本意了。

· 发送周期。发送电子邮件也要根据内容注意发送周期，如果发送的是相关新闻信息，当然周期不宜过长，但如果是一般信息就不要过于频繁，否则可能订户刚开始很感兴趣，后来就变成一种负担了。而且信息的内容要有精品意识。这样即使发错了对象，别人也容易原谅并且接受这样的邮件。

· 管理技巧。使用电子邮件收集信息，应注意以各种方式收集到了邮件地址，并要善于管理。这是有针对地发送邮件的前提。同时要建立自己的邮件列表（Mailing List），把搜集到的地址通通放进去，开展调查时直接向这个地址发送邮件就可以了。

利用电子邮件收集客户对某种产品或服务的意见，主要有 4 个内容。

· 获得客户的电子邮件地址的方法

a．直接查阅原有客户的邮件地址。

b．在网站上建立留言薄（Guest-Book）供访问者签名，留下他们的电子邮件地址。

c．在网站上建立与产品或服务内容相关联的讨论，以吸引客户参加并留下他们的电子邮件地址。

d．通过专门的邮件地址服务商租用或购买电子邮件地址。

e．通过专用的软件，在特定的范围内，如新闻组、在线服务、分类广告、邮件地址搜索引擎以及 WWW 网站，收集电子邮件地址。

· 制作网上调查问卷

网上调查问卷可以直接根据传统的市场调查问卷形式制作。问卷可由多个问题组成，问题可包括需用户输入信息的填空问题，单项选择问题，多项选择问题，并可指定必答项和非必答项。问卷生成前和生成后都可即时修改。在制作网上调查问卷时，要注意各种问题形式的比例，并一定要写明自己企业的所在地、通信地址和联系方式。

· 通过电子邮件向各客户派发

一般情况下，调查问卷可以通过电子邮件直接派发。只要写一封短信，告诉客户有关目的，并贴上调查问卷即可。若调查问卷比较大，可以选用“附件”进行发送。

· 反馈总结

在自己的信箱中接收客户反馈信息，汇集反馈信件，并计算问卷返回比例。

② 电子邮件列表的使用。Internet 还有一种可供使用的资源，就是电子邮件列表（MailingList）。电子邮件列表非常流行，在 Internet 上有 10 万多个邮件列表，或超过这个数字，因为没有人知道确切的数字，其中对外公开开放的超过 5 万多个。如果要使用电子邮件列表的话，可以有两种选择：

一种是建立自己的邮件列表服务器。邮件列表服务器可以生成相当于大宗邮件的电子邮件。假定你的公司在一个有3000名客户所在的地区新建了一个办事处，现在想把这个消息发送给这些客户，就可以使用电子邮件列表：向自己的电子邮件列表服务器发送一个消息，服务器就会把这一消息和该地区3000名客户的3000个电子邮件地址混合在一起并发出3000个地址相互独立的电子邮件消息，这样不仅比邮局投递快捷省力，而且无需邮票。

这里需要澄清一点，不要把讨论组邮件列表和新闻组混淆，新闻组是一个可以访问和张贴信息的地方，讨论组邮件列表是向你发送人们张贴的信息；发送到新闻组的消息全世界都可以看到，而张贴到讨论组邮件列表的消息只能被该列表的订阅者看到。

讨论组邮件列表比新闻组的规则更为严格。订阅者订阅一个邮件列表时，会被通知什么种类的材料可以张贴，什么种类的材料不可以张贴。列表的主人可以很轻易地把不受欢迎的人从列表中删除，因此，要十分注意电子邮件中的礼节和特殊用语。

另一种方式是租借其他公司的电子邮件列表。利用电子邮件列表需要收集足够的电子邮件地址，这往往要花费很多时间和精力，一种越来越大众化的获得电子邮件地址的捷径是从其他公司租借电子邮件列表。这种列表是最常用的商业广告列表，他们可以使你发送的电子邮件相当于传统广告中的直接邮寄广告。有的公司提供的电子邮件列表常常是那些自愿加入的、想要接收特定主题的电子邮件广告的人，如果租用这样的电子邮件列表是有利可图的。如果能租借到这样的电子邮件列表，就可以向目标客户发送电子邮件广告，而不用担心会激怒他们，并且所花费的费用要比采用普通邮寄广告方式廉价得多。

邮件列表有公开、封闭、管制3种类型：

· 公开类型：这种邮件列表可供所有人使用，即使不是这个邮件列表的订户也可以自由地发送邮件给这个邮件列表的所有订户。这种类型常见于公开的论坛。

· 封闭类型：只有邮件列表的订户才能互相发送邮件。这种类型常见于网络社团、俱乐部或公司内部讨论组等。

· 管制类型：只有经过邮件列表管理者许可的电子邮件才能发送给邮件列表的其他订户。这种类型常见于电子刊物。

电子邮件列表是一个虚拟的网络社群，它具有以下的特点：

· 如果需要向某一邮件列表发送电子邮件，只要将此电子邮件发送到某一具体的地址，系统提供自动转发。

· 注册和取消注册非常方便，只要电子邮件发送时在信体中写“subscribe listname”，可以注册 listname 邮件列表，“unsubscribe listname”，可以取消注册 listname 邮件列表 。

· 邮件列表还提供很多其他功能（如注册方式可以是：OPEN，OPEN＋CONFIRM，AUTO，CLOSE，CLOSE＋CONFIRM）等等，可以实现用户的不同需求。

邮件列表的应用范围很广，具体形式有：

· 专题讨论组：志趣相投的网友可以方便地加入某个邮件列表，就大家感兴趣的话题进行讨论和交流。

· 发布消息：该邮件列表的创建者或管理者及用户可在该邮件列表中发布新闻、产品信息等。

· 电子邮件邮购业务：创建商业邮件列表的用户可以通过电子邮件开展邮购、产品宣传和网络广告等方面的业务。

邮件列表在国外非常流行，主题多样，内容丰富，诸如计算机、体育、新闻、娱乐乃至宠物等方面的各种邮件列表数量众多，深受欢迎。

邮件列表具有很高的商业应用价值，主要体现在以下几个方面：

· 每个邮件列表都是针对某一特定用户群，例如：有一个 Win95 - Skill 的邮件列表，加入这个邮件列表的用户都是对 Win95 操作技巧感兴趣的用户。

· 既然每个邮件列表都有特定的用户群，在邮件列表中投递针对此邮件列表的广告肯定会有特定的效果，同时在邮件列表中投递的广告是以电子邮件的方式直接发送到订户的电子信箱。

· 由于邮件列表都有特定的用户群，因此，在邮件列表中同时可以开展对该产品的产品调查、新产品发布等；

· 邮件列表的历史文档也有重要的参考价值。例如：有关 Win98 - skill 的邮件列表的历史文档可以作为 Win98 应用程序开发者的参考文档；同时用户可以通过查询此邮件列表的历史文档，获得有关问题的解答。

而邮件列表在国内的现状是：

· 邮件列表的数量很少。

· 很多邮件列表的邮件都是经过整理以后再发送给用户，造成邮件的延时，用户得不到及时的反馈。

· 邮件列表的主题都是由这些邮件列表供应商提供的，用户只能在这些邮件列表中进行讨论和交流。

· 邮件列表的分类不明确，用户所得到的信息可能并非是自己最关心的。

邮件列表向我们提供了一种新的广告形式，弥补了站点网幅广告信息量有限、对用户点击依赖程度高的弱点，也许会带来具有突破性的广告效果。

(10) 利用网上 IP 电话和网上传真发布广告

IP 是英文“Internet Protocol”的缩写，我国标准的译名叫“网际协议”，是利用网络进行通信交流必须遵守的网上通信协议。IP 电话就是以 IP 为基础的网络电话。目前所称的 IP 电话严格讲就是 Internet 电话，主要有 4 种方式：电脑对电脑、电脑对电话、电话对电脑、电话对电话。

IP 电话与普通电话虽然原理不同，本质有别，但功能却是相同的。IP 电话的传输方式主要是借助网关服务器或电脑软件将语音信号转换为数字信号在 Internet 上传输。这种传输方式与普通电话的语音信号通过双绞线接入程控交换机再进入对方电话机的传输方式不同，但是都能达到通话的目的。

使用 IP 电话首先要确定使用哪一家的 IP 电话网，中国联通、中国电信还是吉通公司，然后到指定的地点购买 IP 电话卡。拨打电话时要先拨电话网的代码，中国电信网是 17900，中国联通是 17910，中国吉通是 17920。拨通后按“1”，输入用户代号，再按“#”结束。然后接着输入用户密码，按“#”结束，再连续输入对方电话号码，等待对方接听、通话。

目前开通 IP 电话的 3 家公司能够拨叫的区域范围有所不同，有关企业可以根据本单位的业务覆盖范围决定选择使用哪一家电话网。

网络传真是通过互连网络使传真件发送到普通传真机上或对方的 E-mail 信箱中的服务，

这种服务的开通为 Internet 用户提供了便捷的通信方式，而且传真通信费用降至普通传真的 70% 左右。

网络传真除了具有价格优势以外，与普通传真相比还具有灵活方便的特点。一般在使用普通传真时，如果遇到对方不在或占线，往往需要进行不停地拨叫，而使用网上传真就可以免去等待，只要把传真内容、传真号码交待清楚，以后的工作就由 Internet 来完成了。

网上传真的一种形式是以 E-mail 方式发送。当用户将包含有传真内容的电子邮件发送到离传真目的地最近的一台网络服务器（这是由提供服务的公司来考虑的）后，网络服务商就会利用自己与公共电话或其他方式的连接将用户的传真内容发送到所要求的普通传真机上。这种方式是从 E-mail to Fax。

另一种方式是在 Web 页面发送传真。一般各 FAX 公司在自己的页面上都为用户准备了一种简单方式，只要按要求正确填入内容，就可以发送了。例如在 TPC 公司发送传真的页面上，提供 了 “Send a fax from your Web Browser” 和 “Send a fax from your E-mail software” 两种方式。第 1 种方式是在 TPC 公司的网页上，按格式填写，然后发送。第 2 种方式是用 E-mail 软件发送。这类站点的缺点是作为英文站点，它不支持中文 FAX。但是 TPC 公司在中国设立了代理，如 “瑞得在线” 就是其中之一。在 “瑞得在线” 主页上的 “特色与经典” 栏目里可以找到 “免费网上传真”，可以试着在这里发送免费的传真。

第 3 种方式是使用专门的软件发送传真。为了使用户的网上传真业务更加便捷，各 FAX 公司纷纷推出自己的专用软件，如 TPC 公司提供的 HQFax 传真软件、Symantec 公司提供的 WinFax 传真软件、FAXSAV 公司提供的 FaxSav Fax Launcher 传真软件、天赞公司提供的天赞 Scan 中文传真软件（有偿提供）等等。

(11) ICP（因特网内容服务商）、ISP（因特网信息服务商）

ICP、ISP 由于提供了大量的互连网用户感兴趣的免费的信息服务，因此网站的访问量非常大，是网上最引人关注的站点。国内有许多这样的 ICP，如新浪、搜狐、网易、Chinabyte 等都提供大量的新闻、评论、生活常识、财经等内容的信息。目前这些网站是网络广告发布的主要阵地，但在这些网站上发布的网络广告主要形式是旗帜广告。

旗帜广告服务提供商是提供旗帜广告服务的商业站点，或者是搜索引擎。一般来说，ISP（因特网信息服务商）都具有这样的服务功能。随着 Internet 的迅猛发展，现已涌现出大批旗帜广告服务提供商可供挑选。他们的服务内容、服务质量和服务费用可能存在很大的差异。选择一个服务优良、收费公道的旗帜广告服务提供商是企业成功地开展网络促销的重要环节。选择旗帜广告服务提供商时主要应当考虑 5 个方面的要素：服务商提供的信息服务种类和用户服务支持；服务商的设备条件和技术力量配备；服务商的通信出口速率；服务商的组织背景；服务商的收费标准。

① 服务商提供的信息服务种类和用户服务支持。Internet 上信息服务的种类很多，但是，往往在收费类似的情况下，不同的信息服务商提供的服务种类是不同的。一般来说，要选择的站点应该是信息量比较大，信息的准确性比较高，信息还能定期更新和补充，栏目设置条理清晰而且丰富，栏目中的文字简洁、主题鲜明、重点突出，主页设计与制作比较精良的。另外要看这些站点发布信息所使用的语言。目前国内站点常用的语言仅有中文，而台湾站点大都有国标中文和大五码中文，海外站点大都是英文。有的站点同时提供这 3 种语言的

版本。有些信息服务商除了提供常规的信息服务之外，还提供一系列专门的信息服务，如经济信息查询、在线商场、股市信息、法律咨询、人才交流等，这些服务的存在使站点浏览人数大大增加。在这样的站点上刊登旗帜广告效果较好。

② 服务商的设备条件和技术力量配备。设备条件关系到旗帜广告服务提供商所提供的服务是否可靠，是否能够经常更换网络内容，是否可以保证一天 24 小时、一年 365 天不间断地播出广告。企业应当优先考虑那些技术先进、高度可靠和高度可扩展设备的旗帜广告服务提供商。

③ 服务商的通信出口速率。通信出口速率是选择旗帜广告服务提供商的十分关键的一个因素。目前我国只有少数几个网络具备直接链接国际因特网的专线，许多旗帜广告服务提供商都是通过这些网络进入 Internet 的。因此选择旗帜广告服务提供商时首先要弄清他给出的通信出口速率的情况，是专线出口速率还是接入专线的出口速率。其次，应当了解这个旗帜广告服务提供商的出口专线是自己建设的，还是租用别人的，或是与别人共享的。这关系到旗帜广告服务提供商的出口线路及其速率的可靠性问题。与他人分享线路的旗帜广告服务提供商一般是无法保证宣称的通信出口速率的。最后还应了解用户的数量。有的 Internet 专线通信出口速率虽然很高，但是由于用户较多，用户实际的通信速度仍然不理想。

④ 服务商的组织背景。旗帜广告服务提供商的背景也很重要。这个旗帜广告服务提供商已经经营了多长时间，是否具有长期经营的能力，注册资本是否雄厚，经营状况如何等等。应当注意的是，国家对于 Internet 旗帜广告服务是有严格规定的。一个旗帜广告服务提供商必须申请到经过国务院批准的 Internet 接入代理许可证，并且持有国家邮电部门核发的放开电信经营许可证（含计算机信息服务、电子邮件服务等），才可以面向社会提供 Internet 旗帜广告服务。

⑤ 服务商的收费标准。旗帜广告的收费没有统一的标准，它是由多个因素构成的。这一点可参考上一节的内容。不同的旗帜广告服务商的知名度不同，其价格相差很大，宣传效果各有千秋，需要认真地进行比较后再做选择。投放旗帜广告的首选站点是导航台，好的导航台能够将成百上千从来没有访问过你的站点的网民吸引过来。导航台为客户提供了很多旗帜广告的展位，首页自然是最好的，但也是最贵的。在导航台中还有很多按照主题划分的类别，每次检索，数据库还会根据关键词动态地组合生成检索结果的主页，在这些不同层次的主页中都可以设置旗帜广告，这些位置并不见得就比首页差，因为与你的广告内容相近的主页的消费者才是你最想吸引的。

在导航台中投放旗帜广告，网民覆盖面广，数量大，但也应看到，其中的很多浏览者与你的旗帜广告无关，而且广告费用也较高。

其次，可以选择有明确浏览者定位的站点。这种站点的浏览者数量可能较少，覆盖面也会比较窄，只要这些浏览者是你需要的，他们就是你的有效宣传对象。从这个角度看，有明确浏览者定位的站点的有效浏览量可能并不比导航台少。选择这样的站点放置旗帜广告，如果获得很多有效点击，说明你的选择是经济有效的。

当然，为了更好地确定投放旗帜广告的站点，还可以向已经在这些站点上设置旗帜广告的单位咨询，这些单位往往能够给你一个比较客观、准确的评价。

5.3.5 运用网络发布网络广告的工作步骤

1. 选择广告内容以确定广告形式

要发布网络广告，首先要根据发布广告的内容，通过浏览器网页或者咨询，从而选择发布的网络广告形式。

2. 选择网络广告服务商

广告服务商的选择，要根据自身特点，从服务商的技术力量、服务类型、通信出口速率、价格比较、组织实力等不同的方面了解网络广告服务商，再根据自己所要达到的广告效果，选择目标广告市场。一般来说，每个网站都有一定的地域性和不同层次的顾客对象。

3. 联系广告代理商

在选择确定了网络广告服务商后，可以直接与网络广告服务商联系。许多大的网站都有自己的广告代理商，许多广告发布者一般不直接与网站联系，而直接与网站指定的广告代理商联系。

4. 广告的制作和广告的发布

广告的发布有不同的形式，每种形式可以达到不同的广告效果。当然，所要支付的广告费用是不同的，广告主可以根据自身的需要进行选择。

网站将根据广告主提供的创意和设计要求制作不同形式的广告，并根据广告主给出的价位给予不同的发布方法。

5. 广告发布监督

广告一旦发布，广告主应进行检查和随时监督，每个网络广告服务商的广告发布系统都是不同的，很多广告形式都是随机出现在网页中，因此，广告主应该在一定的时间内计算你的广告出现的次数，维护自己的权益。

5.4 网络商务信息的收集与整理

5.4.1 网络商务信息的类型

从网络商务信息本身的价格来看通常有 4 种类型的商务信息。

1. 免费商务信息

这类信息属于社会公益性信息，大约占信息库总量的 5%左右。这类信息的提供者主要从这些信息获得的社会效益得到回报，推出方便网络用户的信息，如在线免费信息、实时股市信息等。

2. 收取较低费用的信息

由于这些信息的采集、加工、整理、更新花费少，是一种大众化的信息。这类信息大约占信息库数据量的 10%～20%，如一般性文章的全文检索信息。

3. 收取标准信息费的信息

这是知识类、经济类的信息，收取成本和利润的费用。当然这类信息的实用价值较高，但同时其采集、加工、整理、更新等比较复杂，要投入一定的费用。这类信息大约占信息库的 60%左右。大部分网络商务信息属于此类。

4. 优质优价的信息

这类信息是具有极高使用价值的专用信息，信息一旦被采用，将会给企业带来较高的利润和效益。如网络上提供的市场走向分析、网络畅销商品的情况调查、新产品新技术信息、专利技术以及一些专门性的信息等。

5.4.2　网络营销对网络商务信息收集的要求

网络商务信息的收集是指在网络上对商务信息的寻找和调取工作。是一种有目的性、有针对性地从相关网络站点查找和获取信息的行为。先进的网络检索设备、科学的信息收集方法和业务精通的网络信息检索员构成了一个完整的企业网络商务信息收集系统。

信息是进行网络营销的基础。网络营销对网络商务信息收集的要求是：及时、准确、适度和经济。

1. 及时

及时就是指获得的信息能够反映销售市场发展各方面的最新动态。信息都是有时效性的，获取的时间越早，信息的价值越大。

2. 准确

在电子商务活动中，由于买卖交易双方不直接见面，能否获得准确的信息就显得尤为重要。只有获取准确的信息才可能进行正确的市场决策。信息失真，有可能会失去一次商业机会、失去一个贸易伙伴、造成经济损失、做出错误的决策。因此网络商务信息应该尽量减少失真度，能够真实地反映客观现实。信息的失真通常有 3 个方面的原因：一是信息提供得不完全、不准确；二是信息在编码、译码和传递过程中受到干扰；三是信宿（信箱）接受信息出现偏差。为减少网络商务信息的失真，必须在上述 3 个环节上提高管理水平。

3. 适度

网络商务信息收集的困难之一就是 Internet 信息资源多而分散。没有信息，企业的营销活动就会完全处于一种盲目的状态。信息过多过滥也会使得营销人员无所适从。因此，收集适度的信息对企业来讲十分重要。适度是指提供信息要有针对性和目的性，不要无的放矢。在当今的信息时代，信息量越来越大，范围越来越广，不同的管理层次又对信息提出不同的要求。在这种情况下，网络商务信息的收集必须目标明确，方法恰当，信息收集的范围和数量都要适度。

4. 经济

追求经济效益是一切经济活动的中心，也是网络商务信息收集的原则。这里的“经济”是指如何以最低的费用获得必要的信息。许多人上网后，看到网上大量的可用信息，往往想把它们全部拷贝下来，但到月底才发现上网费用十分高昂。应当明确，我们没有力量，也不可能把网上所有的信息全部收集起来，信息的及时性、准确性和适度性都要求建立在经济性的基础之上。此外，提高经济性，还要注意使所获得的信息发挥其最大的效用。

5.4.3 网络上收集信息的检索工具

目前，在网络上收集信息有很多困难，如 Internet 信息资源多而分散、网络资源缺乏有效的管理、网络信息鱼目混珠、各种检索软件检索方法不统一等。面对这些困难，计算机专家和信息管理专家不断探索和开发了一系列检索软件，并将其用于网络资源的管理和检索，取得了很大的进展。目前，全世界各个国家所开发的各类型检索软件已达几百种。按照服务提供方式的不同，检索软件也可以分为 3 大类：全文数据库检索软件、非全文数据库检索软件、主题指南类检索软件。按照信息搜集方法的不同，搜索引擎系统可以分为 3 大类：目录式搜索引擎，如 Yahoo!；机器人搜索引擎，如 AltaVista、Google；元搜索引擎，如 WebCrawler、InfoMarket。按照检索语言不同，常用的检索软件有英文、法文、德文、日文、俄文、中文等。

为了得到更准确的内容，更加充分地利用这些检索软件，还可以使用一定的技巧（如明确检索目标、合理使用各种符号、充分利用索引检索引擎等）来改善检索过程。

5.4.4 网络商务信息分类与整理

1. 信息的储存

在网络上收集到商务信息之后，首要的工作就是将信息储存，即把获得的大量信息用适当的方法保存起来，为日后的加工处理和利用做好准备。信息储存的方法主要是根据信息提取频率和数量，建立一套适合需要的信息库系统。信息库系统是由大小不等的、相互连系的信息库组成的。信息库的容量越大，信息储存越多，对决策越有帮助。但是，大容量信息库给信息的提取和整理造成麻烦，而且尽管有些信息库很大，但有些信息却从未被使用过，甚至已经无法提取，这样的信息就会成为无用信息，只是占据了信息库的空间。

2. 信息的审查

信息的审查是指推究和考察信息的真实性和可靠性。一般有两种方法，一是进行外观审查，就是通过信息的来源如信息提供者的电子邮件地址、工作单位来判断信息的真伪；二是进行内涵审查，就是通过查看信息的具体内容、采用的词汇、技巧、格式等来判断信息的真伪。

3. 信息的整理

通常信息采集者收集到的信息是片断的、零散的，不能反映系统的全貌，甚至收集到的信息里面可能存有一些过时的或无用的信息。信息的整理就是将储存的信息条理化和有序化，其目的在于提高信息的使用价值，防止信息库中的信息滞流，及时发现信息库中所储存信息的新的联系，为信息的利用做好准备。

通过对信息进行合理的分类、组合、整理就可以使片面的信息转变成为全面的有价值的信息。这项工作一般分为以下几个步骤：

① 明确信息来源。在获得信息的同时，要注明信息的来源。这对于信息获取者来说是十分重要的。明确信息来源不仅可以方便日后的信息查找，还可以作为信息的真实性的依据。

② 浏览信息，添加文件名。从 Internet 上下载文件后，信息采集者需要将文件重新浏览一遍，然后添加一个文件名，这样有利于信息使用者将其从庞大的信息库找出。

③ 分类。在信息的整理过程中，分类是一种有效的办法。可以采用专题分类，也可以建立信息使用者自己的检索系统。前一个方法比较简便。比如，一个生产企业可以将获得的信息分为原材料信息、生产信息、销售信息、客户信息、管理信息，建立 5 个文件夹，叫做一级文件夹。可以在每个一级文件夹下，建立若干个二级文件夹，如在管理信息文件夹下建立生产管理、员工管理、财务管理等。这样，在需要信息时，可以随时方便地调用。

网络商务信息的分类有两种方法，即前分类和后分类。所谓前分类是指先设计好收集信息的指标，然后按照指标搜集整理信息。后分类指先进行信息的收集整理工作，然后再进行分类。

④ 初步筛选。在浏览和分类过程中，对大量的信息进行初步筛选。对于完全没有用的信息应当及时删去，以便减少信息库的占用和方便信息的查找。但也应当注意，有些信息，单独看起来是没有用的，但积累起来就有了价值。比如市场销售趋势必定是在数据的长期积累和一定程度的整理后才能表现出来。

习题 5

1. 选择题（答案可能不只一个）

(1) 根据调查显示网民找新网站主要是通过（　　）来实现的。

A. 搜索引擎　　B. 友情链接　　C. 收电子邮件　　D. 新闻组

(2) 关于网络营销，目前比较习惯和采用的翻译方法是（　　）

A. Cyber Marketing　　B. Internet Marketing　　C. Network Marketing　　D. e－Marketing

(3) 下列判断正确的是（　　）

A. 利用搜索引擎查找资料时，由于中文的特殊性，搜索结果非常不尽人意

B. 当前的搜索引擎毫无智能可言，当输入“软件 or 硬件”时，只会死死查找这 6 个字符

C. 对于公告栏来说，任何人都可以在上面进行留言或给别人留言

D. 利用 E-mail 收集资料的优势在于费用低廉且使用方便快捷

(4) 网络营销所具有的而传统渠道和媒体不具备的是（　　）

A. 信息交流自由　　B. 信息交流费用低廉

C. 信息交流渠道多样　　D. 信息交流渠道既直接又高效

(5) 网上收集二手资料的方法有（　　）

A. 利用搜索引擎收集资料　　B. 利用公告栏收集资料

C. 利用新闻组收集资料　　D. 利用 E-mail 收集资料

(6) 下面属于主动调查法的是（　　）

A. 站点法　　B. 电子邮件法　　C. 随机 IP 法　　D. 视讯会议法

(7) 下列说法错误的是（　　）

A. 问卷调查方法比较客观、直接，还能对某些问题进行深入调查和分析原因

B. 新闻组和公告栏是从企业角度出发考虑问题的

C. 企业用的最多的是网上间接调查方法

D. 站点法是近期网上调查的主要方法

(8) 申请免费公告栏的方法是（　　）

A. 发 E-mail 向提供商直接索取　　B. 在主页中加入提供方给出的链接

C. 在提供的留言板上直接提供请求　　D. 以上都不对

(9) 对于网上市场调查，正确的是（　　）

A. 网上直接调查方法利用互连网络的媒体功能，从互连网收集二手资料

B. 网上直接调查方法利用互连网络进行问卷调查等方法获得第一手资料

C. 网上市场实质是在网上存在的无实物形态的市场

D. Internet 虚拟市场的调查也可以采取一些传统的市场调查方法来进行市场调查

(10) 对于网络广告的方法，下列叙述错误的是（　　）

A. 按钮型广告相对比较被动

B. 旗帜广告利用多种多样的艺术形式处理

C. 主页型广告就是将企业所要发布的信息内容分门别类地制作成主页

D. 以上皆错

(11) 最常见的网络广告形式是（　　）

A. 公告栏广告　　B. 旗帜广告　　C. 电子邮件广告　　D. 新闻组广告

(12) 在网络广告发布的各种途径中，成为大公司的首选应当是（　　）

A. 主页形式　　B. 黄页形式　　C. 新闻组　　D. 报纸杂志

(13) 下列说法不正确的是（　　）

A. 网络广告是当前企业促销的首选形式

B. 促销形式的站点推广相对网络广告便宜

C. 关系营销是通过互连网的交互功能吸引用户与企业保持密切联系

D. 以上说法都不正确

(14) 针对网络信息收集困难的解决办法有（　　）

A. 明确检索目标　　B. 合理使用符号改善检索过程

C. 充分利用索引检索引擎　　D. 以上皆对

(15) 对于网络营销的形式，下列全对的是（　　）

A. 网络广告、销售促进、宣传推广、人员推广

B. 广告、销售促进、站点推广、人员推广

C. 广告、销售促进、宣传推广、关系营销

D. 网络广告、销售促进、站点推广、关系营销

(16) 对网络营销的要求，下列说法错误的是（　　）

A. 要迅速灵敏地反映销售市场发展的各方面动态

B. 其信息应真实反映人们的主观意愿

C. 提供信息要有针对性和目的性

D. 要以最低的费用获得必要的信息

(17) 旗帜广告的首选站点是（　　）

A. 门户网站首页　　B. 搜索引擎　　C. 导航站　　D. 专业站点

(18) 网络广告的发布形式为（　　）

A. 建立自己的站点发布广告

B. 向广告服务商租用空间，自己进行广告运作

C. 热门站点上做旗帜广告

D. 利用代理商发布广告

(19) 选择旗帜广告服务提供商时主要应当考虑的要素为（　　）

A. 服务商提供的信息服务种类和用户服务支持

B. 服务商的设备条件和技术力量支持

C. 服务商的通信出口速率

D. 服务商的组织背景和收费标准

(20) 以下关于发布旗帜广告的技巧的说法正确的是（　　）

A. 选择的站点信息量要比较大，而站点发布信息所使用的语言并不重要

B. 站点最好能提供一系列专门的信息服务

C. 提供商所提供的服务要可靠，经常能够更换网页内容

D. 通信出口实际通信速度要比较高

(21) 一般旗帜网络宽度、高度（像素）为（　　）

A. 400～600，80～100　B. 600～800，80～100　C. 400～600，60～80　D. 600～800，60～80

(22) 按照信息搜集方法的不同，搜索引擎可以分为 3 种：目录式搜索引擎、机器人搜索引擎、元搜索引擎。其中介入了人的智能，一直难以及时更新的是（　　）

A. 目录式搜索引擎　　B. 机器人搜索引擎　　C. 元搜索引擎　　D. 以上皆错

(23) 按照服务提供方式的不同，检索软件可以分为 3 大类，下列不属于的是（　　）

A. 全文数据库检索软件　　B. 非全文数据库检索软件

C. 主题指南类搜索软件　　D. 非主题指南类搜索软件

(24) 利用电子邮件收集客户信息的注意事项有（　　）

A. 注意各种问题的比例

B. 一定要写明自己企业的所在地，通信地址和联系方式

C. 准确定位，注意受众对象，避免产生负面效果

D. 内容必须广泛

2. 简答题

(1) 简述网络营销的概念及各种不同的译法的含义。

(2) 简述网络营销的特点和主要内容。

(3) 简述网上市场调查的特点。

(4) 网上直接调查是如何分类的？

(5) 简述网上调查所采用的技术。

(6) 简述网上收集二手资料的方法。

(7) 简述网络营销促销的特点。

(8) 简述网络营销促销与传统促销的区别。

(9) 简述网络营销的促销形式和作用。

(10) 简述网站推广的原则和方法。

(11) 简述网络广告的特点和类型。
(12) 网络广告的发布大致可以分为哪几类？都有哪些发布途径？
(13) 简述利用免费的 Internet 服务发布广告的特点。
(14) 简述使用电子邮件发布商务信息时的技巧。
(15) 简述利用电子邮件收集客户对某种产品或服务的意见的工作步骤。
(16) 简述获得客户的电子邮件地址的方法。
(17) 电子邮件列表具有哪些特点？
(18) 简述运用网络发布网络广告的工作步骤。
(19) 简述网络营销对网络商务信息收集的要求。
(20) 信息失真通常有几个方面的原因？
(21) 简述 Internet 上检索信息困难的几个因素。
(22) 简述网络信息收集困难的解决办法。
(23) 常用检索工具是如何分类的？
(24) 按照信息搜集方法的不同，搜索引擎系统可以分为哪几大类？
(25) 按照服务提供方式的不同，检索软件可以分为哪几大类？
(26) 简述信息整理的步骤。
(27) 简述书签整理的步骤。

第 6 章　物流配送基础知识

6.1　物流的概念

6.1.1　什么是物流

在商品社会中，只要有商品和服务的交易，就会有物流存在。

通俗地说，所谓物流，就是指为了满足客户的需要，以最低的成本，通过运输、保管、配送等方式，实现原材料、半成品、成品及相关信息由商品的产地到商品的消费地所进行的计划、实施和管理的全过程。

事实上，今天还没有一个较为全面，具有权威性，能够为大多数人接受的物流的定义。各种组织、政府、学术团体都是依据自己的理解和需要为物流下定义的。其中有一些较为系统和全面的，我们整理出来供大家参考。

· 物流是一个控制原材料、制成品、产成品和信息的系统。

· 从供应开始经各种中间环节的转让及拥有而到达最终消费者手中的实物运动，以此实现组织的明确目标。

· 物质资料从供给者到需求者的物理运动，是创造时间价值、场所价值和一定的加工价值的活动。

· 物流是指物质实体从供应者向需求者的物理移动，它由一系列创造时间价值和空间价值的经济活动组成，包括运输、保管、配送、包装、装卸、流通加工及物流信息处理等多项基本活动的统称。

· 物流是研究对系统（企业、地区、国家、国际）的物料流及有关的信息流进行规划与管理的科学理论。

· 物流是包含物质资料的废弃与还原，联接供给主体与需要主体，克服空间与时间距离，并且创造一部分形质效果的物理性经济活动，具体包括运输、包装、装卸搬运、流通加工等活动以及有关的信息活动。

综上所述，物流主要有以下特点：

① 物流一般是由对商品的运输、仓储、包装、搬运装卸、流通加工以及相关的物流信息等环节构成，并对各个环节进行综合和复合化后所形成的最优系统。

② 物流的研究对象是贯穿流通领域和生产领域的一切物料流以及有关的信息流，研究目的是对其进行科学规划、管理与控制。

③ 物流管理就是如何按时、按质、按量，并且以系统最低的成本费用把物资由供给主体向需求主体转移，以满足人们对货物在空间和时间上的需求。

④ 物流通过运输解决对货物空间位置上的变化要求，通过存储调节解决对货物的需求和供给之间的时间差。

物流主要由运输、仓储、包装、搬运装卸、流通加工以及相关的物流信息构成。

① 运输。运输是将物资进行较长时间的空间转移，是物流最重要的一个内容。通过运输可以创造商品的空间效益，实现其实用价值，满足社会需要。

② 仓储。仓储在物流系统中起着缓冲、调节和平衡的作用，它的内容包括存储、管理、保养、维护等活动。

③ 包装。包装的作用是保护物品，使物品的形状、性能、品质在物流过程中不受损坏。包装可以使物品形成一定的单位，作业时便于处置，并且还能达到使物品美观、醒目，促进销售的目的。

④ 搬运装卸。搬运装卸是指在统一的范围内进行的、以改变物品的存放状态和空间位置为主要内容和目的的活动。它包括装上、卸下、移送、拣选、分类、堆垛、入库、出库等活动。

⑤ 流通加工。流通加工是在流通中辅助性的加工活动。流通和加工是两个不同的概念，流通是指改变物质的时间和空间状态，加工是指改变物质的形状和性质、形成一定产品的活动。流通加工是生产加工在流通领域中的延伸。

⑥ 物流信息。物流信息是在物流活动中用到的必要的信息，如资料、信息、情报、图像、数据、文件、语言、声音等。只有及时收集和传输有关信息，才能使物流通畅化、定量化。

6.1.2 物流产生的原因

物流活动有悠久的历史，从人类社会有产品的交换行为时就存在物流活动。

在20世纪初，西方一些国家正处于经济危机，存在较严重的生产过剩和需求不足的问题，企业界为了扩大销售，提出了销售和物流的问题，着重研究在销售过程中的物流。

后来在第二次世界大战中，美国军队为了改善战争中的物资供应状况，研究和建立了“后勤（logistics）”理论，并在战争活动中加以实践和应用。“logistics”的核心是将战时物资的生产、采购、运输、配给等活动作为一个整体来进行统一布置，以求对战略物资进行补给的费用更低、速度更快、服务更好。实践证明，这一理论的应用取得了很好的效果。战后，“logistics”的理论被应用到企业界，其内涵得到了进一步的推广，涵盖了整个生产过程和流通过程，包括生产领域的原材料采购、生产过程中的物料搬运与厂内物流到商品流通过程中的物流。因此，在欧美国家中一般所指的“logistics”的内涵比“physical distribution”的外延更为广泛，“physical distribution”一般仅是指销售物流。

6.1.3 物流的分类

现在，物流的理论在各个不同的社会经济领域中被应用，虽然不同领域中的物流存在着相同的基本要素，但是由于在不同领域中物流的对象、目的、范围和范畴的差异，就形成了不同的物流类型。但目前还没有统一的对物流进行分类的方法和标准。

物流的理论研究者又将物流分为宏观物流和微观物流、社会物流和企业物流、国际物流和区域物流等。归纳起来，比较规范和便于研究的分类方法是按照物流系统的作用、属性及作用的空间范围等不同角度对物流进行分类。

1. 按照作用分类

按照物流所起的作用可以将物流分为供应物流、销售物流、生产物流、回收物流、废弃物流等不同的种类。

① 供应物流。生产企业、流通企业或消费者购入原材料、零部件或商品的物流过程称为供应物流，也就是物资生产者、持有者至使用者之间的物流。

- 工厂的供应物流是指生产活动所需要的原材料、备品备件等物资的采购、供应活动所产生的物流。
- 流通领域的供应物流是指交易活动中从买方角度出发在交易中所发生的物流。

对于一个企业而言，企业的流动资金十分重要，但大部分是被购入的物资和原材料及半成品等所占用的，因此供应物流的合理化管理对于企业的成本有重要影响。

② 销售物流。生产企业或流通企业售出产品或商品的物流过程称为销售物流，也是指物资的生产者或持有者与用户或消费者之间的物流。

- 工厂的销售物流是指售出产品。
- 流通领域的销售物流是指在交易活动中从卖方角度出发的交易行为中的物流。

企业通过销售物流，可以进行资金的回收并组织再生产的活动。销售物流的效果关系到企业的存在价值是否被社会承认。销售物流的成本在产品及商品的最终价格中占有一定的比例。因此，销售物流的合理化在市场经济中可以起到较大地增强企业竞争力的作用。

③ 生产物流。生产物流包括从工厂的原材料购进入库起，直到工厂成品库的成品发送出去为止的物流活动的全过程。生产物流和工厂企业的生产流程同步，企业在生产过程中，原材料、半成品等按照工艺流程在各个加工点之间不停顿的移动、流转形成了生产物流。如果生产物流中断，生产过程也将随之停顿。

生产物流的重要性体现在如果生产物流均衡稳定，可以保证在制品的顺畅流转，缩短生产周期；如果生产物流的管理和控制合理，也可以使在制品的库存得到压缩，使设备负荷均衡化。因此，生产物流的合理化对工厂的生产秩序和生产成本有很大影响。

④ 回收物流。商品在生产及流通活动中有许多要回收并加以利用的物资，例如：作为包装容器的纸箱和塑料筐等；建筑行业的脚手架；对旧报纸和书籍进行回收、分类再制成生产的原材料纸浆；利用金属废弃物的再生性，在回收后重新熔炼成有用的原材料等等。

上述对物资的回收和再加工过程形成了回收物流，但回收物资品种繁多，变化较大，且流通的渠道也不规则，因此，对回收物流的管理和控制的难度较大。

⑤ 废弃物流。商品的生产和流通系统中所产生的无用的废弃物，如开采矿山时产生的土石、炼钢生产中的钢渣、工业废水以及其他各种无机垃圾等。这些废弃物已没有再利用的价值，但如果不妥善加以处理，就地堆放会妨碍生产甚至造成环境污染。对这类废弃物的处理过程产生了废弃物流。

为了更好地保障生产和生活的正常秩序，对废弃物流的研究也显得十分重要。虽然废弃物流没有经济效益，但是具有不可忽视的社会效益。

2. 按照物流活动的空间范围分类

按照物流活动涉及的空间范围不同，可以将物流分为地区物流、国内物流和国际物流。

① 地区物流。研究地区物流对于提高所在地区的企业物流活动的效率，以及保障当地居民的生活福利环境，具有不可或缺的作用。对地区物流的研究应根据所在地区的特点，从本地区的利益出发组织好相应的物流活动，并充分考虑到利弊两方面的问题，要与地区和城市的建设规划相统一和妥善安排。例如，某地区计划建设一个大型物流中心，这将提高当地的物流效率、降低物流成本，但也应考虑到会引起供应点集中所带来的一系列交通问题。

研究地区物流时对地区的划分，可以按不同的目的进行。比如按涉及行政区域划分，按一定的经济圈划分等。

② 国内物流。为国家的整体利益服务，在国家的范围内开展的物流活动称为国内物流，国内物流作为国民经济的一个重要方面，应该纳入国家总体规划的内容。我国的物流事业是国家现代化建设的重要组成部分，因此国内物流的建设投资和发展必须从全局着眼，清除部门和地区分割所造成的物流障碍，尽早建成一些大型物流项目为国民经济服务。国内物流作为国家的整体物流系统，它的规划和发展应该充分发挥政府的行政作用，具体包括如下内容。

· 物流基础设施如公路、港口、机场、铁路的建设以及大型物流基地的配置等。

· 各种交通政策法规的制定，包括铁路、公路、海运、空运的价格规定以及税收标准制定等。

· 为提高国内物流系统运行效率，进行与物流活动有关的各种设施、装置、机械的标准化。

· 对各种物流新技术的开发和引进以及进行对物流技术专门人才的培养。

③ 国际物流。对国家之间和世界各大洲之间进行的原材料与产品的流通称为国际物流。当今世界已成为地球村，国家与国家之间的经济交流越来越频繁，各国的经济发展都融入到了全球的经济潮流之中；另外，企业的发展也走向社会化和国际化，出现了许多跨国公司，使一个企业的经济活动范畴可以遍布世界各大洲。因此，国际物流已成为物流研究的一个重要分支并显得越来越重要。

3. 按照物流系统性质分类

如果按照物流系统的性质对物流进行分类，我们又可以将物流分为社会物流、行业物流和企业物流 3 大类。

① 社会物流。社会物流是物流的主要研究对象，是指以全社会为范畴、面向广大用户的、超越一家一户的物流。社会物流涉及到商品的流通领域所发生的所有物流活动，因此社会物流带有宏观性和广泛性，所以也称之为大物流或宏观物流。伴随商业活动的发生，物流过程通过商品的转移，实现商品的所有权转移，这是社会物流的标志。

社会物流研究的内容包括：

· 对再生产过程中随之发生的物流活动的研究。

· 对国民经济中的物流活动的研究。

· 对如何形成服务于社会，面向社会又在社会环境中运行的物流的研究。

· 对社会物流体系结构和运行的研究。

对上述研究内容进行具体分析，是因为社会的物资流通网络是国民经济的命脉，因此，流通网络分布是否合理、流通的渠道是否畅通、如何进行科学管理和有效控制、如何采用先进的技术来保证物流的高效率低成本运行等，都是社会物流研究的重点。

加强对社会物流的研究可以为国家带来巨大的经济效益和社会效益，由于社会物流所涉及的是社会大领域，对社会物流的研究已经受到国家和社会的高度重视。

② 行业物流。在一个行业内部发生的物流活动被称为是行业物流。在一般情况下，同一个行业的各个企业往往在经营上是竞争对手，但为了共同的利益，在物流领域中却又常常互相协作，共同促进行业物流系统的合理化。

在国内外有许多行业均有自己的行业协会或学会，并对本行业的行业物流进行研究。在行业的物流活动中，有共同的运输系统和零部件仓库以实行统一的集配送；有共同的新旧设备及零部件的流通中心；有共同的技术服务中心进行对本行业操作和维修人员的培训；有统一的设备机械规格，采用统一的商品规格、统一的法规政策和统一报表等。行业物流系统化的结果使行业内的各个企业都得到相应的利益。

③ 企业物流。在企业经营范围内由生产或服务活动形成的物流系统称为企业物流。企业作为一个经济实体，是为社会提供产品或某些服务的。一个生产企业的产品生产过程，从采购原材料开始，按照工艺流程经过若干工序的加工变成产品，然后再销售出去，有一个较为复杂的物流过程；一个商业企业，其物流的运作过程包括商品的进、销、调、存、退等各个环节；一个运输企业，其物流活动包括从按照客户的要求提货、将货物运送到客户指定的地点并完成交付。

6.1.4　物流的发展

物流的发展已经有了几十年的历史，人们对物流的研究和应用已经从早期以商品销售为主的“传统物流”阶段，进入了将原材料的采购、商品的生产、传统物流和商品销售的全过程进行综合考虑的“综合物流”阶段。随着生产和社会的发展以及科学技术的进步，新的管理思想、技术和工具在物流的各个环节中得到应用，因此，“现代物流”的阶段正在到来。

(1) 传统物流阶段

传统物流是以商品的销售为主要对象，具体内容包括将生产的商品送交消费者的过程中发生的各种活动，或者是说把所需的商品在指定场所、指定时间、以指定的价格送交顾客。这中间包括在物流过程中对商品的运输、保管、搬运、流通加工、信息情报等功能。因此，物流不仅仅是商品简单的“物”的流动，而是指商品流通这一经济活动的全过程。

(2) 综合物流阶段

综合物流大大拓宽了传统物流的领域和功能，将原材料的采购、商品的生产、传统物流和商品的销售等予以综合考虑。也就是对从采购原材料开始到最后将产品送交顾客这一物流的全过程进行综合一体化管理。

综合物流的作用领域包括企业运营中的原材料采购、商品生产、商品销售、以及传统物流和多余材料的回收及生产废弃物的处理等各个过程。

综合物流的功能是在搞好企业内部的物流整体最佳状态的同时，搞好企业外部从供应商到最终顾客各个渠道的整个“物的流动”，追求包括采购、生产、销售以及传统物流在内的物流的整体最佳状态，达到商品的需求和供给互相契合的供需综合平衡。

综合物流的目的则是满足顾客的期望，不仅要统一管理公司内部的“物”的流动，而且要和公司外部的供应商、批发商和零售商相互协调，追求“物”的流动的综合效果和一体化，达到提高效益，增加销售和赢利的企业最终目标。

（3）现代物流阶段

社会生产和科学技术的发展使物流进入了现代物流的发展阶段，其标志是物流活动领域中各环节的技术水平得到不断的提高。

现代物流的高技术表现为将各个环节的物流技术进行综合、复合化而形成的最优系统技术；以运输设备高速化、大型化、专用化为中心的集装箱系统的开发；保管和装卸结合为一体的高层自动货架系统的开发；以计算机和通信网络为中心的情报处理和物流信息技术；与运输、保管、配送中心的物流技术在软技术方面的结合；运输与保管技术相结合的生鲜食品保鲜输送技术；以及商品条形码、电子数据交换 EDI、射频技术、全球卫星定位系统 GPS 等。这些高新技术在物流中的发展和应用，使得物流的作用领域更广泛，功能和作用更强。由此可见，发展物流业和加强企业的物流管理，必然会给社会和企业带来更大的社会效益和经济利益，因此，物流的重要性也就不言而喻了。

6.1.5 商品流通的内容

商品流通过程主要解决两个问题：一是产成品的所有权从生产者手中转向用户手中，即商流；二是解决将对象物从生产地转移到使用地，即物流。流通由商流和物流两个基本要素组成。

商品的生产和流通是经济活动的主要构成。在商品的生产和消费之间存在各种间隔，如由于生产者和消费者的不同造成的社会间隔；由于生产场地和消费场地的不同造成的场所间隔；由于生产时间和使用时间的不同造成的时间间隔。

社会间隔可以通过商品的交易完成沟通，即商流。场所间隔和时间间隔分别可以通过商品的运输和保管进行衔接，即物流。

物流是产生商流的物质基础，商流是物流的先导，二者相辅相成，密切结合。只有两者相互结合才能有效实现商品由供应方向需求方的转移过程。

6.2 企业中的物流

6.2.1 生产企业的物流

生产企业物流从生产经营管理的角度出发研究与之有关的物流活动。生产企业物流是围绕着企业组织商品生产的活动，它主要包括从原材料和零部件的采购、进行生产加工到将所生产的商品销售出去及售后服务的一切活动。

一个生产企业的物流主要包括采购物流、厂内物流、销售物流、退货物流和废弃物流。

1. 采购物流

采购物流是指将采购的生产所需的原材料、零部件从供应商处运回厂内，还包括从销售点回收或采购产品包装用的容器，以及对可以重复使用的材料进行的回收。

采购物流是生产企业一切生产活动的开始，其作用的好坏将直接影响到整个生产活动的结果。采购物流要保证本企业生产的连续性，对生产所需要的原材料、燃料、零部件、辅助材料等进行组织和供应。企业采购物流所研究的主要问题包括企业生产的供应网络、零库存（Just in time）和供应方式等问题。

采购物流对企业的正常生产、高效运行起着重要作用，其目标不仅仅是保证企业生产的原材料供应，而且还必须考虑以最低的成本和最少的消耗，以及最大的供应保证性来组织企业的供应物流活动。

如何最大限度地降低企业采购物流过程的成本，是企业物流的最大难点，也是企业间竞争的重要因素，因此，企业采购物流十分重要。

2. 厂内物流

厂内物流包括将所采购的原材料和零部件等放入仓库并加以妥善保管，在生产需要时及时送到生产现场；将工厂生产的商品运到物流中心、厂内或其他工厂的仓库入库；物流中心和工厂的仓库对商品进行必要的运输包装和流通加工等。

厂内物流或者称为企业生产物流，是企业生产活动的中心环节，是贯穿在整个企业的生产过程中的物流活动，是生产过程的一部分。企业生产物流的过程是原料、零部件、燃料及其他辅助材料从企业的仓库或企业的“门口”开始，被认为是进入到生产线的开始端，然后经过一个个的生产加工环节，并且本身被加工，同时产生一些废料、余料，直到生产加工的终结，到达产成品仓库，才算完成了企业生产物流的全过程。企业生产物流将企业生产的全过程作为一个整体加以研究，在很大程度上降低了生产过程中物流活动与实际加工所占用的时间比，从而可以大大缩短企业产品的生产周期，提高生产效率。

3. 销售物流

销售物流是指生产的商品从工厂、物流中心或外单位的仓库送到批发商、零售商或消费者手中的运输或配送，包括将生产的商品送到外单位仓库的运输和配送。

销售物流是企业为了保证本企业的经营效益所进行的销售活动，即把企业所生产的产品所有权转给用户的物流活动。在市场经济中，市场已经是一个完全的买方市场，因此，企业销售物流活动十分强调以完善的服务来千方百计地满足买方的需求，以最终实现销售成功。在这种情况下，销售活动往往是以将产品送达用户并经过售后服务才算终止。因此，企业销售物流的活动所涉及的空间范围很大，这也是销售物流的难度所在。企业销售物流的特点是通过产品的包装、送货、配送等一系列物流活动来实现销售，因此，企业销售物流研究的问题包括产品的送货方式、包装形式、运输的最佳路线等问题，同时还要注意并采取少批量、多批次、定时、定量进行配送等特殊的物流方式达到目的。由此可见，企业销售物流的研究领域是很宽的。

4. 退货物流

退货物流是指对已采购但验收不合格的原材料和零部件的退货，以及已售出的商品的退货有关的运输、验收和保管的物流活动。

企业在采购以后入库验货不合格，向供应商退货，或者企业生产的商品在销售后因为各种原因而被退货是不可避免的。企业的退货物流一方面直接影响企业的经济利益，另一方面，将影响企业在自己客户群中的信任度。

5. 废弃物流

废弃物流是指工厂在生产过程中有关的废弃包装容器和材料，生产过程中产生的其他废弃物的运输、验收、保管和出库，以及企业对在生产过程中排放的无用物甚至有害物质进行运输、装卸、处理等物流活动。

在一个企业中，产品的生产加工过程所产生的余料和废料是不可避免的，如果对上述回收物品处理不当，往往会影响企业的整个生产环境，例如要占用企业很大的场地和空间，造成浪费和不便；更严重的甚至会造成企业产品的质量问题，影响产品的销售。另外，许多生产企业在进行商品生产的过程中会产生各种无用甚至有害的物质，对这些物质处置的妥当与否将直接影响企业的正常生产，甚至会影响企业的生存和社会环境。因此，妥当处置企业废弃物流对企业来讲也是至关重要的。

6.2.2 商业企业的物流

社会商品的流通除了通过生产企业对本企业生产的商品进行销售外，主要还是通过商业企业来完成。商业企业的物流是围绕着企业所经营的商品而展开的进、销、调、存、退等环节，包括采购、销售、售后服务等一系列的活动。

商业企业的物流活动具体包括商品采购物流、企业内部物流、销售物流和商品退货物流。

1. 采购物流

商业企业主要完成的是将商品从生产者到消费者之间的流通，在此过程中获取利润。

对于商业企业来讲，所销售商品的进货与销售之间的差价形成了企业经营的基本利润，因此，尽可能降低商品采购的成本及相关费用就会给企业带来更高的利润。此外，做好商品的采购物流，不仅可以保证商店正常销售的商品供应不至脱销，又能够保证企业的商品库存有一个尽可能低的安全库存量，从而减少企业的库存资金，增加流动资金，给企业带来更大的经济效益。

2. 企业内部物流

商业企业内部物流的主要作用是保证商品的正常销售。主要包括将商品从仓库运输到本店的销售现场上柜或各分店及连锁店进行销售；从本店向其他商业企业的调拨运输；企业对库存的商品进行合理的保管，以降低或避免因管理不善而造成商品的损坏、变质；对采购来的商品进行必要的拆包、分档和再包装等加工。

因此，做好企业内部物流可以大大降低企业经营的费用，对企业是十分重要的。

3. 销售物流

商业企业的重点是进行商品的销售，即企业通过零售、批发等销售方式完成商品的出售，将客户购买的商品送到客户的手中。销售物流使商品的交易活动得以实现，并通过良好的销售活动维系企业与客户的关系，做好售后服务工作。

4. 退货物流

商业企业的退货物流包括两方面内容，一是在采购的商品进货验收时发现商品不合格而进行的退货；二是在商品销售后客户发现所购商品有质量问题而进行的退货，退货的商品由商业企业暂存并运到生产厂家或其他的进货点。

做好企业的退货物流，不仅可以减少企业的采购成本，而且还可以提高企业的服务信誉，维系客户忠诚度，这对企业也是至关重要的。

6.2.3　配送中心的物流

配送就是将货物从物流节点送交收货人，配送具有以下特点：

- 配送是从物流据点到用户的一种特殊的送货形式。其特殊性表现在，从事送货的是专职的流通企业，而不是生产企业；配送是中转型而不是工厂直达型的送货方式；配送不是生产什么送什么，而是用户需要什么送什么。
- 配送不是单纯的运输或输送，而是运输与其他活动的组合体。
- 配送是以供应者送货到户式的服务性供应。
- 配送是在全面配货基础上，完全按照用户的要求，包括产品种类、数量、时间等进行运送，是配和送的有机结合。

配送中心是物流中心的一种，专门从事配送工作。配送中心按其功能不同可以分为两大类，一类是具有存储功能的配送中心，一类是仅有配送功能而无存储功能的配送中心。

配送中心的物流活动主要包括集货、存储、分货和配货。

1. 集货

通过物流运输系统从生产厂家或仓库向配送中心等地调运大量的货物，以满足配送货物数量及品种的需要。

2. 存储

配送中心要有一定水平的货物存储，以保证能按照用户的要求，及时准确地配送货物。

3. 分货和配货

分货和配货是按照用户对货物数量和品种的需要，利用分拣运输设备，从配送中心的货物存储区将货物分拣并运到货物分放地。

6.3　物流系统化

6.3.1　系统和物流系统的概念

所谓系统是由相互作用或相互连系的若干组成部分结合而成的具有特定功能的有机整

体。在系统的概念中有“目标、部件和联接”3个要素，这也是系统的3个特点。

- 目标：每个系统都有其特定的系统目标。
- 部件：每个系统都是由多个部件组成。
- 联接：在系统中的各部件相互之间存在联系。

可以认为“系统是为了有效地达到某种目的一种机制”，从这个意义上说，物流系统就是“为了有效达到物流目的的一种机制”，而物流的目的如前所述是“追求以最低的物流成本向客户提供优质的物流服务”。

6.3.2 物流系统的组成

物流系统的物理组成如图6.1所示。其中，物流信息贯穿于物流运作的全过程。因此，物流系统由“物流作业系统”和支持物流系统的信息流动系统，即“物流信息系统”两个子系统组成。

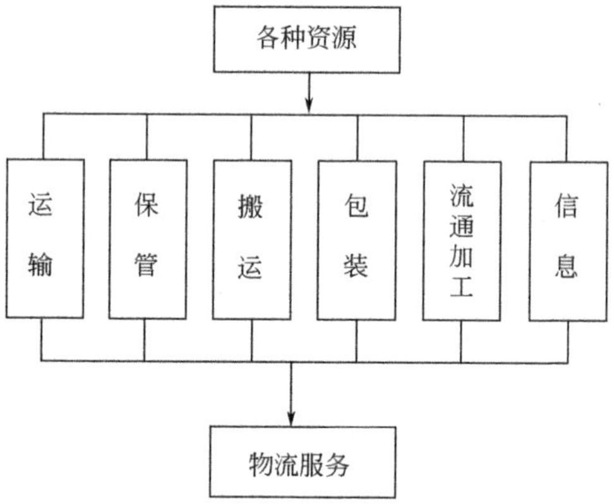

图6.1 物流系统的组成

① 物流作业系统。物流作业系统是指在商品的运输、保管、搬运、包装、流通加工等作业中使用各种先进的手段和技术，将商品的生产点、存放点、运输配送路线和运输手段组成一个合理有效的网络系统，并以此来提高物流活动的效率。

② 物流信息系统。物流信息系统是指在保证商品的采购订货、进货、库存保管、出货和商品配送过程的信息通畅的基础上，使通信据点、通信线路、通信手段网络化，从而提高物流作业系统的效率。

6.3.3 物流系统化的目的

物流系统化的目的可以归纳为以最快的速度、最低的费用，安全、可靠地为客户提供物流服务，具体有以下6个方面。

- 按预定的交货期将客户所订货物及时准确地送交客户。
- 尽可能减少客户所需的订货断档。
- 适当配置物流据点，提高配送效率，维持适当的库存。
- 提高运输、保管、搬运、包装、流通加工等作业效率，实现高效、合理化。
- 保证订货、出货和配送的信息畅通无阻。

· 尽可能使物流的成本降到最低。

6.4　电子商务中的物流

6.4.1　物流在电子商务中的作用

1. 物流的基础性作用

电子商务中包含着信息流、资金流、物流和商流。信息流主要通过电信部门实现，资金流主要通过金融部门实现，而物流应该由交通运输部门来实现。

电子商务的交易过程之所以有大量的中介参与，主要目的就是通过分工实现整个交易过程的低成本。在整个交易成本的构成中，商品的运输费用占据了很大一部分，因此，交易主体通过各种方法努力降低自己的物流费用。通过信息的及时传递和正确规划，可以尽量减少不必要的商品转移，但是交易主体之间的商品必须从一方转移到另一方，对于一般的交易主体来说，这个商品转移只能通过运输中介，而这类运输成本的降低只能借助于交通运输企业降低运输费用。

过去，人们对电子商务过程的认识往往只局限于信息流、资金流的电子化、网络化，而忽视了物流电子化过程，认为对于大多数商品和服务来说，物流仍然可以由传统的经销渠道进行。但随着电子商务的进一步推广与应用，物流对电子商务活动的影响日益明显。在某种程度上，它可能会使消费者放弃电子商务，而选择更为安全可靠的传统购物方式。

物流作为电子商务过程中的基本要素，作为实施电子商务的基础，需要网络和物理方式的联合操作，现代化技术和信息可对物流进行控制和完善。

信息流、资金流的处理都可以通过计算机和网络通信设备实现。物流，是指物质实体（商品或服务）的流动过程，具体指运输、存储、配送、装卸、保管、物流信息管理等各种活动。对于少数商品和服务来说，可以直接通过网络传输的方式进行配送；而对于多数商品和服务来说，物流仍要经由物理方式传输，但一系列机械化、自动化工具的应用，准确、及时的物流信息，将使物流的速度加快、准确率提高，能有效地减少库存，缩短生产周期。

生产的顺利进行、商业活动的成功都需要各类物流活动的支持；而物流活动更是实现“以顾客为中心”理念的根本保证。

总之，物流电子化是电子商务概念重要的组成部分，是实施电子商务的基础，在推广电子商务过程中，必须重视现代化物流模式的建设和应用，否则电子商务活动难以推广。

2. 物流保障生产

无论在传统的贸易方式下，还是在电子商务下，生产都是商品流通之本，而生产的顺利进行需要各类物流活动的支持。原材料的采购、各工艺流程的进行、物资的回收、废弃物的管理等整个生产过程实际上就是系列化的物流活动。合理化、现代化的物流通过降低费用从而降低成本、优化库存结构、减少资金占用、缩短生产周期，可以保障现代化生产的高效进行；相反，生产将难以顺利进行，无论多么便捷的电子商务，仍将是无米之炊。

在传统的交易过程中，一般的商品交易都必须伴随相应的物流活动，即按需方需求将商品实体以适当的方式、途径由供方向需方转移。而在电子商务下，消费者上网完成了商品所有权的交割过程，但电子商务的活动并未结束，只有商品和服务真正转移到消费者手中，商务活动才告终结。在整个电子商务的交易过程中，物流实际上是以商品交易的后续者和服务者的姿态出现的。

3. 物流是实现“以顾客为中心”理念的根本保证

电子商务的出现，在最大程度上方便了最终消费者，可以轻松、方便地完成购物过程。但试想，他们所购的商品迟迟不能送到，或者商家所送并非自己所购，那消费者还会选择网上购物吗？缺少了现代化物流技术，电子商务给消费者带来的购物便捷等于零，那网上购物还有什么存在的必要？

4. 商流的结果由物流完成

商流活动的最终结果是将商品所有权由供方转移到需方，但是实际上在交易合同签定后，商品实体并没有立即移动。在传统交易环境下，商流的结果必须由相应的物流活动来执行完成，也就是卖方按买方的需求将商品实体以适当的方式和途径转移。

综上所述，电子商务作为网络时代的一种全新的交易模式，相对于传统交易方式是一场革命。但是，电子商务必须有现代化的物流技术支持，才能体现出其所具有的无可比拟的先进性和优越性，在最大程度上使交易双方得到便利，获得效益。因此，只有大力发展作为电子商务重要组成部分的现代化物流，电子商务才能得到更好的发展。

6.4.2 物流在电子商务中的地位

我们可以将实际运作中的电子商务活动过程抽象描述成电子商务的概念模型，如图 6.2 所示。电子商务的概念模型由电子商务实体、电子市场、交易事务和信息流、商流、资金流和物流等基本要素构成。

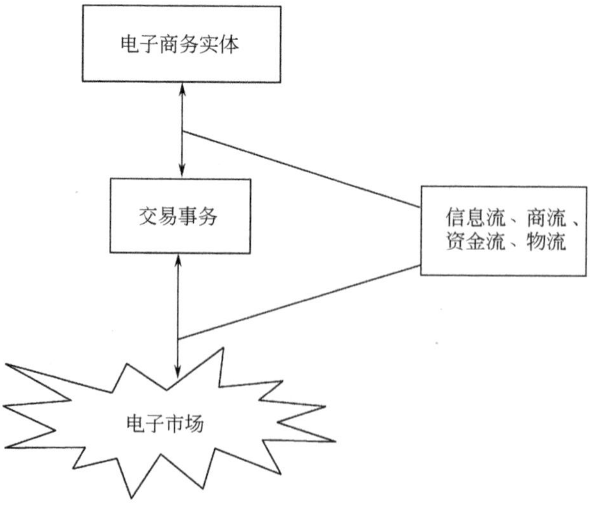

图 6.2 电子商务的概念模型

在电子商务的概念模型中，企业、银行、商店、政府机构和个人等能够从事电子商务的客观对象被称为是电子商务实体。电子市场是电子商务实体在网上从事商品和服务交换的场所。在电子市场中，各种商务活动的参与者利用各种通信装置，通过网络联接成一个统一的整体。交易事务是指电子商务实体之间所从事的例如询价、报价、转账支付、广告宣传、商品运输等具体的商务活动内容。电子商务的任何一笔交易都由信息流、商流、资金流、物流等 4 个基本部分组成。

· 信息流：指商品信息的提供、促销行销、技术支持、售后服务等内容，也包括诸如询价单、报价单、付款通知单、转账通知单等商业贸易单证以及交易方的支付能力和支付信誉。

· 商流：指商品在购、销之间进行的交易和商品所有权转移的运动过程，具体是指商品交易的一系列活动。

· 资金流：主要是指交易的资金转移过程，包括付款、转账等。

· 物流：是指交易的商品或服务等物质实体的流动过程，具体包括商品的运输、储存、配送、装卸、保管、物流信息管理等各种活动。在电子商务中，交易的无形商品如各种电子出版物、信息咨询服务以及有价信息软件等可以直接通过网络传输的方式进行配送；而对于大多数有形的商品和服务来说，物流仍然要由物理的方式进行传输。电子商务环境下的物流，通过机械化和自动化工具的应用和准确、及时的物流信息对物流过程的监控，将使物流的速度加快、准确率提高，能有效地减少库存，缩短生产周期。

在电子商务的概念模型中，强调信息流、商流、资金流和物流的整合，而信息流作为连接的纽带贯穿于电子商务交易的整个过程中，在起着串联和监控的作用。

6.4.3　电子商务对传统物流配送的冲击和影响

1. 与传统的物流配送的区别

传统的物流配送企业需要置备大面积的仓库，而电子商务系统网络化的虚拟企业将散置在各地的分属不同所有者的仓库通过网络系统连接起来，使之成为“虚拟仓库”，进行统一管理和调配使用，服务半径和货物集散空间都放大了。这样的企业在组织资源的速度、规模、效率和资源的合理配置方面都是传统的物流配送所不可比拟的，相应的物流观念也必须是全新的。

2. 加强了对物流配送的实时控制

传统的物流配送过程是由多个业务流程组成的，受人为因素和时间因素影响很大。网络的应用可以实现整个过程的实时监控和实时决策。新型的物流配送的业务流程都由网络系统连接，当系统的任何一个神经末端收到一个需求信息的时候，该系统都可以在极短的时间内做出反应，并可以拟定详细的配送计划，通知各环节开始工作。

在传统的物流配送管理中，由于信息交流的限制，完成一个配送过程的时间比较长，但这个时间随着网络系统的介入会变得越来越短，任何一个有关配送的信息和资源都会通过网络管理在几秒钟内传到有关环节。由于信息流的快速、准确传递，物流和配送的持续时间在网络环境下会大大缩短；物流和配送过程相应得到简化。

3. 简化了物流配送过程

传统物流配送的整个环节极为烦琐，在网络化的新型物流配送中心里物流配送周期会缩短，计算机系统管理使整个物流配送管理过程变得简单和容易；网络上的营业推广可以使用户购物和交易过程变得更有效率、费用更低；可以提高物流配送企业的竞争力；随着物流配送业的普及和发展，行业竞争的范围和残酷性大大增加，信息的掌握、信息的有效传播和其易得性，使得用传统的方法获得超额利润的机会和数量会越来越少。

综上所述，推行信息化配送制，发展信息化、自动化、现代化的新型物流配送业是发展和完善电子商务服务的一项重要内容，势在必行。

6.4.4 电子商务的物流配送

电子商务物流配送，就是信息化、现代化、社会化的物流配送。它是指物流配送企业采用网络化的计算机技术和现代化的硬件设备、软件系统及先进的管理手段，针对社会需求，严格地按用户的订货要求，进行一系列分类、编配、整理、分工、配货等理货工作，定时、定点、定量地交给各类用户，满足其对商品的需求。

新型物流配送除具备传统物流配送的特征外，还应具备以下基本特征。

1. 信息化

在电子商务时代，要提供最佳的物流服务，物流系统必须要有良好的信息处理和信息传输系统。计算机的普遍应用提供了更多的需求和库存信息，提高了信息管理的水平。电子数据交换技术与国际互连网的应用，使物流效率的提高更多地依赖于信息化管理技术，物流的信息化使对商品流动的管理更加方便、准确和迅速，从而保证了商品与生产要素在全球范围内以空前的速度流动。物流的信息化包括商品代码和数据库的建立、运输网络合理化、销售网络系统化和物流中心管理电子化等。

在物流信息化比较先进的美国，商品进出口的报关公司与码头、机场、海关信息联网，当货从世界某地起运，客户便可以从该公司获得到达口岸的准确位置和时间，使收货人与各仓储、运输公司等做好准备，可以使商品在几乎不停留的情况下，快速流动直达目的地。

可以说，现代化的信息管理是电子商务物流的基础和保证。

2. 现代化

传统的物流配送虽然也具备相当的现代化程度，但要求并不是十分严格，与电子商务下的新型物流配送相比，无论在水平、范围、层次等各个环节上都有很大的不足，现代化程度的高低是区别新型物流配送和传统物流配送的一个重要特征。

3. 社会化

社会化程度的高低也是区别新型物流配送和传统物流配送的一个重要特征，很多传统的物流配送中心往往是某一企业为给本企业或本系统提供物流配送服务而建立起来的，有些配送中心虽然也有为社会服务的，但同电子商务下的新型物流配送所具备的真正社会性相比，具有很大的局限性。

在电子商务环境下，物流企业是介于买卖双方之间的第三方，以服务作为第一宗旨。客户对于物流企业所提供的服务要求是多方面的，因此，如何更好地满足客户不断提出的服务需求并服务好，始终是物流企业管理的中心课题。例如物流配送中心开始时可能提供的只是区域性的物流服务，以后应客户的要求发展到提供长距离服务，再后来可提供越来越多的服务项目，包括到客户企业“驻点”，直接为客户发货；有些生产企业把所有物流工作全部委托给配送中心，使配送中心的工作已延伸到生产企业的内部。最终，物流企业所提供的优质和系统的服务使之与客户企业结成了双赢的战略伙伴关系：一方面，由于物流企业的服务使客户企业的产品迅速进入市场，提高了竞争力；另一方面，物流企业本身也有了稳定的资源和效益。

4. 全球化

电子商务的发展加速了全球经济一体化的过程，其结果将使物流企业向跨国经营和全球化方向发展。全球经济一体化使企业面临着许多新问题，要求物流企业和生产企业更紧密地联系在一起，形成社会大分工。对于生产企业，要求集中精力制造产品、降低成本、创造价值；而对于物流企业则要求花费大量时间和精力更好地从事物流服务。客户对物流企业的需求比原来更高了。例如，在物流配送中心，要对进口的商品代理报关业务、暂时存储、搬运和配送，进行必要的流通加工等，完成从商品进口到送交消费者手中的一条龙服务。

5. 多功能化

在电子商务的环境下，物流向集约化阶段发展，这是一体化配送中心（integration）的概念。要求物流业不仅仅是提供仓储和运输服务，还必须进行配货、配送和各种提高附加值的流通加工服务项目，或者按客户的特别需要提供其他的特殊服务。

电子商务使流通业经营理念得到了全面的更新，现代流通业从以往商品经由制造、批发、仓储、零售等环节，最终到消费者手中的多层次复杂途径，简化为从制造商经配送中心送到各零售点。从而使未来的产业分工更加精细，产销分工日趋专业化，大大提高了社会的整体生产力和经济效益，也使流通业成为整个国民经济活动的重要组成部分。

6.5　电子商务环境下的新型物流配送中心

6.5.1　新型物流配送中心特征及运作类型

1. 新型物流配送中心的特征

根据国内外物流配送业发展情况，在电子商务时代，信息化、现代化、社会化的新型物流配送中心可归纳为以下几个特征。

① 物流配送反应速度快。新型物流配送中心对上游、下游的物流配送需求的反应速度越来越快，前置时间越来越短，配送时间越来越短，物流配送速度越来越快，商品周转次数越来越多。

② 物流配送功能集成化。新型物流配送着重于将物流与供应链的其他环节进行集成，包

括物流渠道与商流渠道的集成、物流渠道之间的集成、物流功能的集成、物流环节与制造环节的集成等。

③ 物流配送服务系列化。新型物流配送除了传统的存储、运输、包装、流通加工等服务，除了强调物流配送服务功能的恰当定位与完善化、系列化外，还在外延上扩展至市场调查与预测、采购及订单处理，向下延伸至物流配送咨询、物流配送方案的选择与规划、库存控制策略建议、货款回收与结算、教育培训等增值服务。

④ 物流配送作业规范化。电子商务下的新型物流配送强调功能作业流程的标准化和程序化，使复杂的作业变成简单的易于推广与考核的运作。

⑤ 物流配送目标系统化。新型物流配送从系统角度统筹规划一个公司整体的物流配送活动，处理好物流配送活动与商流活动及公司目标之间、物流配送活动与物流配送活动之间的关系，不求单个活动的最优化，但求整体活动的最优化。

⑥ 物流配送手段现代化。电子商务下的新型物流配送使用先进的技术、设备与管理为销售提供服务，生产、流通和销售规模越大、范围越广，物流配送技术、设备及管理越现代化。

⑦ 物流配送组织网络化。为了保证对产品促销提供快速、全方位的物流支持，新型物流配送要有完善、健全的物流配送网络体系，网络上点与点之间的物流配送活动保持系统性和一致性，这样可以保证整个物流配送网络有最优的库存总水平及库存分布，运输与配送快捷、机动，既能铺开又能收拢。分散的物流配送单体只有形成网络才能满足现代生产与流通的需要。

⑧ 物流配送经营市场化。新型物流配送的具体经营采用市场机制，无论是企业自己组织物流配送，还是委托社会化物流配送企业承担物流配送任务，都以“服务－成本”的最佳配合为目标。

⑨ 物流配送流程自动化。物流配送流程自动化是指运送规格标准、仓储货、货箱排列装卸、搬运等按照自动化标准作业、商品按照最佳配送路线等。

2. 物流配送中心的运作类型

按运营主体的不同，物流配送中心大致有 4 种类型。

① 以制造商为主体的配送中心。这种配送中心的商品 100％是由自己生产制造，用以降低流通费用、提高售后服务质量和及时地将预先配齐的组成元器件运送到规定的加工和装配工位。从商品制造到生产出来后条码和包装的配合等多方面都较易控制，所以按照现代化、自动化的配送中心设计比较容易，但不具备社会化的要求。

② 以批发商为主体的配送中心。批发是商品从制造者到消费者手中之间的传统流通环节之一，一般是按部门或商品类别的不同，把每个制造厂的商品集中起来，然后以单一品种或搭配向消费地的零售商进行配送。这种配送中心的商品来自各个制造商，它所进行的一项重要的活动是对商品进行汇总和再销售，而它的全部进货和出货都是社会配送的，社会化程度高。

③ 以零售业为主体的配送中心。零售商发展到一定规模后，就可以考虑建立自己的配送中心，为专业商品零售店、超级市场、百货商店、建材商场、粮油食品商店、宾馆饭店等服务，其社会化程度介于前两者之间。

④ 以仓储运输业者为主体的配送中心。这种配送中心最强的是运输配送能力，地理位置优越，如港湾、铁路和公路枢纽，可迅速将到达的货物配送给用户。它提供仓储储位给制造商或供应商，而配送中心的货物仍属于制造商或供应商所有，配送中心只是提供仓储管理和运输配送服务。这种配送中心的现代化程度往往较高。

6.5.2 新型物流配送中心应具备的条件

1. 高水平的企业管理

新型物流配送中心作为一种全新的流通模式和运作结构，其管理水平要达到科学和现代化。只有通过科学管理的制度、现代化的管理方法和手段，才能确保物流配送中心基本功能和作用的发挥，从而保障相关企业和用户整体效益的实现。

2. 高素质的人员配置

新型物流配送中心能否充分发挥其各项功能和作用，完成其应承担的任务，人才配置是关键。为此，新型物流配送中心要求必须配备数量合理、具有一定专业知识和较强组织能力、结构合理的决策人员、管理人员、技术人员和操作人员，以确保新型物流配送中心的高效运转。

新型物流配送中心的发展需要大量的各种专业人才，从事经营、管理、科研、仓储、配送、流通加工、通信设备和计算机系统维护、贸易等业务。因此必须加大人才培养的投入，培养和引进大批掌握先进科技知识的人才，并给其以施展才华的机会；还应对现有职工进行有计划的定期培训，形成系统的学习科技知识的制度；在企业里引入竞争机制，形成能上能下的局面。要提高员工的科技创新意识，培养企业对知识的吸纳能力，促进物流产业的人力资源得到开发和利用，造就大批符合知识经济时代要求的物流配送人才，利用各种先进的科学技术和科学方法，促进物流配送产业向知识密集型方向发展。

3. 高水平的装备配置

新型物流配送中心面对着成千上万的供应厂商和消费者以及瞬息万变的市场，承担着为众多用户的商品配送和及时满足他们不同需要的任务，这就要求必须配备现代化装备和应用管理系统，具备必要的物质条件，尤其是要重视计算机网络的运用。通过计算机网络可以广泛收集信息，及时进行分析比较，通过科学的决策模型，迅速做出正确的决策，这是解决系统化、复杂化和紧迫性问题最有效的工具和手段。同时采用现代化的配送设施和配送网络，如自动分拣输送系统、立体仓库、水平垂直、分层、分段旋转货架、商品条码分类系统。

6.5.3 我国电子商务物流模式的发展

网络购物最需要完善的就是物流和配送。单就某一网上购物的网站而言，是无法组建一支庞大的配送队伍的，只有依托于现实生活中的配送部门。但由于双方的业务各自独立，缺少必要的监督和约束，且无相应的法律法规，因此目前已成为电子商务发展的主要瓶颈。

电子商务下的物流和配送，需要对整个体系实行统一的信息管理和调度。20 世纪 80 年代，西方发达国家就提出了物流一体化的现代理论，即以物流系统为核心的生产企业，经由物流企业、销售企业、直至消费者供应链的整体化和系统化。物流一体化的发展可进一步分为 3 个层次：物流自身一体化、微观物流一体化和宏观物流一体化。

物流一体化是物流产业化的发展形式，它必须以第三方物流充分发育和完善为基础。它的实质是一个物流管理的问题，即专业化物流管理人员和技术人员，充分利用专业化物流设备、设施、发挥专业化物流运作的管理经验，以求取得整体最优的效果。同时，物流一体化的趋势为第三方物流的发展提供了良好的发展环境和巨大的市场需求。

按照物流一体化的理论，近期国内一些电子商务公司提出的自主建立全国范围的完善的物流和配送体系方案显然是不可行的。

为适应电子商务的发展，应该采用一种全新的物流模式——物流代理。物流代理是在物流渠道中专业化的物流中间人，以签订合同的方式，在一定期间内，为其他公司提供所有或某些方面物流业务服务。广义上理解，物流代理包括一切物流活动，以及发货人可以从专业物流代理商处得到的其他一切增值服务；狭义的物流代理专指本身没有固定资产但仍承接物流业务，借助外界力量，负责代替发货人完成整个物流过程的一种物流管理方式。

今天，许多企业面对日趋激烈的市场竞争，不得不将主要精力放在自己核心业务上，而将运输、仓储等相关业务环节交由更专业的物流企业进行操作，以求节约和高效；物流企业为提高服务质量，也在不断拓宽业务范围，提供配套服务，灵活运作自理和代理两种方式，提供客户定制的物流服务。

根据中国的实际情况，应在物流企业中积极推动第三方物流模式。目前物流企业在数量上供大于求，在质量上有所欠缺。物流网络资源丰富，但利用和管理水平低，缺乏有效的物流管理者。如果物流企业加强信息化、网络化建设，抓住国内物流业在物流一体化和第三方物流上存在的空白，那么大力推广和发展第三方物流模式正逢其时。

当然，电子商务不能等待物流业的觉醒而止步不前，这就给从事电子商务的新兴企业创造了机会，他们积极扩张自己的配送系统，形成与传统配送系统争霸天下的局面。但这些企业普遍缺乏物流管理的专门人才，最关键的是，物流作为社会化的系统，仅仅靠某个网络公司的投资或操作是难以担负整个电子商务物流和配送重任的。作为物流企业完全可以不进行固定资产的再投资，采用委托代理的形式，运用自己成熟的物流管理经验和技术，为电子商务客户提供高质量的服务。这种以综合物流代理为主的第三方物流运作模式将成为 21 世纪中国物流业的重要发展方向。

习题 6

1. 选择题（答案可能不只一个）

(1) 下列按系统性质分类，物流不包括（　　）

A. 社会物流　　B. 行业物流　　C. 地域物流　　D. 企业物流

(2) 电子商务的任何一笔交易不包括（　　）

A. 信息流　　B. 商流　　C. 资金流　　D. 广告流

(3) 下列关于物流的概念不正确的是（　　）

A. 要求最低的成本

B. 对象是原材料、半成品、成品及相关信息

C. 有运输保管和配送的方式

D. 物流不包括计划、实施和管理的全过程

(4) 商品的流通由（　　）组成。

1. 商流　2. 情报信息　3. 集中采购　4. 用户服务　5. 存货控制　6. 物流

A. 2345　B. 124　C. 16　D. 123456

(5) 系统的特点有（　　）

A. 目标　B. 联接　C. 部件　D. 功能

(6) 物流分类的标准有（　　）

A. 按照作用分类　B. 按照物流活动的空间范围分类

C. 按照物流的功能分类　D. 按照物流系统性质分类

(7) 根据不同企业进行物流活动的运作方法和重点的不同，不同企业的物流活动可以分为（　　）

A. 生产企业物流　B. 商业企业物流　C. 交易企业物流　D. 配送中心物流

(8) 下列哪些不是新型物流配送具备的特征（　　）

A. 信息化　B. 现代化　C. 复杂化　D. 社会化

(9) 商业企业的退货物流包括（　　）

A. 在采购的商品进货验收时发现商品不合格而进行的退货

B. 由于商品的搬运、装卸而造成的产品质量问题而进行的退货

C. 商品销售后客户发现所购商品有质量问题而进行的退货

D. 在商品使用后发现商品有质量问题而进行的退货

(10) 新型物流配送中心应具备的条件（　　）

A. 高水平的企业管理　B. 高水准的企业规模

C. 高素质的人员配置　D. 高水平的装备配置

2. 简答题

(1) 什么是物流？物流的特点有哪些？

(2) 物流是如何分类的？

(3) 物流的发展经历了哪些阶段？

(4) 简述物流在电子商务中的作用。

(5) 简述物流在电子商务中的地位。

(6) 简述新型物流的基本特征。

(7) 电子商务环境下的物流企业追求的目标和发展的趋势是什么？

(8) 商品的流通由哪几部分组成？

(9) 企业采购物流所研究的主要问题包括什么？

第7章　电子商务的法律规范

电子商务为全球经济发展营造了良好的氛围，同时也对社会各领域提出了新的挑战，对整个人类社会造成了深远的影响。法律是社会关系的调节器，电子商务对社会各领域的深刻影响必然对传统法律产生巨大的冲击。原有的传统法律面对新兴的计算机信息网络带来的新的社会问题已经显得力不从心。电子商务发展面临新的问题与障碍，迫切要求政府制定相应的法律制度进行管理，法律建设必须不断地适应社会发展的需要。

因此，制定新的法律规范，调整电子商务中产生的社会关系，规范人们相应的权利与义务，对于保障电子商务的健康发展是十分必要的。

7.1　电子商务与法律

尽管基于 Internet 的电子商务在世界范围内发展势头强劲，但要全面顺利地开展电子商务，还面临着诸多的问题。围绕信息网络会引发一系列管理问题：信息网络的普及使信息的安全与高技术犯罪日益突出；利用网络危害社会、他人的身心健康和个人的隐私权利等。网络提供给人们一个先进的现代化交流手段，使人们拥有一个相对自由与方便的言论信息交流空间，但在网络世界中同样需要遵守一切现实生活中的法律法规。

7.1.1　网络法制时代

在互连网络和其他形式的网络上的各种信息，也如同传统媒介上的各种信息一样，受法律的约束和规范。在互连网络比较发达的国家，利用电脑犯罪的案件层出不穷，这些国家纷纷采取各种防范措施，乃至立法来进行抵制。

英国警方 1997 年 8 月向 100 多家提供互连网服务的机构发出通告，严禁向互连网络用户提供色情信息服务或提供能够获得这些信息的渠道，并对违反此规定的 134 个电子地址进行封锁。

新加坡国家广播局也发布了网络管理条例，规定提供网络服务的各机构和公司要对入网的信息进行监督，防止有破坏性的信息在网络上传播。针对互连网络上出现的一些问题，新加坡《网络使用指南》要求：各机关和有关部门对网上出现的不利于政府和宗教的言论加以限制，对色情内容坚决制止。

虽说美国的 Internet 没有什么管理系统，任何网上成员可以为所欲为。但总部设在马萨诸塞州的美国娱乐软件顾问委员会主持开发了一种互连网络控制软件，该软件可以将网络上涉及暴力、不文明语言等 4 类内容分成 0～4 级，用户可以根据自己的需要选择若干级别，未被选中的级别会自动被锁住。目前，美国 4 000 多个网络地址已注册采用了这一控制软件。

信息网络是当今计算机、通信技术、信息传输等高新科技的集成、重组和发展。现有的有关计算机、通信、广播影视、新闻出版、印刷及有关知识产权保护的诸多法律法规，都可为信息网络及其服务业的管理提供相应的法律依据。更重要的是，网络管理的对象不仅仅是各类信息，还包括网络的参与者，即创造、使用信息的人。

网络时空是现实社会的虚拟，公民在社会生活中所有需要遵守的法律法规和道德礼仪，诸如我国的《宪法》、《民法》、《刑法》、《国家保密法》等在网络上同样适用，任何触犯法律的行为都要依法处理。

我国《宪法》第 40 条明确规定，公民的通信自由和通信秘密受法律的保护，除国家公安机关和检察机关因工作需要外，任何组织和个人不得以任何理由侵犯公民的通信自由和通信秘密。网络中使用的电子邮件从本质上讲只是为便利人们的交往提供的一种先进技术手段，电子邮件的内容与账号同样受法律保护。任何利用网络技术的便利条件，私自拆封、泄露、篡改他人通信内容的违法行为，都应追究其法律责任。

我国《宪法》中明文规定，公民要遵守公共秩序、社会公德、劳动法律。“言论自由”是信息网络交互式的具体表现，但应该是以不触犯他人和社会公共合法利益为前提。不负责地传播道听途说的信息，故意扰乱网络正常秩序，公开叫嚷，做“网络流氓”，是触犯法律的行为。在网络时代，每个人都要具有“网络法制”观念。

目前，应尽快完善电子商务交易的法律法规，强化电子商务交易安全管理，规范买卖双方和中介方的交易行为，明确交易各方当事人的法律关系和法律责任，严厉打击各种违法交易行为。当前，还需要制定的有关电子商务的法律法规主要有：市场准入制度、合同有效认证办法、电子支付系统安全措施、信息保密防范办法、知识产权侵权处理规定、隐私权保护办法、税收征收办法，以及广告的管制、网络信息内容的过滤要求等。同时，应抓紧制定规范的电子商务交易标准，包括标准合同文本、支付标准、技术标准等，尽快发布有关管理标准，包括电子商务交易管理机构的收益、对信息服务商的管理标准、电子商务广告的管理规则等。

信息网络从一定程度上对陈旧的传统观念和习惯产生冲击，会打破现有的管理体制和利益格局。信息产业是以知识和文化为基础的产业，具有鲜明的民族特色，网络管理要符合现实的国情和传统道德文化，做到依法治网、依情管网。

1. 政府管理

就宏观管理而言，信息网络目前在传输上大都通过电话线，属于电信系统的电信增值业务范围，所以需要遵守电信行业管理法规。国务院制定的《国际联网管理暂行规定》中，明确规定了国际联网必须使用信息产业部国家公用电信网提供的国际出入口信道，分别由信息产业部、教育部和科学院组成的联入单位统管，广大用户再通过接入单位上网。1998 年，国务院还对这一暂行规定进行了修改完善。当然，具体的管理细则正在拟定之中。

网络上的自由软件又具有电子出版物的特征，应当归入新闻出版部门管理范畴。

网络信息的“自由交互性”，涉及到国家安全利益和意识形态领域，必然会引起政府有关宣传、安全职能部门的重视。

有关网络信息的知识产权保护，也给我们的法律专家们提出了有待完善的课题。具体管理上，在目前有关部门管理细则没有出台的前提下，应明确各自的权力、义务、责任，履行承诺，建立标准合同，统一规范，彼此约束。

2. 企业管理

瀛海威在建网之初，就参照现实生活设置“网络海关”，统一管理互连网的进出，禁止有害信息的传播；建立网络清查小组，由专人负责清理“交互论坛”，定出明确的“清理原则”；经过网上大讨论，制定“网络文明公约”，规范所有人员的网上行为；设立“虚拟法庭”和“投诉信箱”，协调各方面的关系，这些成功的举措，无疑是网络管理的典范。

3. 自我管理

采用指导、引导、疏导等方法来协调与用户的关系，使广大用户自尊、自律、自教、自我约束，以达到共同进步、共同发展的目的。

7.1.2 电子商务发展带来的法律问题

在影响电子商务发展的诸多因素中，缺乏电子商务相关的法律法规是一个重要的原因。一方面，运营电子商务的企业由于得不到法律法规的支持，在开展涉及范围较广的电子商务时举步艰难；另一方面，电子商务用户担心发生纠纷后处理时没有法律依据。要在世界范围内，使电子商务全面地开展下去，必须解决如下法律问题。

1. 网上电子支付问题

目前，我国电子商务发展的瓶颈之一就是支付问题。在电子商务简易形式下，支付往往采用汇款或直接付款方式，而典型的电子商务则是直接通过网络完成支付。网上支付是通过虚拟银行的电子资金划拨来完成的，而这一过程的实现涉及网络银行与网络交易客户之间的协议、网络银行与网站之间的合作协议法律关系以及安全保障问题等。

因此，需要制定相应的法律，用来明确电子支付的当事人包括买方、卖方和银行之间的法律关系，认可电子签名的合法性，制定相关的电子支付制度。同时还应出台关于电子支付有关数据的伪造、变造、更改、涂销等问题的处理办法。

2. 消费者权益的保护问题

电子商务是在一个虚拟、开放的市场上进行的，网上购物虽然给消费者带来了便利，但是也给消费者带来了新的问题。比如如何保障网上购物获得的产品及网络广告信息的真实性、有效性；特别是在我国商业信用不高的情形下，网上商品良莠不齐，质量难以让消费者信赖，一旦出现质量问题，如何进行修理、退赔或采取其他方式；由于消费者信息不真实或无效信息产生的交易纠纷问题；由于物流配送的落后造成的购物成本增加问题等等。综上所述，消费者权益保护问题已成为困扰电子商务发展的问题之一。

因此，在电子商务环境下急需寻求一个切实可行的《消费者权益保护法》，制定网上消费者保护的特殊法律条文，只有这样才能维护消费者的权益，才能保障电子商务的健康发展。

3. 电子商务运作平台建设及其法律地位问题

在电子商务环境下，交易双方的身份信息、产品信息、合同内容、资金信息等均通过交易当事人自己设立的或其他人设立的网站来传递和存储，网络用户都可以利用电脑发送和接受网络上的信息，并通过特定程序与其他人达成交易。

在通过中介服务商提供平台进行交易的情形下，服务商的地位和法律责任问题就成为一个复杂的问题。网站与在网站上设立虚拟企业进行交易的人之间、网站与进入站点进行交易的消费者之间是什么法律关系；由于网站传输信息不真实、无效或其他原因造成的损失，网站承担哪些责任，受损失的交易人如何得到补偿都是电子商务法亟待解决的问题。

4. 在线交易主体及市场准入问题

在法律世界里，不存在虚拟主体，而电子商务恰恰偏离了法律的要求，出现了虚拟主体。电子商务法要解决的问题是确保网上交易的主体是真实存在的，且能够使当事人确认它的真实身份。再者网络具有开放性，电子商务因此也具有开放性，任何人均可以设立网站（主页）或设立在线商店或专卖店销售其生产或经销的商品。这样，哪些主体可以从事在线商务，如何规范在线商务行为等便成为电子商务法研究的问题。

5. 隐私问题

网上购物诚然有其便利之处，但让人们对使用 Internet 感到不安的一个重要原因是私人信息在网上的广泛传播。最近美国《商业周刊》进行了一次调查，接受调查的多数人表示担心个人隐私外泄是他们拒绝使用 Internet 的主要原因。目前，3/4 以上的网络使用者表示，如果个人隐私问题能够得到解决，他们将会更多地使用 Internet。

远程交易、联机采购需要采购者提供姓名和地址。一些人在接受到来路不明的电子邮件时才意识到自己的个人信息在其不知情的情况下被泄露了出去。现在很多网上俱乐部、免费电子邮件等此类站点都会要求你输入个人信息，比如，个人的基本信息、联系方式、兴趣爱好、职业以及收入情况等。随着电子商务网上购物的兴起，商家要尽可能抢夺已有的网上客户，还要下大力气发掘潜在的客户。人们在网上进行的购买活动可能会在不知不觉中被记录存储，当这些信息非常方便地被商家检测到以后，他们就可以有的放矢地进行推销，这样一来，将有大量的广告宣传进入消费者的信箱，会使消费者倍增烦恼，不少消费者也许会因此而惧怕去网上购物。商家收集和利用形形色色的个人信息还只是出于谋求商业利润，不过这也给那些在网络上专门收集个人信息出卖以牟利的人提供了市场，这些人甚至采取不正当的技术手段窃取个人信息。

因此，如何规范商家的行为，保护消费者隐私权，就成为一个新问题。

各国应当在法律层次和技术层次上进行广泛合作，寻找出既尊重个人稳私，又允许个人自由，同时也允许政府以恰当方式进行管理的方式，并据此制定有关的法律。

对此，很多国家都发布了自己的法律措施，其中世界经济合作和发展组织（OECD）于 1980 年发布了保障个人资料的原则：除非获得当事人同意，否则个人资料只可用于在收集该资料时所阐明的目的或与之直接有关的目的。

6. 电子合同的法律效力

任何一笔交易都需要参与交易的个人、公司或政府之间有一个合同，明确为实施合同所必须承担的权利和义务。而在电子交易环境下，所有当事人的意思表达都以电子化的形式存储于电脑硬盘或其他电子介质中，但这些记录方式容易被涂擦、复制、删改、遗失等，而且如果离开电脑或相关工具也不易被人所感知，换句话说电子合同不能脱离特定的工具而作为证据存在。电子商务的顺利进行，离不开电子合同，如何使电子合同与传统的合同具有同样的法律效力，如何对当事人的权利和义务进行保护和监督，都是值得探讨的问题。

7. 电子商务中产品交付的特殊问题

在线交易的产品分为两种，一种是有形产品，另一种是无形产品。对于有形产品的交付仍然可以沿用传统合同法的基本原理，而对于物流配送引起的一些特殊问题，还需做一些探讨。但是对于无形产品的交付则具有与有形产品的交付不同的特征，对于产品权利的转移、交付和退货等还需做进一步的探讨。

8. 特殊形态的电子商务规范问题

在传统法律领域受特殊规范的商业形式，转移至网上进行后，如何规范和管制，便是电子商务法必须探讨的问题，如网络广告、网上拍卖、网上证券交易等。

9. 在线不正当竞争与网上无形财产保护问题

网络为企业带来了新的经营环境和经营方式，在这个特殊的经营环境中，同样会产生许多不正当的竞争行为。这些不正当竞争行为有的与传统经济模式下相似，但在网络环境下又会产生一些特殊的不正当竞争行为，这些不正当竞争行为大多与网上新形态的知识产权或无形财产权的保护有关，特别是因为域名、网页、数据库等引起一些传统法律体系中的不正当行为，需要探讨一些新规则。这便是在线不正当竞争行为的控制问题。实际上，保护网上无形财产是维持有序的在线商务运营环境的重要措施。

10. 网上税收问题

作为一种商业活动，电子商务是应当纳税的，但从促进电子商务发展的角度，在一定时期内实行免税是很有必要的。从网络交易的客观实际来看，由于其逐步发展为全球范围内的交易，因此管理十分困难。每天通过 Internet 所传递的资料数据相当大，其中某些信息就是商品，如果要监管所有的交易，必须对所有的信息都进行过滤，这在事实上是不可能的。如果按照现有的税法进行征税，必然要涉及到税务票据问题，但电子发票的实际运用技术还不成熟，其法律效力尚有较大的争论。

11. 在线交易法律适用和管辖冲突问题

电子商务法只是解决在线交易中的特殊法律问题，在线交易仍然适用传统的法律框架和体系，因此，虽然交易在网络这个特殊的世界完成，但它仍然要适用现实的法律。由于 Internet 超地域性，这给法律的适用和法院管辖提出了难题。因此，对于网络环境引起的法律适用和管辖问题的研究也就成为电子商务法的重要组成部分。

12. 电子票据的法律效力

目前世界上尚无有关电子票据的专门立法，我国的票据法，已不适应于网上交易活动的票据行为。为了适应网上交易活动发展的需要，需要用法律的形式详细规定出电子支付中命令的签发与接受、接受银行对发送方支付命令的执行、电子票据的当事人的权利和义务，以及责任的承担等。

13. 买卖双方的身份认证

参与电子商务的买卖双方互不相识，需要通过一定的手段相互认证，提供交易服务的网络服务中介机构也有一个认证问题。目前急需成立一个统一管理认证的事务部门，作为为参与网络交易的各方提供法律认可的认证中心。随着电子商务市场的急剧扩大，加强这方面的法律规范也迫在眉睫。

电子商务所面临的诸多法律问题远远不止这些，但由这些问题已经看出，目前迫切需要制定一些相关的电子商务法律，以解决电子商务中发生的各种纠纷。另外，还要制定相关的电子支付制度和电子商务规则，以促进贸易的顺利进行，同时也要制定相关的进出口关税的法律制度。这些制度中应包含金融监管的内容，禁止投机商利用 Internet 进行投机等。

世界各地的政府都认为他们有权按照本国的法律来衡量电子商务，规范电子商务各个行业参与者的竞争行为。但是，各国的法律又各不相同，甚至互相抵触，电子商务的全球性必然要求对之进行的立法工作要各国协调进行，还需要各国政府的共同努力。

7.2 电子商务参与各方的法律关系

在网络商品直销和网络商品中介交易过程中，买卖双方、客户与交易中心、客户与银行、银行与认证中心都将彼此发生业务关系，从而产生相应的法律关系。

7.2.1 电子商务交易中买卖双方当事人的权利和义务

买卖双方之间的法律关系实质上表现为双方当事人的权力和义务。买卖双方的权利和义务是对等的。卖方的义务就是买方的权力，反之亦然。

1. 卖方的义务

在电子商务条件下，卖方应当承担 3 项义务：

① 按照合同的规定提交标的物及单据。提交标的物和单据是电子商务中卖方的一项主要义务。为划清双方的责任，标的物交付的时间、地点和方法应当明确规定。如果合同中对标的物的交付时间、地点和方法未做明确规定的，应按照有关合同法或国际公约的规定办理。

② 对标的物的权利承担担保义务。与传统的买卖交易相同，卖方仍然应当是标的物的所有人或经营管理人，以保证将标的物的所有权或经营管理权转移给买方。卖方应保障对其所出售的标的物享有合法的权利，承担保障标的物的权力不被第三人追索的义务，以保护买方的权益。如果第三人提出对标的物的权利，并向买方提出收回该物时，卖方有义务证明第三

人无权追索，必要时应当参加诉讼，出庭作证。

③ 对标的物的质量承担担保义务。卖方应保证标的物质量符合规定。卖方交付的标的物的质量应符合国家规定的质量标准或双方约定的质量标准，不应存在不符合质量标准的瑕疵，也不应出现与网络广告相悖的情况。卖方在网络上出售有瑕疵的物品，应当向买方说明。卖方隐瞒标的物的瑕疵，应承担责任。买方明知标的物有瑕疵而购买的，卖方对瑕疵不负责任。

2. 买方的义务

在电子商务条件下，买方同样应当承担 3 项义务：

① 买方应承担按照网络交易规定方式支付价款的义务。由于电子商务的特殊性，网络购买一般没有时间、地点的限制，支付价款通常采用信用卡、智能卡、电子钱包或其他电子支付等方式，这与传统的支付方式也是有区别的。但在电子交易合同中，采用哪种支付方式应明确规定。

② 买方应承担按照合同规定的时间、地点和方式接受标的物的义务。由买方自提标的物的，买方应在卖方通知的时间内到预定的地点提取。由卖方代为托运的，买方应按照承运人通知的期限提取。由卖方运送的，买方应做好接受标的物的准备，及时接受标的物。买方延迟接受时，应负延迟责任。

③ 买方应当承担对标的物验收的义务。买方接受标的物后，应及时进行验收。规定有验收期限的，对表面瑕疵应在规定的期限内提出。发现标的物的表面瑕疵时，应立即通知卖方，瑕疵由卖方负责。买方不及时进行验收，事后又提出表面瑕疵，卖方不负责任。对隐蔽瑕疵和卖方故意隐瞒的瑕疵，买方发现后，应立即通知卖方，追究卖方的责任。

3. 对买卖双方不履行合同义务的救济

卖方不履行合同义务主要指卖方不交付标的物或交付延迟；交付的标的物不符合合同规定以及第三者对交付的标的物存在权利或权利主张等。当发生上述违约行为时，买方可以选择以下救济方法：

① 要求卖方实际履行合同义务，交付替代物或对标的物进行修理、补救。

② 减少支付价款。

③ 对延迟或不履行合同要求赔偿损失。

④ 解除合同，并要求损害赔偿。

买方不履行合同义务，包括买方不按合同规定支付货款和不按规定收取货物，在这种情况下，卖方可选择以下救济方法：

① 要求买方支付价款、收取货物或履行其他义务，并为此可以规定一段合理额外的延长期限，以便买方履行义务。

② 损害赔偿，要求买方支付合同价格与转售价之间的差额。

③ 解除合同。

7.2.2 网络交易中心的法律地位

网络交易中心在电子商务中介交易中扮演着介绍、促成和组织者的角色。这一角色决定了交易中心既不是买方的卖方，也不是卖方的买方，而是交易的中间人，是按照法律的规定，在买卖双方委托业务的范围和具体要求下进行业务活动的。

网络交易中心的设立，根据《中华人民共和国计算机信息网络国际联网管理暂行规定》第 8 条，必须具备以下 4 个条件：

① 是依法设立的企业法人或者事业法人。

② 具有相应的计算机信息网络、装备以及相应的技术人员和管理人员。

③ 具有健全的安全保密管理制度和技术保护措施。

④ 符合法律和国务院规定的其他条件。

网络交易中心应当认真负责地执行买卖双方委托的任务，并积极协助双方当事人成交。网络中心在进行介绍、联系活动时要诚实、公正、守信用，不得弄虚作假，招摇撞骗，否则就要承担赔偿损失等法律责任。

网络交易中心必须在法律许可的范围内进行活动。网络交易中心经营的业务范围、物品的价格、收费标准等都应严格遵守国家的规定。法律规定的禁止流通物不得作为合同标的物。对显然无支付能力的当事人或尚不确知具有合法地位的法人，不得为其进行居间活动。

在国际互连网上从事居间活动的网络交易中心还有一个对口管理的问题。按照《中华人民共和国计算机信息系统安全保护条例》规定，进行国际联网的计算机信息系统，由计算机信息系统的使用单位报省级以上人民政府公安机关备案。拟建立接入网络的单位，应当报经互连单位的主管单位审批；办理审批手续时，应当提供其计算机信息网络的性质、应用范围和所需主机地址等资料。联网机构必须申请到经国务院批准的互连网络的接入许可证，并且持有邮电部门核发的放开电信许可证，才可以面向社会提供网络连入服务。由于网络交易中心提供的服务性质上属于电信增值网络业务（Value - added Network），所提供的服务不是单纯的交易撮合，而是同时提供许多经过特殊处理的信息于网络之上，故而增加了单纯网络传输的价值。所以，在业务上，网络交易中心还应接受各级网络管理中心的归口管理。

买卖双方之间各自因违约而产生的违约责任风险应由违约方承担，而不应由网络交易中心承担。因买卖双方的责任而产生的对社会第三人（包括广大消费者）的产品质量责任和其他经济（民事）、行政、刑事责任也不应由网络交易中心承担。

7.2.3　网络交易客户与虚拟银行间的法律关系

在电子商务中，银行也变为虚拟银行。网络交易客户与虚拟银行的关系变得十分密切。除少数邮局汇款外，大多数交易要通过虚拟银行的电子资金划拨来完成。电子资金的划拨依据的是虚拟银行与网络交易客户所订立的协议。这种协议属于标准合同，通常是由虚拟银行起草并作为开立账户的条件递交给网络交易客户的。所以，网络交易客户与虚拟银行之间的关系仍然是以合同为基础的。

在电子商务中，虚拟银行同时扮演发送银行和接收银行的角色。其基本义务是依照客户的指示，准确、及时地完成电子资金划拨。作为发送银行，在整个资金划拨的传送链中，承担着如约执行资金划拨的责任。一旦资金划拨失误或失败，发送银行应向客户进行赔付。除非在免责范围内。如果能够查出是哪个环节的过失，则由过失单位向发送银行进行赔付，如不能查出差错的来源，则整个划拨系统分担损失。作为接收银行，其法律地位似乎较为模糊。一方面，接收银行与其客户的合同要求它妥当地接收所划拨来的资金，也就是说，它一接到发送银行传送来的资金划拨指示便应立即履行其义务。如有延误或失误，则应依照接收银行自身与客户的合同处理。另一方面，资金划拨中发送银行与接收银行一般都是某一电子资金划拨系统的成员，相互负有合同义务，如果接收银行未能妥当执行资金划拨指示，则应同时对发送银行和受让人（接受转让的一方）负责。

在实践中，电子资金划拨常常出现因过失或欺诈而致使资金划拨失误或延迟的现象。如属于过失，自然适用于过错归责原则。如属于欺诈所致，且虚拟银行安全程序在电子商务上是合理可靠的，则名义发送人需对支付命令承担责任。

银行承担责任的形式通常有 3 种：

① 返回资金，支付利息。如果资金划拨未能及时完成，或者到位资金未能及时通知网络交易客户，虚拟银行有义务返还客户资金，并支付从原定支付日到返还当日的利息。

② 补足差额，偿还余额。如果接收银行到位的资金金额小于支付指示的数量，则接收银行有义务补足差额；如果接收银行到位的资金金额大于支付指示的数量，则接收银行有权依照法律提供的其他方式从收益人处得到偿还。

③ 偿还汇率波动导致的损失。对于在国际贸易中，由于虚拟银行的失误造成的汇率损失，网络交易客户有权就此向虚拟银行提出索赔，而且可以在本应进行汇兑之日和实际汇兑之日之间选择对自己有利的汇率。

7.2.4 认证中心在电子商务中的法律地位

在网络交易的撮合过程中，认证中心（Certificate Authority，CA）是提供身份验证的第三方机构，由一个或多个用户信任的、具有权威性质的组织实体。它不仅要对网络交易的买卖双方负责，还要对整个电子商务的交易秩序负责。因此，这是一个十分重要的机构，往往带有半官方的性质。

认证中心扮演着一个买卖双方签约、履约的监督管理的角色，买卖双方有义务接受认证中心的监督管理。在整个电子商务交易过程中，包括电子支付过程中，认证中心都有着不可替代的地位和作用。

在电子支付过程中，持卡人要付款给商家，但持卡人无法确定商家是有信誉的还是冒充的，于是持卡人请求 CA 对商家认证。CA 对商家进行调查、验证和鉴别后，将包含商家 Public Key（公钥）的证书传给持卡人。同样，商家也可对持卡人进行验证。证书一般包含拥有者的标识名称和公钥，并且由 CA 进行过数字签名。

电子商务认证中心的法律地位，现行的法律中尚无涉及。

工商行政管理部门是一个综合性的经济管理部门，在日常管理工作中所直接掌握的各类企业和个体工商户的登记档案及商标注册信息、交易行为信息、合同仲裁、动产抵押、案件查处、广告经营、消费者权益保护等信息，可以从多个方面反映电子商务参与者的信用情况。工商行政管理部门拥有全国最权威的经济主体数据库、覆盖面最广的市场信息数据库、最准确的商标数据库、最广泛的消费者保护网络。依靠这些数据库，可以很好地完成电子商务认证中心的各项任务。

隶属于国家工商局的电子商务认证中心的功能主要有：接收个人或法人的登记请求，审查、批准或拒绝请求，保存登记者登记档案信息和公开密钥，颁发电子证书等。

电子商务认证中心对登记者履行下列监督管理职责：

① 监督登记者按照规定办理登记、变更、注销手续；

② 监督登记者按照电子商务的有关法律法规合法从事经营活动；

③ 制止和查处登记人的违法交易活动，保护交易人的合法权益。

登记者有下列情况之一的，认证中心可以根据情况分别给予警告、报告国家工商管理局和撤销登记的处罚：

① 登记中隐瞒真实情况，弄虚作假的；

② 登记后非法侵入机构的计算机系统，擅自改变主要登记事项的；

③ 不按照规定办理注销登记或不按照规定报送年检报告书、办理年检的；

④ 利用认证中心提供的电子证书从事非法经营活动的。

7.3　电子商务立法

电子商务作为一个新生事物，世界各国还处于摸索阶段，立法相对滞后，有关的法律规范框架都还正在构建之中。电子商务交易安全的法律保护问题，涉及到两个基本方面：第 1，电子商务交易首先是一种商品交易，其安全问题应当通过民商法加以保护；第 2，电子商务交易是通过计算机及其网络而实现的，其安全与否依赖于计算机及其网络自身的安全程度。我国目前还没有出台专门针对电子商务交易的法律法规，究其原因，还是上述两个方面的法律制度尚不完善。因而面对迅速发展的这种商品交易与计算机网络技术结合的新的交易形式，难以出台较为完善的安全保障规范性条文。所以，我们应当充分利用已经公布的有关交易安全和计算机安全的法律法规，保护电子商务交易的正常进行，并在不断探索中，逐步建立适合中国国情的电子商务的法律制度。

7.3.1　全球电子商务法律框架应遵循的基本原则

实现电子商务的全球持续发展，法律上应当反映以下一些基本原则。

1. 个人随意愿选择交易方式

希望参加商业交易的各方应当能够以电子方式选择交易方式，应能够按双方意愿确定他们协议的条款。

2. 电子交易具有同等效力

电子签名和电子合同等文件应当与原签名和书面文件具有同等的地位。如果需要把认证许可作为核查文件过程的一部分，则许可证要求应当是确保可靠性和整体性的最低要求。这一点在电子商务活动中显得至关重要，如果不能得到保障，电子商务将不可能持续发展。

无论是否是电子交易，一桩成功的交易需要参与交易的个人、公司或政府之间有一个合同，明确知道彼此之间希望得到的利益，明确为实施合同所必须承担的义务。在电子商务活动中，电子合同必须与传统的书面合同具有同等的法律效力。不仅是电子合同，其他所有电子商务中涉及的电子单证、重要电子文件，都应该与传统贸易过程中相应的文件具有同等法律效力。

国家必须拥有使文件和交易得到国家认可的机制。电子商务环境中，能够核查有关公司、客户和合同的某些信息对于在电子交易中建立信任是必不可少的，尤其是双方或多方是初次交易的更是如此。目前，多是讨论技术方面的解决办法，法律规范上涉及得很少。

3. 技术中性

新的法律框架在技术上必须是中性的、强大的。也就是说，它必须允许使用技术来解决诸如电子签名之类的问题，还必须允许使用随时间推移而出现的新技术。对日新月异迅速发展的新技术具有容纳力。如果具体规定死了采用什么技术，在技术有了革新和发展以后将不再适用，又要重新修改，影响其法律效力。例如在美国，一些州的数字签名法具体规定了必须使用什么技术，这样，当技术进步超出这样的规定时，就会限制其效力。而另一些州所建议的和待定的联邦数字签名法明确规定任何保密的、可接受的技术都可制作出有效的数字签名，这样的方式是比较适当的。

4. 保护消费者利益

电子商务的繁荣最终仍要依赖消费者的参与，如果在电子商务活动中，消费者不能获得好处，就很难继续发展，所以必须为这种新的电子交易方式建立恰当的全国范围内的保护消费者的基本规定，还必须制定国际规则，让消费者可以明确对某一交易应如何操作以及该交易所适用的消费者保护法。同样，还需要制定出具有预见性的法规来明确解决争端及实施协议的方式和负责部门。只有当消费者充分相信进行电子购物至少与传统的购物同样方便有效、出现纠纷同样可以投诉、获得补偿时，他们才会积极参与进来。

5. 统一电子商务税收标准

电子商务市场是开放的、全球性的环境，它突破传统的国家和国际边界。为了让全球电子商务市场繁荣起来，各国政府应相互合作，实行合理、统一的税收政策。

对电子交易的征税不应当高于相当的非电子交易的征税。该原则对联机和脱机（传统）交货均适应。只要基于电子商务经济事务部分的税收是按中性、非歧视方式加以征收的，则它是正当的政府税收。

应当设计税收规则和有关的管理程序，以把税务执行费用减少到最低程度。

应当由市场而不是税收规则来决定新电子商务和有关税收模型的建立。税务当局应使用新技术，减少管理和税务执行费用。

7.3.2 《电子商务示范法》

联合国探讨有关 EC 的法律问题是从 20 世纪 80 年代开始的。在 1982 年联合国国际贸易法委员会（UNCITRAL，以下简称贸法会）的第 15 届会议上，正式提出了计算机记录的法律价值问题。在第 17 届会议上，计算机自动数据处理在国际贸易流通中所引起的法律问题作为优先事项列入其工作计划。从此，贸法会正式开始了对 EC 立法工作的全面研究，并将 ADP（Automatic Data Processing，自动数据处理）定为大会报告的总标题之一。

至此，国际上已开始努力突破 EC 在签字、书面形式和认证方面的法律障碍。

贸法会在 1990 年提出了题为《对利用电子方法拟定合同所涉法律问题的初步研究》的报告。该报告提出，在以后的工作中用“电子数据交换”替代以往的“自动数据处理”，具有划时代的意义。由此，EC的概念正式出现在联合国贸法会的论坛上，并成为联合国大会的总标题之一。

1996年5月贸法会召开的第29届会议认为，《电子数据交换电子商务及有关的数据传递手段法律事项示范法草案》通过以来的两年间，国际贸易形势发生了很大改变。同年6月，贸法会提出了《电子商务示范法》蓝本，为各国的EC立法提供了一个范本。

到1996年，一种在开放式计算机网络基础上的开放式数据交换EDI受到了更广泛的欢迎。所以，第29届贸法会大会决定，统一法标题中不再使用“电子数据交换（EDI）”的字样，而代之以“电子商务（Electronic Commerce）”，并将原《草案》名称改为《电子商务示范草案》。1996年12月，联合国大会以51/62号决议通过了《电子商务示范法》。这是迄今为止世界上第一个关于电子商务的法律，它的出台使EC的主要法律问题迎刃而解。该示范法的目的是促进协调和统一国际贸易法、消除因贸易法不充分和差异而对国际贸易造成不必要的阻碍，为各国在制定相关法律时提供一个值得参考的示范法规。

1998年以来，贸法会还开始了重点在于数字签名和认证许可的模型法律的制定工作。EC全球化趋势要求，无论哪个国家采用何种体制或法律原则，都必须拥有使文件和交易得到国际认可的体制。在EC环境中，要求核查有关公司、客户和合同的某些信息，这对于在电子交易中建立信任是必不可少的，尤其是初次交易更是如此。到目前为止，数字签名技术和有关法律的适用，一直是电子市场中与身份验证相关和与交易认证有关的中心问题。许多国家已经通过了数据签名和身份认证的法律。

《电子商务示范法》内容包括两大部分：电子商务总则、电子商务的特定领域，共17条。第1条到第15条为电子商务总则，它是《电子商务示范法》的核心。总则将纸面文件的基本功能抽取出来，对电子商务交易中哪些条件可视为等同于书面文件签字效力的情况做了明确规定，保证了交易双方通过电子手段传递信息、签定合同的合法性。后两条是电子商务在特定领域中的运用，主要是货物运输方面的法律规定。明确指出只要贸易双方确保电子提单的惟一性，就可以通过计算机网络通信转让货物的控制权和所有权。具体条文如下：

第1条：适用范围。内容建议和适用的范围，与原有的法律条文的关系，电子商务涵盖的范围。

第2条：定义。对各种涉及的技术术语做了详细的定义。

第3条：解释。对《电子商务示范法》做了说明。

第4条：经由协议的改动，对协议的改动做了法律规定。

第5条：数据报文的法律承认。

第6条：书面。对书面单证与数据报文之间的法律关系做了界定。

第7条：签字。数字签字具有法律效力。

第8条：原件。报文与法律原件的等价性问题。

第9条：数据电文的可接受和证据力。

第10条：数据报文的留存。

第11条：合同的订立和有效性。电子报文合同具有与书面合同一样的法律效力。

第12条：当事各方对数据电文的承认。

第13条：数据报文的归属。对报文的收、发和管理做了规定。

第14条：确定收讫。对如何确定对方是否收到报文的法律程序做了规定。

第 15 条：发出和收到数据报文的时间和地点。对收、发报文的时间进行界定。

第 16 条：与货运合同有关的行动。包括说明、承运合同和执行细节等。

第 17 条：运输单据。包括各类运输单据报文的法律效力。

贸法会在《电子商务示范法的颁布指南》中这样陈述：“《电子商务示范法》的目的是要向各国立法提供一套国际公认的规则，说明怎样去清除此类法律障碍，如何为所谓的电子商务，创造一种比较可靠的法律环境。《电子商务示范法》中表述的原则还可供电子商务的用户个人用来拟定为克服进一步使用电子商务所遇到的法律障碍所必需的某些合理解决方法。”可见，《电子商务示范法》仅仅是起到示范作用的有关电子商务的法规，只可帮助那些有关传递和存储信息的现行法规不够完善和已经过时的国家。贸法会相信：“《电子商务示范法》将大大有助于所有国家增强他们使用不是基于纸张的通信和信息办法的立法，并有助于那些目前尚无这种立法的国家制定这种法律。”所以，作者认为，目前《电子商务示范法》既不是国际条约，也不是国际惯例，不具有任何强制性。各国可根据本国的实际情况，考虑是否使用或颁布《电子商务示范法》。但是，随着国际贸易的发展，《电子商务示范法》有可能演变成为一个具有某种强制力的国际条约或国际惯例。

《电子商务示范法》的出台，确实使 EC 的一些法律问题得到了很好的解决，“作为示范法，它是供各国评价涉及计算机技术或其他现代通信技术的商务关系中本国法律和管理的某些方面，并使之现代化的参照范本，还可作为目前尚无法可依的国家制定相应法规的参照范本。该法的内容对各国不具有直接的法律效力，只有各国在立法过程中将这些内容明确规定于法律法规中时才对各国当事人具有约束力。但它对于各国的电子商务立法具有很大的建议和指导作用，在电子商务法律领域具有不可忽视的重要作用。”我们在看到它不可低估的作用的同时，还要看到它的缺陷。《电子商务示范法》毕竟只起到一个“示范”的作用，它不具有强制性，只供各国参考；而且由于各国法律制度的差异性，《电子商务示范法》在许多方面都没有做出具体详细的规定，有的只提出一个总原则，留待各国的国内法去做后面的事。这些无疑都消弱了它的作用力。《电子商务示范法》仍需要在今后进一步修订和完善。

7.3.3 联合国《电子签字示范法》

电子签字系指在数据电文中，以电子形式所含、所附或在逻辑上与数据电文有联系的数据，它可用于鉴别与数据电文有关的签字人和表明此人认可数据电文所含信息。

为了保证电子商务活动的正常进行，需要具有书面签字功能的电子签字。书面签字的功能有 3 个：确定一个人的身份、肯定是该人自己的签字、使该人与文件内容发生关系。电子签字是在电子商务环境下的一个具有与书面签字功能相同的替代物。

2001 年 3 月 23 日，联合国国际贸易法委员会颁布了《电子签字示范法》，这是一部继《电子商务示范法》之后的又一部针对电子商务的示范法。这部法律的出台将电子商务活动中涉及到的数字签字、电子签名等不同表述统一起来，为电子签字在电子交易中的广泛引用制定了一整套完整的法律制度。

《电子签字示范法》中的当事人有签字人、验证服务提供商、依赖方。签字人是指持有电子生成数据并以本人身份或以其所代表的人的名义行事的人；验证服务提供商是指签发证书或可以提供与电子签字相关的其他服务的人；依赖方是指可以根据证书或电子签字行事的人。《电子签字示范法》中制订了这三方当事人行为的评定准则。在这部法律中，第 6 条阐述了符合电子签字的要求，它是《电子签字示范法》的中心条款，该条款的目的是确保任何真实的电子签字具有与手写签字同样的法律后果。

7.4　电子商务的法律建设

电子商务作为一个新事物，人们对其所产生的后果以及所引发的风险的确需要有一个清楚的认识。要达到这一目标，就需要建立一套完整的法律规则体系，在这种体系的基础上，人们可以充分预见自己通过这种电子商务方式从事商务活动的行为及后果的有效性、法律效力和可强制执行性。这样才能有助于人们树立对电子商务的信心，从而吸引更多的企业和个人加入其中，进一步推动电子商务的繁荣发展。但这种法制体系的建立首先应该充分考虑电子商务的自身特点，还要兼顾现有的传统商务。因而，如何在现有的法律体系的基础上，发展和完善调整电子商务的法律规则，使新规则同旧规则之间能够形成和谐的统一体，就成为当今迫切需要解决的问题。

7.4.1　立法的目的

1. 为电子商务发展创造良好的法律环境

随着电子邮件和电子数据交换等现代化通信手段在商务交易中使用的急剧增多和进一步发展，以非书面电文形式来传递具有法律意义的信息可能会因这种电文本身的法律效力的不确定性而受到影响。起草电子商务法的目的，是要向电子商务的各类参与者提供一套虚拟环境下进行交易的规则，确定如何消除此类法律障碍，创造一种比较可靠的法律环境。

2. 弥补现有法律的缺陷和不足

大多数现行法律规定使用“书面的”、“经签字的”或“原始的”文件才具有法律效力，这便对现代通信手段的使用施加了某些限制或包含有限制的含义。已颁布的有关电子信息方面的法规，并未涉及电子商务的全部，使人们无法准确地把握以非传统的书面形式提供信息的法律性质和有效性，也无法完全相信电子支付的安全性。

电子商务法有助于弥补现有法律的缺陷。立法的不完备会对商务贸易造成障碍，特别是在国际贸易中这一现象更为突出。如果我国有关使用现代信息技术的法规与国际规范有较大差异和不明确性，将会限制企业的国际贸易竞争。

3. 激励利用现代信息技术进行交易活动

电子商务法的目标是使电子商务的应用成为可能或为此创造方便条件，平等对待基于书面文件的用户和基于数据电文的用户，充分发挥高科技手段在商务活动中的作用。这些目标都是促进经济增长和提高国际、国内贸易效率的关键所在。从这一点讲，电子商务立法的目的不是要从技术角度来处理电子商务关系，而是创建尽可能安全的法律环境，以便有助于通信各方之间高效率地开展电子商务。

7.4.2　立法的指导思想与原则

提供一个透明的、和谐的商务法律环境使电子商务活动得以正常进行，是电子商务立法的基本出发点。电子商务法应着眼于保护公平交易、平等竞争、消费者利益、知识产权和个人隐私等方面，制定鼓励监督、有助调解和打击犯罪的行之有效的一套做法。同时应采取非限制性、面向市场的做法，尽量减少政府参与、干涉和不必要的限制。从上述指导思想出发，我们可以考虑以下立法原则。

1. 与国际电子商务法律的协调

电子商务运行平台的开放性及其开展范围的广泛性需要国内立法与国际立法的协调。联合国国际贸易法委员制定的《电子商务示范法》，支持在电子商务中的国际合同，确定和认可了通过电子手段形成的合同规则和范式，规定了约束电子合同履行的标准，定义了构成有效电子书写文件和原始文件的条件，提出了为法律和商业目的而做出的电子签名的可接受程度，同时支持在法庭上和仲裁过程中可使用计算机证据，为世界范围电子商务的发展奠定了基础。中国在进行电子商务立法时应注重对国际相关法律的研究和参考。

2. 采用“功能等同”方法

起草电子商务法应认识到：针对传统的书面文件的法律规定是利用现代信息手段发展商务活动的主要障碍。在拟定电子商务法时，首先应考虑能否通过扩大“书面形式”、“签字”和“原件”等概念的范围，把以计算机为基础的技术包括进去，解决传统规定造成的障碍。所以，电子商务法应允许将国内有关立法加以修改并制定新的规则，使电子手段方式满足书面形式的要求。即依赖一种称做“功能等同”的新方法进行立法工作。该办法立足于分析传统的书面要求的目的和作用，以确定如何通过电子商务技术来达到这些目的或作用。例如，书面文件的可识读性、长时间内保持不变性、可复制性等基本特征，电子记录亦可提供同样程度的安全保证，而在大多数情况下，特别是就查明数据的来源和内容而言，其可靠程度和速度要高得多，但注意这同时需要符合若干技术和法律要求。然而，采取“功能等同”办法不应造成电子商务使用者须达到较书面环境更加严格的安全标准（和相关费用）。

3. 跟踪电子商务的最新发展

计算机发展日新月异，更新换代周期日益缩短，涉及的社会领域不断拓宽，并向纵深发展，由此带来的社会问题也在不断发生变化。电子商务法的研究、制定必须紧跟计算机技术发展的步伐，不断更新和突破，否则将很难解决新问题和新的矛盾冲突。

联合国从 1984 年便开始着手有关电子商务立法，先后提出了“自动数据处理的法律问题”、“计算机记录的法律价值”、“对利用电子方法订立合同所涉及法律问题的初步研究”、“电子数据交换所涉及法律问题可能的统一规则提纲”等报告，最终出台了“电子商务示范法”，每一次都是随技术的变化而做了较大程度的修改。所以，我国在拟定电子商务法时，一方面应有一定的超前性，另一方面应留有余地，以便适应电子商务发展的新情况。

总的来说，对于整个电子商务活动的立法问题，应采取以下措施：

① 加强电子商务法制建设的领导，成立相应的组织，采取相应的政策与措施。目前，世界各发达国家都已成立了相应的机构，我国也应成立相应的机构，把电子商务作为一项系统工程来抓。

② 逐步以行政立法、地方立法和国家立法的方式将网上商务作为一种企业经营内容加以

阐述和论定，动员全球企业界积极参与电子商务法制建设，建立相应的立法和法规，从建设中国电子商务法制体系的全局出发，提出具体立法的内容和步骤，供立法界参考。

③ 网上企业的资质认定体系范畴问题。传统企业的资质认定，我们已有一定的程序和体系，网上企业拥有与非网上企业不同的特点，其资质认定也必须有一定的程序和体系。和金融业类似，信用在网上交易中扮演着重要的角色。所以，必须要有一个严格的资质认定体系，保证网上交易的正常进行。

④ 电子商务活动的监管问题。原则上，网络上的电子商务活动可以自由进行。但是，为了保证买卖双方的利益，有必要进行适当的监管。

⑤通过国际合作和充分协商系统地、全面地推进电子商务法制建设。应加强国际交流，了解电子商务最新发展动态，以及各国政府对电子商务所实行的政策，以推动我国电子商务的发展。因此，建议中国电子商务立法应充分考虑与国际电子商务法规的协调问题。

7.4.3　立法的范围

1. 电子商务法的调整对象

调整对象是立法的核心问题，揭示了特定主体所产生的社会关系，也是一法区别于另一法的基本标准。根据电子商务的内在本质和特点，电子商务法的调整对象应当是电子商务交易活动中发生的各种社会关系，是在广泛采用新型信息技术并将这些技术应用到商业领域后形成的特殊的社会关系，它交叉存在于虚拟社会和实体社会之间，有别于实体社会中的各种社会关系。

2. 电子商务法涉及的技术范围

对电子商务立法范围的理解，应从“商务”和“所包含的通信手段”两个方面考虑。一方面，应对“商务”一词做广义解释，使其包括不论是契约型或非契约型的一切商务性质关系所引起的种种事项。商务性质关系包括但不限于下列交易：供应、交换货物或服务的任何贸易交易；分销协议；商务代表或代理；客账代理；租赁；工厂建造；咨询；工程设计；许可贸易；投资；融资；银行业务；保险；开发协议或特许；合营或其他形式的工业或商务合作；空中、海上、铁路或公路的客、货运输。另一方面，电子商务所包含的通信手段包括：通过电子手段进行的自由格式的文本的传递；以电子数据交换方式进行的通信；计算机之间以标准格式进行的数据传递；利用公开标准或专有标准进行的电文传递等。在某些情况下，“电子商务”概念还可包括电报和传真复印等技术的使用。电子商务立法的范围应当是“商务”和“所包含的通信手段”两个子集所形成的交集。

3. 电子商务法涉及的商务范围

从本质上讲，电子商务仍然是一种商务活动。因此，电子商务法需要涵盖电子商务环境下合同、支付、商品配送的演变形式和操作规则；需要涵盖交易双方、居间商和政府的地位、作用和运行规范；也需要涵盖涉及交易安全的大量问题；同时，还需要涵盖某些现有民商法尚未涉及的特定领域的法律规范。

7.4.4 立法的途径

目前，现行法规与实践发展不相适应的矛盾越来越突出，电子商务立法的呼声也越来越高，但途径何在？如何着手？法律界、商务界、信息技术界等众多专家、学者都在积极探讨和交流。目前认为电子商务立法可以有两条途径：

① 先分别立法，制订单行法规，如电子合同规则、支付规则、提单规则、商务税收征收办法、网络广告规则等，待时机成熟后，再进行综合立法。这种方法能够及时解决电子商务发展过程中的具体问题，并可在实践中不断积累经验，逐步形成比较完善的综合立法的思路。但因缺乏宏观思考、全局性不足，各单行法规很难实现统一化和一体化。

② 先综合立法，出台电子商务基本法，然后对各个具体问题制订单行法规。这种立法思路有利于从宏观上把握电子商务这一新事物的发展趋势，有利于统一电子商务活动中对关键问题的看法。基本法制定出来后，可以指导、规范实践活动，并随发展现状而及时进行修正。同时，单行法规也需要经常修改和变动，但因有基本法进行整体指导和规范，可相应减少由此产生的诸多矛盾冲突。

7.5 我国电子商务立法

电子商务交易安全的法律保护问题涉及到两个基本方面：第 1，电子商务交易首先是一种商品交易，其安全问题应当通过民商法加以保护；第 2，电子商务交易是通过计算机及其网络而实现的，其安全与否依赖于计算机及其网络自身的安全程度。

电子商务立法首先要解决电子交易的合法性，例如，怎样取得交易的电子证据，法律是否认可这样的证据，以及电子货币、电子银行的行为规范，跨国银行的法律问题；其次，对电子商务的安全保密也必须有法律保障，对计算机犯罪、计算机泄密、窃取商业和金融机密等也要有相应的法律制裁，以逐步形成有法律许可、法律保障和法律约束的电子商务环境。

7.5.1 我国电子商务法制建设现状

我国电子商务经过近几年的发展，已形成了一定的电子商务基础规模。不少省市都提出了自己的电子商务发展框架，有的已开始制定电子商务发展规划。但有关电子商务的法律规范却相对滞后，有关电子商务市场准入、认证体系、支付结算、交易主体的行为规则以及电子交易中必须涉及到的电子合同、电子发票、电子税单等的法律效力还没有做出明确规定。造成我国电子商务交易处于自发的、无序的发展状态，一个简单的例子是，尽管不少人已意识到电子商务的便利和优势，但由于交易双方在计算机后面操作，互不相识，在互相信任、隐私权等方面存在障碍，又没有相关的法律保护双方的权益，这使许多人对电子商务望而却步。再比如，企业应是电子商务的最大受益者，但由于我国市场经济法律制度尚不完善，尤其还没有电子商务方面的专门性立法，因而企业的市场行为随意性大，增加了市场交易活动的风险，这些都不利于我国电子商务的发展。

7.5.2 我国涉及计算机安全方面的法律法规

1. 计算机安全通常表现在两方面

一个是对计算机系统的安全保护，另一个是对计算机犯罪的防范打击。对计算机系统的安全保护又包括对计算机系统中薄弱环节的检查，即对现有计算机系统和设计中的计算机系统应有的安全检查和安全审查，找出其薄弱环节和安全隐患，对安全隐患及时加以补救，增加计算机系统的安全保护能力。

1994 年 2 月 18 日，我国颁布了《中华人民共和国计算机信息系统安全保护条例》（以下简称《条例》），这是我国的第 1 部计算机安全法规，是我国计算机安全工作的总体纲领。它标志着我国的计算机信息系统安全治理走上了规范化、法制化的轨道。《条例》不仅明确规定了“计算机信息系统的建设和应用，应当遵守法律、行政法规和国家其他有关规定。”而且具体提出了计算机信息系统安全保护的 8 项具体制度，使我国计算机信息系统安全保护更加规范化、具体化。

① 计算机信息系统安全等级保护制度。

② 计算机机房安全管理制度。

③ 计算机信息系统国际联网备案制度。

④ 计算机信息媒体进出境申报制度。

⑤ 计算机信息系统使用单位安全负责制度。

⑥ 计算机案件强行报告制度。

⑦ 计算机病毒及其有害数据的专管制度。

⑧ 计算机信息系统安全专用产品销售许可证制度。

2. 其他

1989 年，我国首次在重庆西南铝厂发现计算机病毒后，立即引起有关部门的重视。公安部发布了《计算机病毒控制规定（草案）》，开始推行“计算机病毒研究和销售许可证”制度。

1991 年 5 月 24 日，国务院第八十三次常委会议通过了《计算机软件保护条例》，这一条例是为了保护计算机软件设计人的权益，调整计算机软件在开发、传播和使用中发生的利益关系，鼓励计算机软件的开发与流通，促进计算机应用事业的发展，依照《中华人民共和国著作权法》的规定而制定的。这是我国颁布的第 1 部有关计算机的法律。

1991 年 12 月 23 日，国防科学技术工业委员会发布了《军队通用计算机系统使用安全要求》，对计算机实体（场地、设备、人身、媒体）的安全、病毒的预防以及防止信息泄露制定了具体措施。

1992 年 4 月 6 日机械电子工业部发布了《计算机软件著作权登记办法》，规定了计算机软件著作权管理的细则。

3. 用于防范计算机犯罪的法律手段

1997 年 10 月 1 日起我国实行的新《刑法》，第一次增加了计算机犯罪的罪名，包括非法侵入计算机系统罪，破坏计算机系统功能罪，破坏计算机系统数据程序罪，制作、传播计算机破坏程序罪等。这表明我国计算机法制管理正在步入一个新阶段，并开始和世界接轨，计算机法的时代已经到来。

我国的新《刑法》确定了计算机犯罪的5种主要形式：

① 违反国家规定，侵入国家事务、国防建设、尖端科学技术领域的计算机信息系统。

② 对计算机信息系统功能进行删除、修改、增加、干扰，造成计算机信息系统不能正常运行。

③ 对计算机信息系统中存储、处理或传输的数据和应用程序进行删除、修改、增加的操作。

④ 故意制作、传播计算机病毒等破坏性程序，影响计算机系统的正常运行。

⑤ 利用计算机实施金融诈骗、盗窃、贪污、挪用公款、窃取国家机密或其他犯罪行为等。

新《刑法》有关计算机犯罪的规定，是惩处计算机犯罪最有力的武器和最基本的依据。

7.5.3 我国涉及网络安全管理的一系列行政法规

自1994年以来，国务院及其有关部委相继出台了以下一系列涉及网络安全的行政法规：

《中华人民共和国计算机信息系统安全保护条例》

《中华人民共和国计算机信息网络国际联网管理暂行规定》

《中国互连网络域名注册暂行管理办法》

《计算机信息网络国际联网安全保护管理办法》

《计算机信息系统网络国际联网出入口信道管理办法》

《中国公用计算机互连网国际联网管理办法》

认真落实这些强制性的安全措施，就能够为计算机网络系统提供良好的运行环境。

7.5.4 我国电子商务交易安全的法律法规

我国现行的涉及交易安全的法律法规主要有4类：

① 综合性法律。主要是民法通则和刑法中有关保护交易安全的条文。

② 规范交易主体的有关法律。如公司法、国有企业法、集体企业法、合伙企业法、私营企业法、外资企业法等。

③ 规范交易行为的有关法律。包括经济合同法、产品质量法、财产保险法、价格法、消费者权益保护法、广告法、反不正当竞争法等。

④ 监督交易行为的有关法律。如会计法、审计法、票据法、银行法等。

总之，电子商务法制建设任重道远。法律是社会规范的基石，目前国内在互连网和电子商务的实践上和应用上还处于初期阶段，出台相应的法律法规在一定程度上还不成熟。规定松了，起不到作用；规定严了，阻碍发展。但无论如何，法制的建设、标准规范的建设一定要跟上，这样才能产生相互匹配的发展过程。

在电子商务环境中，我们很多的工作、学习方式都已改变，作为法律规范也应有变化。法律法规的制定不能只看做是某些技术规范，而是应看成针对新的社会形态、新的工作生产环境、新的贸易方式需要有新的法律体系来规范。

电子商务法制建设不是一蹴而就的事情，还有待各界有关人士和政府的共同努力。电子商务立法的过程中重要的是要把握好一个“度”的问题，即对电子商务活动的管理严谨度，这要求国家政府和有关部门共同把握。

习题 7

1. 选择题（答案可能不只一个）

（1）根据《中华人民共和国计算机信息网络国际联网管理暂行规定》第 8 条，网络交易中心的设立必须具有的条件不包括（　　）

A. 依法设立的企业法人或者事业法人

B. 具有相应的计算机信息网络装备以及相应的技术人员和管理人员

C. 具有健全的安全保密管理制度和技术保护措施

D. 具有商品的交易能力

（2）对于网络商品的中介交易，下列说法不正确的是（　　）

A. 它的基础是互连网

B. 它利用先进的通信技术和计算机软件技术，仅将商品供应商、购买方紧密联系起来

C. 它的存在能促使双方签定合同

D. 买方收到货物后，他会主动通知银行

（3）关于网络交易中心在电子商务中介交易中扮演的角色说法错误的是（　　）

A. 介绍者　　B. 交易者　　C. 促成者　　D. 组织者

（4）1997 年 10 月 1 日起我国实行的新刑法，第一次增加了计算机犯罪的罪名，下面不属于计算机犯罪范畴的是（　　）

A. 非法侵入计算机系统罪　　B. 破坏计算机系统数据程序罪

C. 破坏计算机系统功能罪　　D. 盗窃计算机罪

（5）选出属于电子商务带来的法律新问题的选项（　　）

A. 网上电子支付问题

B. 在线不正当竞争与网上无形财产保护问题

C. 电子合同问题

D. 网上个人隐私保护问题

（6）从本质上讲电子商务仍然是一种商务活动，选出属于电子商务法所涵盖的选项（　　）

A. 电子商务法需要涵盖电子商务环境下的合同、支付、商品配送的演变形式和操作规则

B. 需要涵盖双方、居间商、政府的地位、作用和运行规范

C. 需要涵盖涉及交易安全的大量问题

D. 不需要涵盖现有民商法尚未涉及的特定领域的法律规范

（7）关于 CA 的说法正确的是（　　）

1. 第三方机构

2. 组织实体

3. 必须对整个电子商务的交易秩序负责

4. 带有半官方性质

A. 123　　B. 234　　C. 134　　D. 1234

（8）在线交易的标的物有（　　）

A. 有形产品　　B. 有形服务　　C. 无形服务　　D. 无形产品

（9）特殊形态的电子商务有（　　）

A. 网络广告　　B. 网上拍卖　　C. 网上支付　　D. 网上证券交易

（10）在电子商务条件下，卖方应当承担的义务有（　　）

A. 按照合同的规定提交标的物及单据　　B. 对标的物的权利承担担保义务
C. 卖方应当承担对标的物验收的义务　　D. 对标的物的质量承担担保义务
(11) 最简单的证书包括（　　）
A. 公开密钥　　B. CA 中心名称　　C. 证书名称　　D. CA 中心的数字签名
(12) 世界上第 1 个关于电子商务的法律是（　　）
A.《电子商务法》　　B.《电子商务签字示范法》　C.《电子商务示范法》　D.《电子商务规则》
(13) 对电子签字说法正确的是（　　）
A. 确定一个人的身份
B. 肯定是该人自己的签字
C. 使该人与文件内容发生关系
D. 是在电子商务环境下的一个具有与书面签字功能相同的替代物
(14) 我国现行的涉及交易安全的法律法规主要有（　　）
A. 规范交易主体的有关法律　　B. 规范交易行为的有关法律
C. 监督交易行为的有关法律　　D. 监督交易主体的有关法律

2. 简答题

(1) 简述电子商务的发展带来了哪些法律问题。
(2) 简述电子商务交易中买卖双方当事人的权利和义务。
(3) 简述网络交易中心的法律地位。
(4) 电子商务交易中银行承担责任的形式通常有哪些？
(5) 简述认证中心的作用。
(6) 简述《电子商务示范法》的作用。
(7) 简述电子商务法所涉及的商务及技术范围。
(8) 简述我国第 1 部计算机安全法规所提出的计算机信息系统安全保护的具体制度有哪些。
(9) 我国新《刑法》确定的计算机犯罪的 5 种主要形式是什么？
(10) 简述网络交易中心设立的条件。
(11) 简述我国现行涉及交易安全的法律法规主要有哪 4 类。

第8章 电子商务中的新型中介

8.1 市场中介

8.1.1 市场中介的作用

市场中介是指市场经济活动中，在企业之间、企业和消费者之间提供消费服务的企业，以及在最终消费者间从事信息交流和获取、产品传递、资金流转以及辅助决策，并为企业的生产经营提供劳动力、资金等生产要素服务的一类企业或组织。市场中介行业是随着市场经济的发展而逐步成长起来的，它们为买卖双方提供了进行交易的途径。

市场中介主要分为商业中介和渠道中介两类。商业中介主要包括生产资料流转市场和社会零售商品市场等。商业中介形成了市场，也就形成了交易环境，商品买卖双方只要加入到市场中去，就可以找到商业伙伴进行交易，这样可以大大降低企业的交易费用。渠道中介主要包括交通运输业、金融业、通信业等实现商品交易的行业。渠道中介是在商品的生产、销售产业链中建成的，是贯穿整个产业链的完整渠道。它使得商流、物流、资金流和信息流能够沿着这些渠道顺畅流动。随着渠道中介的产生，交易方式变得多样化，交易环境更加优化，交易规模也开始变大，这样导致企业业务量激增，并使企业的交易成本进一步降低。

目前，人们普遍认为进行电子商务就是为了减少交易中介，降低交易成本以获取利润。实际上，电子商务可以使中小企业加入到原来只有大型企业才能进入的交易环境中，获取原来只为大企业提供的交易信息和交易方式，以取得和实力雄厚的企业平等交易的地位。这种交易环境、交易信息、交易方式和交易地位只能由新型的市场交易中介组织提供，因而市场中介不会消失，只会随着电子商务的发展变得结构更复杂，功能更强大，企业和消费者对其依赖性更大。

8.1.2 电子商务交易中介

随着电子商务的出现，参加买卖的双方企业在进行交易的全部过程中，都是尽量利用电子化的手段，这就促使整个企业界共同向业务电子化方向发展。为整个社会实现商务活动电子化提供服务的产业，我们称为电子商务服务业。这里所指的电子商务服务业主要是非生产型的服务行业和组织，主要指为实现信息流高效流动的电信业、信息服务和咨询业，为实现物流高效流动而服务的交通运输业，为实现资金高效流动而服务的金融业，为企业提供较大范围的交易资源共享的赢利和非赢利组织等构成市场交易环境的服务行业等。

在电子商务发展前期，电子商务服务业仅限于为具有一定经济实力的企业服务。但是

Internet的出现提供了一种极为便利的工具，可以使中小企业能以极低的费用为客户提供产品和服务。电子商务的发展促使了交易中介的业务转型：一部分交易中介成为构成电子化交易必不可少的电子化环境，它们从交易的中介转变为交易的基础设施，如交通运输业、金融业和电信业；另一部分交易中介随着赖以存在的环境消失而消失了，如多级的批发代理。

交通运输业、金融业和电信业处于电子商务交易中介的基础层。这3个行业的业务处理是一切商业交易行为必需的因素，是实现交易的基础设施。处于电子商务交易中介应用层的是提供有特色的电子商务服务的行业，如Internet接入服务业、Internet上的信息提供服务业、信息咨询业和网络系统集成业等。

电子商务时代，通过利用Internet和其他各种行之有效的通信方式，交易中介为企业提供了全新的交易方式，使交易更为有效，并极大地扩展了市场交易的范围，降低了交易双方进入市场的成本。在这个虚拟的空间里，企业利用电子化的通信方式沟通、谈判、成交和保持业务往来。但是对于企业来说，要进入这样的虚拟交易市场，他们自身要具有进入电子商务环境的电子化装备，如计算机系统、多媒体通信系统和IC卡系统等。随着这些电子商品的价格降低，小企业和个体消费者已经基本具备这些电子化装备，因而一旦Internet为这些不同规模的企业提供了一个能随时接通联系的通信环境，他们的交易自然就以电子化和网络化的方式展开了。

在电子商务时代，电子化的交易中介还要继续扩大服务规模，形成每个企业都能随时利用的廉价资源，为企业提供针对他们的个性条件而设的中介服务方式，以此吸引企业加盟，进而获得规模效益。各企业能够随时利用电子商务中介实现低成本的市场扩建，裁减交易过程的辅助业务部门，专心于为客户提供更好的产品而进行的设计和生产业务。企业无论规模大小，他们通过电子商务交易中介都能达到自己最大的交易空间。因此，电子商务社会为众多小企业提供了广阔发展的市场空间和众多的机会。

在电子商务时代，企业之间通过电子化的交易中介进行交易，由于联系业务大多是电子化的，企业间的利益协调机制变得灵活了，企业对交易的反应比过去要快，认识和把握市场的能力比过去要强，进行市场交易的风险降低了。这样，企业业务内容更加围绕自己的专业产品，而把其他辅助业务和原材料供应业务等包给交易中介和其他交易主体企业。

在现代商品社会，人们所交易的商品不断细分，业务专业化程度不断提高，企业间和消费者间的关系复杂度越来越高。消费模式出现显著变化，表现在消费专业性强，市场区分度大，消费习惯向个性化发展等。销售模式出现显著变化，表现在竞争的商品间性能差异小，品牌差异大。企业组织方式上出现显著变化，企业间的兼并更多的是为了获得客户渠道和有效的商业模式，企业规模向大小两极发展。对交易中介行业来说，电子商务环境中，竞争实力不再是地理上的营业网点和业务员的数量多少，而是能否提供利用最新技术的服务；竞争的资源也不仅仅是实物和资金，还包括已经拥有的用户群、业务创新能力和独特的商务模式。

8.2 ISP在电子商务中的作用

Internet服务提供商（Internet Service Provider，ISP）是电子商务的新型服务中介。它的主要任务是为各企业提供Internet接入服务和以整体网络服务方式为企业提供网络平台服务。它包括 Internet 上的接入服务（IAP）和平台服务（IPP）。

8.2.1 Internet 接入服务商

Internet 接入服务商（Internet Access Provider，IAP）分为两个层次：底层是物理网络的提供商，上层是网络接口的提供商。物理网络提供商通过租用电信系统的物理通信线路以及自己铺设的通信线路组成一个区域级或国家级的广域网，这个广域网一般是基于 TCP/IP 的逻辑网，这个逻辑网提供了众多接入端口给下一级的网络接口提供商。网络接口提供商则把在这些接口范围内的众多入网用户通过电话拨号或专线形式连接进入 Internet。网络接入服务是电子商务的物理基础，是一个业务量急剧上升且服务内容和质量尚有巨大改进空间的行业。

物理网络提供商一般拥有自己通信线路，可以将自己的一部分 Internet 网络接口零售给下一层的网络接口提供商。在我国，因为通信线路归电信部门独家管理，所以我国的物理网络提供商一般没有自己的 Internet 物理线路，而是向电信部门租用的。

同时，物理网络提供商需要向上提供联通其他 Internet 广域网的网关，这些网关及其连接线路就构成了 Internet 的骨干网。物理网络提供商的日常业务主要是维护路由、检测通信质量、保持网络通信畅通，并在此基础上统计流量、进行计费工作。其收入主要包括向网络接口提供商收取接入网络基础费和流量费，向大企业收取 Internet 维护费。

网络接口提供商的业务是通过租用中继线，设置拨号路由器，一端连接物理网络提供商的 Internet 接口，一端连接众多的通过电话拨号等多种方式进入 Internet 的终端用户。他们的日常业务主要是保持接入部分的畅通和通信质量，例如，用户的账户维护、统计流量和计费、向客户提供接通时间、通信流量和收费情况的查询。其收入主要来自服务，主要包括：接入用户的月租费和信息流量的费用。

网络管理、记账管理和用户数据维护是 IAP 的主要工作。

1. 网络管理

接入 Internet 的软硬件产品存在着型号多、覆盖面广、用户众多的特点。因而需要更为全面、完整的网管系统作为网络管理者强有力的管理工具来检测和管理整个网络的运行。网络管理者通过网管软件可以直观及时地查看网络状态、设备配置、网络负载等。在物理网络供应商的骨干网网管中心内，网络管理者可以及时了解到全网各结点的网络运行情况，查看遍布整个网络的众多服务器、路由器等的工作状态、负载情况、配置情况、故障报警。通过图形和数据的显示，使管理者更加直观地了解系统状态。网管系统不但可以动态显示实时网络数据，还可以将历史数据记入日志文件和数据库中供用户进行后期处理。

2. 记账管理

记账管理的主要内容是对网络资源的使用进行计费。目前记账工作从原始计费信息的采集到数据统计，再到账务系统整个计费过程完全借助数据库来完成。

3. 用户数据维护

用户数据维护是为用户提供进一步服务的基础。用户可通过 Internet 修改自己的密码、家庭住址、邮政编码、电话号码等用户信息。

8.2.2 Internet 平台服务商

Internet 平台服务商（Internet presence provider，IPP）的主要业务是向一些普通上网企业提供网站建设、Web 服务器的维护等工作。

目前较高的数据线路租用费和网上信息资源的缺乏已经成为 Internet 商务发展和普及的两大最主要障碍。一般来说一个单位或企业如果想在 Internet 上建立自己的服务器，开展自己的 Internet 服务或联机业务，一般需要租用昂贵的专用数据线路，购置专用的网络设施，并配备专门的网络操作维护人员，还要及时进行软硬件升级更新。这种现状造成企业进行电子商务应用或者提供网络信息服务的成本很高，严重地限制了网上信息资源和服务的良性增长。

IPP 的出现改变了这种现状，IPP 为企业上网筑起一个快捷、经济和可靠的服务平台。IPP 为企业提供了更高的访问服务速度，全面的管理和监测服务、更高的稳定性和持续性、更好的安全性、更及时的升级和更新，特别是更低的运营成本。因此各大网站，全都成为 IPP 的忠实用户和亲密伙伴。同时，在这种环境下，也使得 IPP 的发展变得有利可图。因此，在今后一段时间内，IPP 企业将会蓬勃发展。

IPP 服务主要包括网站寄存、客户服务、网站管理、监控与维护、内容策划、推广服务、网上出版、电子商务服务和网上商场等，同时也包括即将推出的一些属于联机服务的项目内容。

（1）网站寄存服务

主要包括虚拟主机、服务器寄存和系统寄存服务。虚拟主机是一种服务资源共享技术，它采用特殊的软硬件技术，把一台物理主机分成多台“虚拟”的主机，每一台虚拟主机都具有独立的域名和 IP 地址（或采用 IP 扩展技术共享 IP 地址），并可由用户独立地进行管理，具有完整的 WWW 服务器、E-mail 服务器、FTP 服务器等功能。由于多台虚拟主机共享一台真实主机的资源，每个用户承受的硬件费用、网络维护费用、通信线路的费用均大幅度降低。IPP 除了可以提供可靠和安全的网络环境外，还配备有不间断电源、备份、全天候的监控和技术支持、自动报警和紧急呼叫等配套支持服务。由于目前中国和海外网络连接的带宽瓶颈，以及在各网段间的偶发故障，IPP 在各网络中心建立起“多主机镜像和自动资源分配”服务，可以将访问者的访问请求自动指向离访问者最近和资源最充裕的主机，无论访问者来自何方，都能够得到最快的访问速度和最佳的浏览效果。

（2）客户服务平台

是指对客户更好地管理和运营自己的网站提供的平台服务。比如帮助客户完成对其访问者进行跟踪和登记、维持与访问者的 E-mail 联系、维系客户 Mailing List、提供详尽的网站统计和分析，提供 CGI 资源库、Java 和 Java Script 库、Homepage 设计资源库等，提供 BBS 自动生成，创建和设置聊天室等。客户服务平台帮助一个普通的网站主人轻松地营造一个丰富多彩、功能强大的网站，并能够对网站的访问状况及时准确地了解，对网站的访问者保持细致深入的管理和沟通，最终实现客户的经营目标。

(3) 网站管理

网站管理包括资源分配、资源分析、性能测试、安全管理、漏洞侦测等几个方面。网站管理帮助系统管理员和网站主人对网站的资源进行最优组合和利用，合理分配流量和流向，合理分配主机资源，提供性能参数，管理内容和结构的完整性，并保证系统安全可靠地运转，尽量提前避免漏洞的出现和危险的发生。

(4) 监控与维护

该项服务包括网站监控、内容监控和安全监控，对所有寄存网站的主机性能、资源占用程度、带宽等进行实时监控和记录，对不良状况进行预警并根据这些记录数据对系统进行全面的维护。

(5) 内容策划

网站内容的建设包含 3 个方面，建立产品或企业的电子手册、网站内容的定位和设计、网站电子商务功能的策划与设计。目前许多主页设计服务公司主要提供的是给企业建立电子产品（服务）手册，而对企业网站的内容设计和电子商务功能的设计方面还显得不足。

(6) 推广服务

访问量是网站价值最重要的体现，企业应该利用一切可以利用的手段推广其站点。除了通过传统媒体宣传外，IPP 可以帮助客户在 Internet 上推广其站点。同时 IPP 的网站寄存服务可以为用户的网站配置统计软件、统计分析和计数器等，企业可以很方便地掌握自己网站的访问情况和推广的效果。

(7) 网上出版

IPP 可以为各种报纸、杂志或其他媒体免费提供网上空间，帮助其建立网上刊物。电子商务在网站寄存服务基础上，用户可以自行或由 IPP 开发基于寄存系统的联机数据库，完成对网上信息的搜集、整理、统计和处理等工作，使网站成为真正的信息交换处理中心，对企业各部门和管理部门起到辅助办公的实际作用，帮助企业逐步实现电子商务。同时，IPP 还可以提供基于寄存系统的联机数据库与基于企业内部网的本地数据库进行关联和数据交换的方案和服务。这样，企业在没有将内部网直接连接到广域网的条件下，既可以完成内外部信息的协同处理，又保证了企业内部网信息和数据系统的安全。

(8) 联机服务

它是更高层次的商务交流平台。它是一种网中网，采用成员制，只有成员才可以通过这个网，进行企业间的信息交流，同时互为宣传，促进成员间的沟通。

总之，IPP 是一种新兴的中介，它提供的服务可以使信息服务提供者暂不租用专用数据线路，而直接开始网上商务和网络应用，为企业以低廉的成本开展电子商务应用提供了最有利的选择。IPP 的平台服务将创造出大量充满活力的网上内容和服务经营者，财政状况非常紧张、或者信息基础较薄弱的企业也有机会开始尝试电子商务提供给他们的崭新机会，这无疑可以帮助企业逐步掌握电子商务工具，及时营造企业本身的信息化基础。这样，许多中小型企业不必具备一支专业的网络技术队伍，而且 IPP 还可以提供简易的网上内容维护工具，使普通办公人员具备网络编辑和出版的能力。企业不必再承担将内部网连入广域网的风险，并且可以完成内外网络体系的关联和数据交换。

8.2.3 企业服务呼叫中心

“呼叫中心”是一些企业为用户提供及时的咨询和技术支持服务而设立的。早在 20 世纪 80 年代，欧美等国的电信企业、航空公司、商业银行等为了密切与用户的联系，应用计算机的支持、利用电话作为与用户交互连系的媒体，设立了“呼叫中心”（call center），也可称做“电话中心”，实际上就是为用户服务的“服务中心”。“呼叫中心”把传统的柜台业务用电话自动查询方式代替。“呼叫中心”能够每天 24 小时不间断地随时提供服务，并且有比柜台服务更好的友好服务界面，用户不必跑到营业处，只要通过电话就能迅速获得信息，解决问题方便、快捷，增加用户对企业服务的满意度。

在今天，呼叫中心已经成为现代商业得以生存的关键因素。如果没有呼叫中心，任何商业服务机构不可能有竞争力。各种大小公司正意识到投资高级的呼叫中心可能是他们惟一可在竞争中取胜的利器。一个设计良好的呼叫中心，使企业能够增进同客户的联系，为客户提供及时的技术支持服务，进而提高自己的竞争力，拓宽销售机会，提高公司职员的生产力。

早期的呼叫中心主要是起咨询服务的作用。开始是把一些用户的呼叫转接到应答台或专家。随着要转接的呼叫和应答的增多，开始建立起交互式的语音应答（IVR）系统，这种系统能把大部分常用问题由机器应答，即“自动话务员”应答和处理，这种“呼叫中心”由机器应答代替了人工应答，可称为是第 2 代呼叫中心。

随着计算机技术应用于通信领域，呼叫中心也应用了计算机电话集成（CTI）技术，使呼叫中心的服务功能大大加强。CTI 技术是以电话语音为媒介，用户可以通过电话机上的按键来操作呼叫中心的计算机。接入呼叫中心的方式可以是用户电话拨号接入、传真接入，计算机及调制解调器（Modem）拨号连接以及 Internet 网址（IP 地址）访问等，用户热交换后，就能收到呼叫中心任务提示音，按照呼叫中心的语音提示就能接入数据库，获得所需要的信息服务，并且还可进行存储、转发、查询、交换等处理。有的还可以通过呼叫中心完成交易。这种“呼叫中心”可称为第 3 代呼叫中心。

每一种新的呼叫中心应用都对企业现有的通信网络基础结构提出新的要求，从单一的电话网到传真网及计算机网，如果正确地处理好这些新应用和网络基础结构的关系，那么企业就可以充分利用这些新应用，因此新的呼叫中心采用的关键技术将是网络集成技术，呼叫中心的网络集成就是在一个普通网络基础结构上集成数据、语音和图像通信，通过利用集成的语音、图像和数据，信息能以各种规定的方式进行传送，这些方法鼓励用户通过自我服务获得所需的信息。随着企业和客户普遍使用 Internet 进行通信联系，企业必须通过 IP 网络集成技术把自己的 Web 网站上的售前售后服务支持也纳入原有的呼叫中心，并在此基础上完成多媒体的呼叫中心的建立，这种网络集成将是非常典型的企业级 IP 统一网络，相应的呼叫中心可以看成是第 4 代呼叫中心，它包括 Web 呼叫中心和多媒体呼叫中心。

建立这样的服务呼叫中心对小企业来说，无论从技术方面还是设备方面，都有很大的困难，但是对 ISP 来说却是非常方便和廉价的。因此，ISP 利用自己的网络资源和技术优势为其他企业提供服务呼叫中心的建设和维护业务将是 ISP 的又一个新的业务增长点。

8.3　ICP 在电子商务中的业务

8.3.1　网上信息服务业务的种类

Internet 内容提供商（Internet content provider，ICP）是指通过 Internet 展开信息服务业务的传统和新兴的信息服务业。

Internet 上的信息产品根据收入来源分为 3 大类：第 1 类是广告信息产品，他们通过提供各类免费信息或功能，来吸引用户访问，以此方式来获得广告收入；第 2 类是增值信息产品，他们提供专业数据库，发布商情、金融实时行情，收入主要来源于年费、会员费；第 3 类是电子商务信息，收入来源于成交佣金。

ICP 按服务对象和提供的信息内容等分类，主要包括网上媒体运营商、数据库运营商、信息咨询商和信息发布代理商。

（1）网上媒体运营商

主要面对普通的上网用户，通过免费为上网用户提供信息服务来聚集消费者。普通用户通过自己的浏览器输入媒体运营商的 Web 网址，进入其服务网站即可获得媒体运营商提供的信息。这些免费的信息服务主要包括分类新闻、Internet 上的信息目录分类、Internet 上的网页和网站搜索、个人的个性化信息服务配置、聊天室和分类广告等。网上媒体运营商提供的信息内容和服务方式如同传统的报纸、杂志和电台、电视台等大众传播媒体，同时网上媒体运营商的收入来源结构也与传统的大众媒体十分相似，主要来源是广告收入和将网上用户吸引至交易网站并实现成交的介绍费。

（2）数据库运营商

主要面对的是上网进行专题信息检索的专业人士。如同传统的信息查询和联机检索服务商，数据库运营商提供的信息内容主要是按专业领域分类的各种统计数据、文献、书目和论文期刊等，不同的是这些信息的收集和分发的途径主要转移到了 Internet 上。数据库运营商通过发展会员收取年费，通过出售定期光盘和定制的专题跟踪信息来赢利。用户使用会员的用户名和密码进入数据库运营商的 Web 网站，提交自己要查询信息的各种要求，数据库运营商将以用户指定的通信方式将检索的信息结果返回给用户。由于数据库运营商的信息占有量大，且不易灵活地针对个案进行零售方式的信息提取，所以它们一般作为其他网上媒体数据库全文检索的后台。

（3）信息咨询商

主要是为企业界提供战略规划和决策咨询服务。它们的优势在于信息占有量大，对信息进行二次开发的信息挖掘能力强。针对不同用户企业的业务范围不同，信息咨询商在营销、管理和人员培训等方面有不同的信息支持，可进行个案深入研究。目前信息咨询商在 Internet 上能提供给企业用户的还只是一般的个案信息、市场预测和日常的人员培训等，这些信息的收费方式主要是会员制，重大的战略规划和决策支持迁入 Internet 还需时日，但这种迁入是必然的，只有在 Internet 上才具有展开战略规划和决策支持的多方协同工作环境。

(4) 信息发布代理商

它是传统的信息中介代理在 Internet 上展开代理的全新业务方式。传统的信息中介代理，如职业介绍所、房屋置换介绍所和科技成果转让市场等，他们的作用是为交易双方提供一个信息集中发布的市场环境。这些信息只有集中起来才能体现规模效应，使交易主体聚集在这个市场环境中，根据众多潜在的交易对手发布的信息选择合适的交易对手。但是传统的信息发布代理延迟大、交易双方进行充分选择的信息处理手段落后。Internet 上的信息发布代理商与此不同，他们在网上能为交易主体提供方便的双向信息发布环境，使交易主体进行信息更新和查询的双向信息交换速度加快。交易主体实现撮合的选择余地更大、延迟降低。信息发布代理商的收入通常也是靠发展会员收取年费和交易撮合费，这主要针对企业用户；对个人用户则采取免费提供信息发布环境的方式来聚集交易的另一方，形成信息规模和市场规模。

以下将按网上媒体运营商、数据库运营商、信息咨询商和信息发布代理商这 4 种典型的 ICP 业务分类介绍。

8.3.2 网上媒体运营商及其业务

1. 新兴的传播媒体

随着 Internet 网络的不断发展和普及，一个集报刊、广播和电视 3 大媒体的优势于一身、汇全球各种媒体信息于一网的新型大众传播工具正在世界各地悄然兴起。Internet 具有传播信息容量大、形式多样、迅速方便、全球覆盖、自由和交互的特点。3 大传媒所具有的一切表现形势和特点 Internet 可以兼备，而 3 大媒体所不具备的特点 Internet 也具备，它是知识经济时代最具传播发展潜力的大众传媒。可以预言，传统媒体的发展速度与其相比望尘莫及，Internet 将在数年之内成为具有决定性影响的大众媒体。

目前世界上 250 个国家中有 240 个提供 Internet 上网服务。约有 3～10 亿人使用 Internet。Internet 以每年 100％的速度发展，到下一个 10 年的中期，Internet 的规模将超过电话系统，Internet 已将世界各地的主要信息渠道一网打尽，并向成为世界主信息渠道的方向发展。Internet 改变了以往大众传媒那种信息单向传播的特性。以往的传播方式是由信息发布者向大众发布信息，而大众被动接收信息。在 Internet 互动的传播系统中，网民们具有主动性，在接收信息的同时也可以发布信息，提高了信息双向交流的能力。Internet 改变了以往大众接收大众传媒的同步性。网民们不必在同一时间接收同一信息，而是可以在自己方便的时间里选择多种媒体的信息，提高了信息的自由性和选择的能力。Internet 改变了以往大众传媒信息不易保留的特性。网民们可以在网中随时查阅各媒体的信息并复制保留，提高了处理、存储信息的能力。Internet 的发展使大众传媒系统中的控制权正由传播者手中向网民手中转移，信息发布向服务过渡。这种 Internet 上媒体式的信息服务商就是网上媒体运营商，如大家十分熟悉的网站：雅虎、网易、新浪等。

网上媒体运营商正是凭此优势为普通上网用户提供贴近生活的信息服务内容和方式。这些信息服务除传统的新闻发布外，有创新的服务，包括网站目录导航和搜索引擎、用户个性化信息服务设置、免费个人主页资源和电子邮件服务等。网上媒体运营商正是通过这些传统的和创新的服务内容和方式赢得大量普通上网用户的访问，并以这种大量的访问为资本，赢得广告客户的广告业务，获得收入，但是网上媒体运营商如果不能跟上上网用户的信息服务需求，及时调整服务内容和方式，他们曾取得的大量访问是非常容易快速减少的，因而网上媒体运营商纷纷把自己的网站朝网络门户和虚拟社区的方向提升，以此维持用户的忠诚度，提供一个网上的集体生活空间。

2. 搜索引擎服务

Internet 上的信息浩如烟海，搜索引擎服务是普通上网用户的首选网站服务项目，访问量巨大。Internet 上搜索引擎可以为用户寻找那些用户所需商品或服务的网站地址和相关说明，即 Internet 上搜索引擎的目的是帮助人们寻找信息源。如我们希望在 Internet 上查找关于电子商务的详细材料，首先通过 Yahoo! 等网站提供的搜索服务找到有哪些企业、组织和个人的 Web 网站能提供有关电子商务的资料，再链接到该网站去具体查看它们所有的内容，在这里，搜索引擎提供的只是信息导航的功能。

对用户来说，信息导航的方式主要有两种，一种是目录式的分层逐步收缩查找范围，一种是利用关键字直接查找。

对 ICP 来说，搜索引擎的日常运行业务主要是在 Internet 上收集到尽量多的网页，知道这些网页提供什么信息内容，收集网页的方式有主动和被动两种。收集整理提供给用户检索的过程可分为 3 步：第 1 步，利用智能代理技术主动在 Internet 上搜寻所有网页，并把它们带回搜索引擎，或者被动地由那些网页拥有者向搜索引擎提交自己的网页信息；第 2 步，把搜索或提交得到的信息进行加工分类，建立搜索引擎数据库；第 3 步，用数据库的检索功能帮助人们检索到所需信息。搜索引擎从技术上来说是由一套搜索软件支撑的，而做搜索引擎服务的公司所采用搜索技术不一定是自己开发的。比如雅虎换过几次搜索软件，曾经使用 DEC 公司提供的搜索引擎 Altavista，后又替换为 Inktomi。通常，搜索引擎的访问量非常大，一般是通过在 Internet 上建立几个镜像站点来分担访问量，以提高系统响应速度。

以雅虎为代表的第一代搜索引擎逐渐发展为门户站点，广告是其主要收入来源，而第 2 代搜索引擎则是以处理自然语言为特征的。

第 2 代搜索引擎除了具备一般搜索引擎的优点外，还融入了计算机人工智能技术，可自动对请示做分词及断句的处理，还能以关键词的方式对网页的内容进行理解与存储，因而在很大程度上降低了系统的开销，并进一步提高了“人机对话”的互动能力。联想 FM365 网站中的查询便采用了第 2 代搜索引擎技术。

采用第 2 代搜索引擎技术的网站的角色是信息经纪人，其获利模式与传统的经纪人是相同的。消费者是服务的对象，但网站赚的中间费应该是厂商的，而且前提条件是保护代理人的最大利益。在消费者定制信息时第 2 代搜索引擎在数据库管理过程中可以实时告诉消费者有什么商品可供选择，比如 IBM 在网上卖 PC，而网站的用户群中如果定制或浏览过电脑信息或曾经询问过在哪里可以买到电脑，通过信息整合网站可以了解到这些用户是否有意向购买电脑，而他们愿意付的价位又在产品的范围中，就可以询问消费者是否愿意与 IBM 这种商品进行互动，在征得消费者同意的基础上把这台机器的性能、配置与售后服务材料传递给消费者；对于IBM来说，网站在许多网民中搜寻出最有效的用户，省下了许多传统的行销费用。此外，网站特有的关键词搜索广告也是网络广告的一种新方式，在用户进行关键词查询的同时，网站可以在关键词相关的查询结果上为客户投放与此相关的页眉广告，以便于用户有针对性的选择。

3. 提供免费资源

对一个网站来说，它的品牌是建立在用户数量上的，而塑造网络品牌的实质是营造用户忠诚度，而为用户提供免费资源是最直接有力的武器。目前各网站纷纷为用户提供免费邮箱、免费个人主页、免费电子刊物等服务。甚至有些网站还可以提供每日新闻、幽默、笑话在内的各种邮件与电子杂志。用户每日里打开自己的邮箱，习惯而愉快地享受免费信息快餐，其乐融融。

为用户提供免费资源，可以使网站的形象和网址时常出现在上网用户的脑海。这样可以聚集人气，迅速树立网上品牌，为其他服务（软件开发/系统集成）提供了基础，可谓一举数得。

4. 个性化服务

现在，许多网站为用户提供了个性化的定制服务。他们为每个用户提供一定的空间，用户通过注册获得用户名和密码，并向网站提交自己感兴趣的新闻种类等个人信息，以后每次登录到自己在网站上的个人空间，即可浏览网站为自己挑选的新闻。个性化服务远不止新闻这一项，现在许多网上媒体运营商为用户提供用户自己的浏览布局设置、所关注的某些股票实时行情、指定地区的天气预报、常去的分类网站等，或为用户的个人主页提供搜索器的后台支持，接受用户的搜索请求，并把结果集返回到用户自己的网页上。个性化服务的趋势是允许用户对网上媒体运营商网站上的任何内容进行定制，通过自己的应用程序对网站上的任何功能进行调用。

网上媒体运营商通过搜索引擎服务、免费资源服务和个性化服务。为其广告客户创造了新的广告和营销方式。上网用户每次通过搜索引擎检索信息时，搜索引擎在返回结果集的同时，返回与用户检索内容相关的广告客户的产品广告，吸引上网用户立即查看广告产品详细信息，或导航至广告客户的网站购买该产品。上网用户向媒体运营商提供个人资料进行个性化服务设置后，媒体运营商即能够有针对性地通过E－mail或用户个性化网页向用户推销产品，最终，网上媒体运营商是凭借这些大量访问和新型的广告手段吸引其他企业来做广告，以获得收益。

5. 网络广告

有人把网络媒体称为具有强大生命力、拥有庞大广告和行销潜力的新兴媒体。因为随着时代的发展，媒体也渐渐从传统的单向传播趋向互动式传播，广告不再是给消费者观看的单一形式的信息，而是依消费者需求去提供相应的广告。网络广告的优点是：从过去宣传企业商品的优点，改为提高消费者对商品的认知。由批评竞争者商品的缺点，改为满足消费者的求知欲，去了解企业的产品与服务，并帮助消费者做出明智的购买决定。企业与消费者的传播关系不再是上对下、单向式的，而是平等的、对话式的。这种尊重顾客的网络广告方式，会使顾客与企业双方的沟通十分人性化、个性化，将有助于增加网络广告信息与受众的相关性，如此才能有效地运用资源，提高广告效果。

虽然由于带宽等技术因素的限制，网上广告在视觉冲击力方面很难与电视等媒体相比，但也有着自己独特的优势。首先，Internet 上的广告不同于其他媒体，它没有国界的限制，面向的是全球的消费者；其次，Internet 的最大特点就是具有交互性，对广告有兴趣的用户可以通过点击进一步了解详细的情况，并可通过电子商务直接成交；第 3，网上广告融合了传统媒体的优点，既可以像广播、电视一样得到听觉与视觉的刺激，也可以阅读文章，获得像报刊、杂志等平面媒体一样的感受；第 4，厂商可以根据上网 IP 地址，点击次数等，了解消费者的兴趣，更好地把握商机；此外，上网者大多受过良好的教育，具有一定的经济基础，是广告投放的最佳对象。

网上广告对消费者最大的吸引力在于网络的互动性方面，购物时上网者可进到汽车或房屋的内部，进行详细观察，并通过麦克风与销售人员实时交谈，通过摄像机，甚至可以在时装商店试穿不同的衣物鞋帽，选取适合的款式。据市场调研公司的调查分析，到 2003 年，全球网上广告收入将达到 150 亿美元，届时网络广告的营业额将超过电台及杂志，成为仅次于电视的媒体。

传统的广告不管你愿意或者不愿意，都会被动地收听或收看到它。Internet 则与之不同，上网者一般都有自己感兴趣的内容，通常会固定在几个站点，整个网络不像电视那样由一个庞大的整体用户群组成，而是分成了众多的兴趣小组。你无法用传统方式让每个人被动地收看你的广告，因为网络是互动的，上网者具有主动选择的能力，面对不需要的广告内容，只需鼠标一点，就可以立即消失。因此，广告主需要根据不同的目的、不同的市场定位和不同的消费群选择合适的广告投放点。

网络广告与其他广告形式相比，它的目标准确度非常高。通过 IP 地址，厂商可以对你有一个大致的了解，比如你居住在哪个地区，偏好哪种类型的产品或生活方式，曾经点击过哪些广告，想深入了解哪方面的信息等，这些都会成为厂商对你进行广告宣传及开展促销活动的依据。广告并非单纯为了广而告之，其最终目的是要引发消费者的购买行为，所以由广告变成“窄告”，甚至是新闻，从而实现个性化的服务，正是网络广告的魅力所在。举个简单的例子：某药厂研制了一种治疗糖尿病的新药，这对一般健康人而言可能的一条不折不扣的广告，但对一位正身受糖尿病困扰的患者来说，这就是一条新闻，因为其中的信息正是他急于得到的。

网上广告充分体现了 Internet 的优势，使信息的传播更为准确及个性化，让每个看到广告的人都感到，这种产品正是专门为我准备的。从长远看来，网上媒体运营商的发展必然带动网上广告的发展，相应地，网上广告的发展为网上媒体运营商带来更多的利润，使网上媒体运营商有能力跻身于最有影响力的媒体之列。

6. 网上媒体运营商的发展趋势

(1) 网络门户和虚拟社区

网上媒体运营商希望成为最有影响力的媒体，首先要吸引普通上网用户，维持大量稳定的用户访问。网络时代，人们的服务需求变化很快，网上媒体运营商要不断推陈出新来适应用户的需求，同时更要培养用户的归属感和忠诚度。虚拟社区使网民能依照自己的兴趣与志同道合的网友们聚在一起，吸引他们经常加入进来，自然提高了网上用户的归属感。同时，信息化社会中，人们的注意力通常只会集中于几处有限的地方，其他平时不注意的地方，则通过随时方便的导航方式接近。因此，提供一个网民在 Internet 上集中进入的场所，并在这个场所中获得尽量多的服务项目，同时由这个场所可以方便地导航到任意想到的网站那里，这样，人们的注意力就能够集中在那几个场所，Internet 上这样的场所就是网络门户。

网上媒体运营的未来业务就是在自己的网站上构建这种更富有创造性与功能性的网络门户和虚拟社区——将所有服务与网络虚拟相结合，提供更加全面、更能体现网络的交互性、共享性、开放性的个性化信息服务；同时实现对资源的最佳配置——而不再是依靠更多的手工去分配搜索目录条。网络门户和虚拟社区通常是聚集了新闻资讯、免费信息订阅和电子邮件、搜索引擎、个人定制信息、软件下载、实时交流聊天室、网络求助和问题解答、网上购物等众多服务的网站，是各种网络工具软件与生活信息服务业务的综合集成。同时它也体现个性分散的组织方式，例如，网上媒体运营商在不同的国家和地区，要有不同的网页布局、不同的新闻内容等。

(2) 合作战略

网上媒体运营商建立网络门户和虚拟社区的服务内容主要分为两部分，一部分服务内容是他们擅长的，如个性化网页设置和用户信息管理等，但是主要的服务内容则是通过资源外包的方式从合作伙伴那里获得，如 Yahoo! 通过 NBC 等新闻机构获得最新新闻，MSN 通过 Hotmail 向用户提供免费电子邮件。因此，网上媒体运营商的业务特长主要是体现在通过自己的站点组合这些外包资源，向用户提供崭新的综合服务的能力上。网上媒体运营商利用其他专业化信息服务公司，同他们建立广泛的合作伙伴关系，是自己展开业务的基础。网上媒体运营商同商业伙伴合作的形式一般是在网站主页上划分频道，建立目录式的分类链接，将商业伙伴的广告和网上营销设定在相应的频道中。

网上媒体运营商不仅向合作伙伴订购信息和商品服务，再经过组合提供给网民，同时，还把自己的广告业务、站点审计业务等交给专业的代理公司负责，如 Yahoo! 将自己网页上的广告发布空间交给广告代理 DoubleClick 公司。有许多网上媒体运营商与某个权威的网站访问审计人建立网络连接，把自己加入被审计对象的行列中，这个审计站点则随时公布所有加入审计队伍的那些网站的访问量，并保存它们点击率的历史排名。网民能够通过这个审计网站随时了解到现在的热门站点，包括综合性的和专业性的热门站点。

8.3.3 数据库运营商及其业务

基于数据库的信息服务是整个信息服务业的基础，大量分门别类的详细信息通过有序的方式存储起来，用户使用多种检索手段均可查找到需要的信息，并在这些检索结果的基础上提供对专业业务的指导。数据库运营商的主要业务就是建立这些存储详细信息的数据库，为用户提供多种检索手段，使用户方便地获得需要的专题信息。Internet 的发展为用户提供了一种综合集成的检索手段，是未来信息检索的主要通道，同时 Internet 自身带来了众多从未有过的新兴专业经济领域，相应地，对这些领域的信息需求量也迅速上升，这些都促使传统的数据库运营商必须尽快在 Internet 上展开自己的检索业务，同时扩展自己的数据库所覆盖的专业领域。总之，电子商务环境中的数据库运营商所要做的就是开发数据库资源和使数据库上网。

1. 联机检索服务

目前数据库产业一直在持续发展，数据库的类型和规模、数据库的市场和使用量也在持续增长，数据库产业创造了巨大的产值，并形成了知识技术密集型产业。

联机检索就是使用终端设备，通过通信线路或网络，检索远程信息数据库系统。国际联机检索系统在国外发展成效显著，目前已发展到相当高的水平。如美国 DLALOG 是世界上最大的国际联检系统，它拥有 450 多个数据库，文献量达数亿篇，涉及所有学科领域，用户终端达 10 万多个，几乎遍及世界各大、中城市。

联机检索一直以快捷、全面、方便的特点在科技信息检索和查询的领域中居统治地位。它具有如下优点：

① 可供选择的数据库多，学科覆盖面广。

② 联机数据库收录文献的时间长，可以进行追溯检索。

③ 联机数据库的数据标引质量高、检索入口点多。

④ 具有原文支持能力。如可通过原文订购，为用户提供原始文献。

⑤ 方便、快捷的检索功能。

这些商业性的联机检索系统都有较好的用户检索界面和检索语言，能够方便、快捷、准确地扫描大量文献，通常在十多分钟至几十分钟内就能完成一个较复杂的检索课题，而且准确率比较高，是目前科技情报界查询检索服务的必备手段。

但是联机检索的缺点也十分明显：检索地点固定，检索软件是 C/S 结构，功能不易扩展，检索内容是单向流动的，对用户需求不敏感。

2. Internet 网上运营

Internet 的出现为数据库服务的全球化提供了新的通信平台和界面。数据库生产者将开发的产品放在 Internet 上供用户直接检索，降低了检索费用，提高了竞争力。利用 Internet 提供数据库检索服务的优势主要表现在：扩大用户范围，提高服务效率。信息服务机构可以利用 Internet 上的各种通信方式，如电子邮件、电子公告板、专题小组等直接向用户提供咨询、指导和售后服务，通过网络测试新的数据库产品，及时得到用户的建议和反馈。Internet 提供了廉价的发行信息和数据的渠道，从而大大降低了联机检索中远程通信的费用。Internet 还有助于提高合作开发数据库的效益，数据库生产者可以通过 Internet 实现数据库信息处理过程中的分布式操作与集中管理，从而节省数据库的开发费用。

因此，传统的联机数据库运营商正在把联机业务逐渐迁入 Internet，使原有的数据库资源得到充分利用，同时它们利用自己对数据库技术和检索技术的特长，为其他上网企业建立网上全文检索的后台环境，收取代理费。

有的网站为吸引用户，网上检索的部分或全部内容是免费的，有的网站的索引和摘要结果集是免费的，只有全文内容是收费的。网上检索数据库的业务主要包括建立分布的网络数据库，提供基于 Web 的检索手段并在 Internet 上传送检索结果。

(1) 建立网络数据库

分布式的网络数据库一般采用中心网络与镜像网站相结合的方式构架资源布局，以解决网络干线传输速率较低和单个网站处理能力不足导致的困难。中心网站一般是所有全文数据库存放的网站，这里存放及时更新的数据全文库和全文索引库。一般的数据全文库是以光盘塔的形式存放的，全文索引库可用光盘或磁盘陈列。各镜像站点则配备单项数据库的全文光盘和全文索引库，相当于中心网站的分库，镜像站点的数据库内容更新不如中心时，一般采用定时复制的方式由中心站点向镜像站点或分批处理更新各镜像站点的全文数据库和索引数据库。

(2) 提供 Web 检索方式

数据库检索方式使用 Web 是十分灵活的，中心网站和镜像站点均为最终用户提供网上检索服务。最终用户可以选择登录任何镜像站点，通过该站点检索并索取全文。Web 的优点在于检索功能扩展方便，由于客户端使用浏览器，检索站进行检索功能扩展时，浏览器随时可以使用新功能而不需更换客户端软件。对数据库运营商来说，上到 Internet 的 Web 检索只是增加了 Web 可用的索引表达方式，后端的数据查找并未改变。

Web 检索一般包括：①常规检索功能：篇名检索、作者检索、关键词检索、摘要检索等；②专业检索功能：全文检索、二次逼近检索、组合检索等；③文献精选功能：显示目录摘要、选择文献处理方式等。

(3) 传送检索结果

传送全文服务是中心网站和各镜像站点的主要收费来源。要求传送全文的用户一般是数据库运营商的会员，拥有计账的账号和密码，收费方式采用实时信息卡付费、预交费扣除或先计费再收缴等方式。

传送检索结果的方式一般包括：

①实时传送全文。全文数据库 24 小时处于联机状态时，用户上网检索，浏览文章的目录和摘要并发送索取全文请求后，全文传送系统可即时响应，在 Web 上传送用户索取的全文；

②E-mail 传送全文。将检索到的全文发到用户指定的 E-mail 信箱中；

③传真或寄发全文。没有计算机的用户，检索站收到索取全文的电话或传真后，检索站可将检索到的全文，传真或寄发给用户。

8.3.4 信息咨询商及其业务

在信息量迅速增加的环境下，政府和企业的决策者们面临的困难不是没有信息，而是信息太多，对决策真正有用的情报被淹没在信息的海洋中，需要信息专业人员去大浪淘沙。从未来的发展趋势看，数据库和其他信息产品的生存并不取决于它们是否提供了原始信息，而在于它们是否提供了具有高附加值的信息，社会需要智能型的高质量战略信息服务。在激烈的市场竞争环境中，政府和行业需要高层次、快速、准确、可为战略决策提供参考依据的信息服务，这就需要信息服务业根据用户需求，提供对大量原始信息进行长期跟踪和深入分析的信息产品，使信息服务向综合信息、统计分析、调查研究和策略建议的方向深化发展。这种层次的信息服务以出售知识和信息产品为主，它应该具有全面性、权威性、全球性、客观性、准确性和先进性，不应参与买方或卖方的任何市场活动，这样才能保持信息服务和咨询服务机构的声誉和中立。这种层次的信息服务商就是信息咨询商。

电子商务环境中的信息咨询商只有充分利用 Internet 和其他信息技术才能做到上述的全面性、权威性、全球性、客观性、准确性和先进性。目前，信息咨询商在信息调查获取阶段和信息提供阶段利用 Internet 展开业务的创新方式已经形成。这些新业务包括：它们在网上媒体的 Web 页面上，加入设计独特的信息调查问题，吸引上网群体，可获取恰当定界的调查数据。它们在自己的专用数据库的基础上加入分类的智能数据挖掘技术，通过 Web 为用户提供基于个案的规划；它们存储用户的信息需求，通过 Web 为用户提供针对某一问题的持续信息支持等业务。

1. 网上信息调查

Internet 的发展为我们带来了许多新生事物，网上调查便是其中之一。信息咨询业的调查业务与网络的融合趋势十分明显，信息咨询商展开网上调查主要是在两个方向上：一是提高传统收集信息手段的质量和效率，二是获取新领域的信息以适应新市场的需求。

首先，网上调查的目的是搜集信息的有效性，降低成本。上网群体代表了整个社会群体中的“信息敏感群体”，他们对各方面的信息特别敏感，具备高度的信息收集和选择能力，同时又愿意发表自己的见解，他们往往就是潮流的领导者。也就是说，一件新事物、新产品如果能让他们接受的话，就能让整个社会接受。所以，了解这一“舆论领导群体”的想法和看法无疑是一件具有重要意义的事情。同时，这又是数量较少、分布较为分散的一群人，传统的调查方式，无论是电话调查还是入户调查都不容易找到他们，而 Internet 则提供了一个非常简单快捷的方式来接近这一群人，并使他们乐于接受调查，提供高质量的信息源。

其次，Internet 作为一个新生事物，在其发展过程中会出现许许多多的问题，从而形成新的信息需求来解决这些问题。Internet 上的商业活动本身就是非常值得研究的，如 Internet 上的广告，应当怎样定位？怎样才能被人们所接受？放在什么位置才能达到最好的效果？如网上购物，如何判断消费者的购买倾向？如何有针对性的进行促销？

正是因为以上两个方面的业务需求，所以国外网络调查的发展非常迅速。如美国，短短几年间网络调查在整个市场调查中所占的比重已经达到 5%。对开展网上调查的信息咨询商来说，需要有很高访问量的网上媒体运营商与之合作，双方均可通过合作调查获利。具体合作形式是由双方的策划人员根据不同时期的社会焦点、时尚消费热点等选定主题，由信息咨询商负责制作调查问卷的内容，网上媒体运营商负责将其制成网页在网上发表。统计结果由信息咨询商处理；而网上媒体运营商可以通过有趣的调查形式和内容吸引网上用户，为网民们提供一个网上的活动项目，反映网民们的某些意见和态度，从而起到传播信息的宣传效果。

2. 信息咨询服务

信息咨询商通常是依附于国民经济其他部门的，这些部门的生产和销售企业除了从事自己的产品生产和销售业务外，同时也是信息的生产者。从它们的经济活动中产生出商品交易信息、商品使用信息、企业经营状况信息等。这些信息对生产者本身的作用可能不大，是他们业务活动的附属产物，但是对其他与该生产者存在相关业务的企业来说却十分重要。这些业务活动的附属产物——商业信息就是由信息咨询商来收集和加工的。信息咨询商在交易市场中收集到原始商业信息，再通过数据挖掘技术进行信息的二次开发，提供给需要的客户，如产品供应商需要的专项产品的市场使用分布信息，合作伙伴间需要的对方信用状况的信息，交易所买卖双方需要的实时交易报价和累计数据分析，中小企业需要的同类企业业务的成功案例等。

信息咨询商通过 Internet 为客户提供各类咨询服务并出售自己为客户定制的整体业务解决方案是非常方便的。如大量咨询商的 Web 网站向客户开放，客户可以提交自己的数据，咨询商通过它们后台的数据分析模型为用户提供优化的业务解决方案。咨询商提供某项业务的解决方案教程，针对不同企业的情况，有不同的规划方案和实施方案，客户可以根据自己的实际情况逐步筛选出对自己最有效的规划方案和实施方案。咨询商定期或不定期提供市场分析报告供用户浏览。咨询商及时地维护 Web 网站的数据库和分析模型，客户则根据自己业务的变化，随时登录到咨询商的 Web 网站上，查找到此时应采取的业务方案。如企业增加员工后，人事管理体制应及时调整的方案；企业在某国家或地区开拓销售市场前，应了解到的当地市场环境和需求分析报告等。

8.3.5 信息发布

在市场经济中，每个企业都需要大量发布自己的需求或供给信息，同时广泛收集对应的供给或需求信息，以找到相互满意的交易伙伴。各企业通常是借助信息发布中介来实现双向信息发布的，信息发布商实际上构成了一个信息集散环境。

在电子商务社会，信息发布代理商的作用更为显著，因为在 Internet 环境中，信息发布更容易，筛选适合的信息更困难，双向信息只有集中流向公正、权威、全面的信息集散地，才能使交易主体间易于进行有效的相互选择。恰恰又是由于应用了 Internet，信息发布代理商才能把收到的信息流立即发布出去，通过网上数据库为用户找到最接近用户要求的交易对手，并及时调整自己的数据库，删掉那些已达成交易的用户。因此，近几年，传统的信息中介代理，如职业介绍所、房屋置换介绍所和科技成果转让市场等，纷纷在 Internet 上展开自己的业务，建立 Web 网站，为交易双方提供网上信息发布环境，促成交易达成。

习题 8

1. 选择题（答案可能不只一个）

(1) ICP 是（　　）

A. 网络域名提供者　　B. 网络内容提供商　　C. 网络服务器提供商　　D. 以上皆错

(2) 市场中介主要有（　　）

A. 商业中介　　B. 商品中介　　C. 交易中介　　D. 渠道中介

(3) IAP 包括哪两个层次（　　）

A. 底层的网络接口的提供商　　B. 底层的物理网络的提供商

C. 上层的网络接口的提供商　　D. 上层的物理网络的提供商

(4) ICP 按服务对象和提供的信息内容等分类，主要包括（　　）

A. 网上媒体运营商　　B. 数据库运营商　　C. 信息咨询商　　D. 信息发布代理商

2. 简答题

(1) 简述市场中介的分类和作用。

(2) 简述电子商务交易中介的作用。

(3) 电子商务交易中介行业结构是如何划分的?

(4) 简述 ISP 在电子商务中的作用。

(5) 简述 IAP 的业务范围。

(6) 简述 IPP 的业务范围。

(7) 简述 ICP 的业务范围。

(8) 简述网上媒体运营商的发展趋势。

(9) 简述网络广告与其他广告形式的区别。

(10) 简述数据库运营业务在生活中的作用。

第 9 章 企业电子商务体系的创建

能在全社会引起震动的经营模式一旦产生，不可能不对人们的思维方式和经营理念造成冲击和改变。电子商务的问世，使企业经营多了一些选择，使人们的消费多了一些变化，使社会生活多了一些色彩。这正是电子商务这一全新的商务理念带来的革命性的进步。

9.1 论证电子商务

电子商务的展开需循序渐进地进行。从实现技术方面讲，电子商务走过了一个从简单到复杂，再到完善的过程。从企业经营角度讲，也是遵循这样一个过程。

当企业要获取外部信息并把自己的信息广而告之，主动地向其他企业提供自身信息时，企业应将原有的 MIS 系统进一步完善起来，使企业的 MIS 从仅处理内部信息的系统扩展到能与外部进行信息交换的系统，形成一个 Intranet 与 Extranet 相结合的网络，使得企业内部、分销商和企业、合作伙伴之间都可以通过这一网络进行交流。

目前，绝大多数的电子商务服务流程完全按照物理上实际存在的商务流程设计，使得电子商务工作流程与传统的商业系统很好地结合在一起。这样的模式的优点是用户使用方便，感觉与实际购物环境没有大的区别。

9.1.1 明确创建企业电子商务的目的

通常，Internet 为商家提供了以下 3 种显著的商业机会。

第 1，企业通过 Internet 可直接与供货商、销售商和客户之间建立联系。简捷、方便地完成交易或传递信息，并在商业活动的“价值链”中超越一些不必要的中间环节。

第 2，企业可利用 Internet 为客户提供新产品及各种服务。

第 3，企业可利用 Internet 成为特定行业或部门电子销售渠道的“霸主”，主导顾客消费理念，制定新的商业规则。

根据以上 3 点，决策者们可权衡 Internet 商务投资过程中存在的风险和可能带来的收益，进而从本企业实际出发，制定一个稳妥的 Internet 商务战略。

为了向顾客提供新的服务，超越销售过程的中间环节，公司必须与顾客建立直接的联系。这就意味着至少要设立一个网址用于销售本公司的产品，及时了解顾客购买产品和需要各种服务的情况，即通过 Internet 为顾客提供以下 3 种形式的服务。

① 为顾客提供销售商所能提供的同样形式的服务。例如，一家销售电子产品的公司能使顾客方便地在线订购各种零部件，光顾该公司网址的客户还可以按零件的号码、特征及制造

商等情况进行查询，也可以在网上下订单，进行电子支付，跟踪以前订单的执行情况，甚至可以通过该公司网址直接与运输公司联系，从而缩短送货时间。

② 与顾客建立真诚的商业联系，促进交流。企业可根据顾客的喜好让他们在网上就能看到想要购买的商品。以创建可运行于 Internet 上的供应目录表，这些目录可以包括产品项目，还可以包括每个公司的供货价格。除此以外，还能维护以前的订购项目，存储客户订货时间，并且通过电子查询和订货，使客户大大降低成本。它还从网上收集顾客反馈过来的信息，利用这些信息提供特定的服务，如向顾客推荐新产品，并将顾客看中但尚未购买的产品优惠销售等。

③ 为顾客提供低成本、高价值的新服务。一个公司能从其详尽的客户资料中提取信息，为顾客解决某一问题提供有益的服务。例如，顾客若对某一产品存有疑问，可经常向公司网址咨询，从他人使用该产品的经验中获益。亚马逊网上书店就曾鼓励顾客发表自己的读书感受，供其他读者参考，让顾客在决定购书之前了解他人的观点。

这 3 种服务都是基于电子媒体进行交易，运输成本极低。此外，电子交易取代传统的营销方式，提供了更高级别的服务。例如，Cisco 通过 Internet 实现了销售收入的 40%，其每天营业额达到 900 万美元，并且有继续增加的趋势，而其每年的营运支出却节约了近 2.7 亿美元。Cisco 公司表示，电子交易的真正价值在于它为公司营造了一个巨大的买方市场，这个市场具有交易便利、信息快捷的优势，并且具有容易沟通的特点，采用传统营销方式的竞争对手是难以做到的。

对于那些不愿放弃传统营销方式的公司来说，进行电子交易似乎是一个可怕的障碍。因此，只有在明确了企业创建电子商务的目的后，才有可能进一步考虑创建电子商务的其他细节。

9.1.2 了解电子商务给企业带来的效益

① 组建企业营销网站，把企业信息与产品信息推到网上，以获取更多的贸易机会和市场竞争力是企业走近电子商务的第 1 步。

② 可以提高企业的知名度。由于全球使用 Internet 的人数非常多，为了表示你的企业重视顾客服务，应该充分利用这项手段来为他们服务，提高企业知名度。

③ 建立客户网络，掌握用户群体。企业经营最重要的是要建立客户关系，使用 Internet 就好像是发出了无数张名片，可以 24 小时让潜在顾客知道并了解你的企业、从而获得产品及服务信息。

④ 提供企业相关信息。正像前面已经说到的那样，企业利用 Internet 可以最省钱、最有效地提供企业的相关信息，以服务顾客。

⑤ 重视顾客的意见反馈，掌握顾客的需求。通过产品信息查询、订单表格处理等，及时了解顾客的意见反馈。

⑥ 引起新闻媒体的注意。如果企业在 Internet 上设计的主页很有创意，可能会吸引媒体的报导及注意，成为公众注意的焦点，无形中也提高了企业的知名度及企业形象。

⑦ 及时提供企业的最新消息。Internet 可作为发布企业最新消息的渠道，如新产品开发、股票价格、经营情形等。

⑧ 把 Internet 作为推销新产品的重要渠道。Internet 作为与顾客沟通的重要工具，同时

也可以作为推销新产品的重要渠道，因为广大上网人员在每一个新奇的事物面前往往都会驻足观看。

⑨ 提供照片、声音及图片等多媒体信息。在商业活动中一张照片可以胜过千言万语，可以通过提供企业照片、声音及图片档案等多媒体信息来服务顾客。

⑩ 开发潜力无穷的新客户群。Internet 使用者往往都具有较高的教育程度和较高的个人收入，这有助于企业开发比较有购买力和影响力的客户群，尤其是教育程度较高的年轻群体。

⑪ 降低顾客咨询服务成本。传统企业必须投入相当多的人力及资源解答顾客对于产品及服务的相关询问，其中有很多问题是一再重复的，企业可以将这些经常被问到的问题及答案放置在 Internet 上，供使用者随时查询使用，以节省服务成本。

⑫ 与销售人员经常保持紧密联系。企业可利用 Internet 随时随地给处于第一线的销售员提供各种即时性的企业信息，以支援销售活动并与销售人员随时保持沟通联系，从而降低市场失误，避免市场损失。

⑬ 打开国际市场。企业可利用 Internet 打开国际市场，扩大自己的市场空间，如果企业在国外设有分公司，也可用最经济有效的方法随时取用总公司的信息，不但可以降低管理成本，更可以保持及时联系。

⑭ 提供 24 小时服务，快速将产品及服务推进市场。Internet 可以打破时空的限制，提供给全球各地顾客 24 小时的信息服务，并可以用最快的速度将新产品及服务推向全球市场。

世界正在进入知识经济时代，信息流的作用越来越重要。在国内外商贸活动中，应用电子信息技术，重视对信息流的有效管理和利用，已成为提高竞争力的一个重要手段。

9.1.3 电子商务的运作规则

在建设企业电子商务系统时，应考虑到：

- 电子商务关系到企业业务模式，而不仅仅是技术。
- 在现有的基础上构建电子商务。
- 从简单开始，快速增长。
- 制定期望的目标和计划。

9.2 Internet 网络的连接

同 Internet 网络连接主要需要考虑以下因素。

9.2.1 市场性分析

企业要想通过 Internet 网站出售产品或提供服务，必须分析其产品与服务是否适合于电子商务。一个成功的电子商务工程要有 6 个要素：

① 目标市场情况。企业的顾客群体如果是喜欢新技术、受教育程度较高或经常使用 Internet 的，则电子商务成功的可能性就很高。此外，目前 Internet 用户以男性为主，但女性人数不断增加也是值得考虑的因素。

② 市场环境。如果企业的竞争对手尚未使用电子商务，那么首先进入电子商务的企业无

疑更可能成功。此外，良好的国际和地区经济环境、政府部门的支持以及市场所在地 Internet 设施的完备程度都对电子商务的成功有影响。

③ 产品、服务与品牌。如果顾客熟悉企业的名字或其品牌，无疑会对电子商务的成功带来动力。此外，电子商务是否方便了顾客，有没有采用吸引顾客的高技术，有没有提供传统商务不具备的服务等都将影响电子商务的成功。

④ 其他推动力。要采用各种方式推动电子商务的发展。例如，利用传统的报刊、电视等广告媒介可以宣传企业的网站和企业的电子商务。

⑤ 价格。对于价格经常变动的产品与服务，电子商务无疑是报价的理想方式。

⑥ 送货渠道。顾客在网上购物后，企业如果有发达的送货网络能迅速将产品送到顾客手中，无疑将提高电子商务的成功性。如果有国际送货渠道，则市场潜力将更强。

9.2.2　制定 Internet 站点实施计划

创建 Internet 站点需要做很多事情，包括定义顾客群，调查电子商务对业务的影响，确定电子商务目标，进行市场性评估，确定由谁提供和更新 Web 页面内容，人员的组织，软硬件的选择，Web 页面的维护与测试，域名的注册，ISP 的选择，信息的收集，Web 链接的组织与维护，搜索引擎的注册，防火墙的设置，根据 Web 服务器的访问记录寻找新的商机，确定 Web 站点需要提供哪些交互性应用，安排人员回答用户的网上咨询，数据库的选择，Web 页面发布策略，教育培训计划等。对每一种网上应用，需要评估其能否满足顾客的要求及在时间、金钱、人员等方面可以带来的商业利益。此外，为方便顾客查找信息，可在网上提供关键词搜索服务，对用户常见的问题可在网上公布解答。对其他问题则可提供反馈渠道，还可以建立实时的聊天室及电子邮件等交流渠道。

针对以上任务，企业应根据自己的实际情况确定哪些需要纳入实施计划，以及每项任务的时间、人员安排等。

9.2.3　确定衡量 Internet 站点进展的情况

有 4 项指标可以评测一个 Internet 站点的进展情况。

(1) 难度的指标。根据当前 Web 站点的建设状况可以评估一下建立电子商务站点的相对难度。

(2) 客户有用性指标。即客户对企业所创建的 Web 站点感觉有用的程度。一个站点是否让用户觉得有用，取决于其信息的及时性、准确性、方便性、简洁性及是否有吸引力等。

(3) 商业有用性指标。即当前或计划中的 Web 页面处于哪一技术阶段，该阶段的 Web 页面所具有的特点对所要开展的电子商务的有用程度。

(4) 综合指标。即以上 3 个指标的综合。每隔一定时间应对以上指标重新评估，并由综合指标画出 Internet 站点的发展曲线。

9.2.4　增强 Internet 站点的发展曲线

Web 站点的发展可分为几个阶段，每一阶段均可采取不同措施增强其有用性和吸引力，提高电子商务的成功性。在 Web 站点的基础阶段和扩展阶段，根据技术发展可进一步分为 8 个阶段：

① 起动阶段。这一阶段主要确定 Web 设计策略及目标，进行初步研究、选择 ISP 及安装软硬件等。

② 数据存储阶段。大部分企业在刚建好 Web 站点时先将企业原有的文档转换为 HTML 文档在 Web 上发布，包括产品文档、公司年报、技术资料和人力资源等，这一阶段称为数据存储阶段。

③ 链接阶段。这一阶段将在 Web 页面上创建很多连向其他相关资源与公司的链接。

④ 多媒体阶段。这一阶段将在页面上采用各种先进技术增强页面的视觉和听觉效果。如可用 Real Audio 技术加入声音文件，用 Shockwave 技术增强多媒体效果，用 Java 技术增强交互功能等。

⑤ 数据库阶段。这一阶段将在 Web 页面中增加数据库应用，提供 Web 与数据库的接口，这对经常更新的数据尤其有用。

⑥ 交互阶段。从这一阶段开始，Web 对商务才有实质的作用。这一阶段将建立很多交互性应用，包括获取用户对站点和产品的反馈信息，回答顾客的提问等。

⑦ 高级数据存储阶段。这一阶段的任务包括数据的经常性的更新，数据源与 Web 页面的及时链接，电子邮件与 Web 页面的自动转换等。

⑧ 高级交互阶段。在前面的交互阶段，用户的提问是由专门的人员来回答的。在高级交互阶段，可将常见问题的回答由程序自动完成，也可用更复杂的搜索软件自动回答用户的提问。

8 个阶段中前 4 个为 Web 站点的基础阶段，后 4 个为 Web 站点的扩展阶段。IBM 网站的 Internet 实现设计工具可以帮助企业判断当前所处的阶段，并指出何时可以进一步往另一个阶段转换。进一步的阶段包括使站点更加个性化，为不同的访问者提供不同的内容，考虑如何“获得”访问者，而不是“等待”访问者，如何在 Web 页面上集成各种服务，在 Web 上处理电子商务交易，在 Web 上提供各种应用，满足各个国家和地区的不同需求，与合作伙伴建立合作的电子商务系统及对 Internet 策略的监督等。

9.2.5 企业状况分析

现在有一些专门的 Internet 实现设计工具可以协助企业分析现状，针对不同企业情况提供报告，指出创建 Internet 站点值得注意的地方。

9.2.6 调查其他公司

调查其他公司成功的案例，包括其他公司原先面临的商业问题、采用的解决方案的特点、带来的效益等。

9.3 企业内部网的创建

9.3.1 确定企业能否由内部网获利

判断内部网能给企业带来哪些利益，可从 4 个方面考虑：用户支持，商业需求，应用的属性和 IT 管理。

内部网在客户端使用通用的浏览器，所以可支持各种用户平台。在内部网中增加用户只需考虑服务器的性能，而不必像以前那样需要考虑软件开发和应用程序等因素。内部网同时为外界用户访问信息提供了方便，此时便需要使用防火墙来实现安全性。

在商业需求上，如果内部网连入了 Internet，则公司无论大小均可迅速在全球范围内宣传自己。此外可加快交易的周期、降低成本、方便网络管理，并可减轻工作站的升级压力。

在应用的属性上，内部网可以提供交互功能，并可更好地支持移动用户。在 IT 管理方面，内部网提供了集中化管理和桌面管理功能。

9.3.2　计算成本、时间和可节约的金钱

计算内部网建设所需的时间与成本可从内部网的硬件、软件、服务、数据库、应用程序和用户培训几个方面来考虑。

根据企业的实际情况可绘制出安装服务器、数据库、应用程序、用户接口及最终用户培训的整个时间安排，并可给出估计成本。

9.3.3　制定内部网站点实施计划

类似 Internet 站点的实施计划，应根据企业实际情况确定需要将哪些任务纳入实施计划。

9.3.4　确定衡量内部网站点进展的指标

类似 Internet 站点衡量指标，可从难度指标、客户有用性指标、商业有用性指标及综合指标来衡量内部网站点建设的进展情况。

9.3.5　增强内部网站点的有用性

类似前面介绍的 Internet 站点，可以分析当前内部网站点所处的发展阶段，给出下一阶段的发展方向，使得内部网站点更加具有吸引力。

9.3.6　企业现状分析

类似 Internet 站点，可通过内部网实现设计工具分析内部网站点建设中值得注意的地方。

9.3.7　调查其他公司

这里可以参考其他公司创建内部网的经验。

9.4　网上运作的产品及市场

一个企业往往提供多种产品和服务。那么哪些适合在网上交易，哪些不适合网上交易呢？这仍可从前面介绍的成功电子商务的 6 个要素来分析。可以对每一要素进行评估，计算出分值，并得出综合指标。对每种产品均进行这种评估，最后可以选择综合指标最高的产品或服务先上网。

9.4.1 目标市场情况

① Internet 用户一定是计算机用户，因此，针对计算机网络用户的产品容易获得成功。

② 最初使用 Internet 的用户多为乐于接受新事物的人，他们一般年轻、不够谨慎，对各种新观点、新变化持欢迎态度。针对这些用户的产品最容易成功。

③ 早期的 Internet 统计表明，Internet 用户多为中等以上收入阶层。因此，电子商务较适合于奢侈品市场，如航空机票、名贵酒类等。

④ Internet 用户大部分受过较高的教育，以大学生或有大学以上学历的用户为主。因此，针对这一消费群体的产品也易于取得成功。

⑤ Internet 用户以男性为主，但女性人数也在增长之中。

⑥ 目标市场所处的地理位置、年龄段、兴趣爱好、是否是 Internet 用户、购物时的爱好等均影响产品上网后能否成功。

9.4.2 产品、服务与品牌

① 如果产品与计算机有关，如在网上销售软件，则较容易成功。

② 如果产品在销售时用户需要看得见、摸得着，或试用一下才能决定是否购买，则在网上销售就不易成功。但网上销售可作为这类商品销售的前期环节，让用户了解该产品，并对其产生兴趣。

③ 如果产品比较简单，用户较熟悉或易于理解、易于使用，则容易成功。

④ 知识含量高的产品，如书籍、音像制品等易于在网上销售。可在网上传输的各种服务也容易通过网络进行交易。而有形的产品与设备如食品就相对麻烦一点，顾客在网上订购后仍需要专人与用户打交道将产品送去。

⑤ 日用品如糖、小麦、木材、钢铁、石油、天然气等容易在网上取得成功，因为顾客在订购前对之已经很熟悉。

⑥ 具有新特性、新功能的产品网上交易容易成功。

⑦ 产品如果不仅能满足一个地区、一类顾客的需求，还能引起所有用户的普通兴趣，则更适于网上交易，因为 Internet 用户遍布全球。

⑧ 有些商品如古董、家具等其市场往往在全球各地，传统销售方式只在一个地点销售，局限很大，而通过 Internet 销售则更可能成功。

⑨ 两个公司同时在网上销售，知名度高、品牌响的公司无疑会吸引更多顾客。

9.4.3 送货渠道

① 如果企业的竞争对手已有完善的传统销售渠道，则网上购物不容易与之竞争成功，但分析对手的销售渠道也可能找出其不足之处为自己所利用。

② 如果公司有全球的销售与服务渠道，则有利于网上销售成功。

9.4.4 价格

① 太便宜或太昂贵的产品都不易在网上销售成功。对昂贵的商品，顾客更乐意通过面谈来购买，而太便宜的商品则将因送货上门而使价格偏高。

② 价格经常变动的商品易于及时在网上公布。

③ 电子商务所节省的成本越多越易于成功。

9.4.5　其他推动力

通过在传统广告媒介上宣传公司的网址和电子商务活动，可大大增强电子商务的成功性。

9.4.6　市场环境

① 对有些商品，顾客可能不愿意在商店环境下购买，Internet 则提供了一个匿名的购物环境。

② 经济环境影响网上销售，经济环境差时一定很少有人光顾网上昂贵的奢侈品。

③ 目标市场的技术环境，如 Internet 设施与使用率也影响网上商品的销售。

9.5　网上客户的分析和定位

对网上客户的了解是电子商务成功的重要因素。

9.5.1　Internet 用户的特点

Internet 用户一般喜爱在 Internet 上冲浪，经常就其关注的主题在网上寻找最新信息。他们对于各种新闻、股票报价及网上娱乐活动都较关注，网上的各种免费软件最能引起他们的兴趣。

他们缺乏耐心。在用搜索引擎查找某一主题的信息时，他们总是只看第一次搜索到的信息，如果企业页面在搜索引擎中不是排在前十几位，则很容易被他们错过。查某类信息时，他们希望立刻就能查到，最好当有什么新产品信息时 Web 站点能用 E-mail 通知他们。他们对“免费”特别感兴趣，在网页上看到标着“免费”的链接，他们会毫不犹豫地用鼠标点进去。

他们最怕网络的连接速度慢，如果再碰上某公司主页上有很慢的广告条幅，他们会毫不犹豫地离开这个站点。在用邮件列表进行讨论时，他们希望看到有用的信息，最讨厌邮件列表中的各种无用的信息。

9.5.2　Internet 用户的类型

Internet 用户可分为 4 类：内部网用户、家庭用户、商业用户及全球用户。

内部网的用户一般通过内部网查看公司的各种信息。

如果顾客多为家庭用户，应确定他们是否经常搜索网上的个人用品及娱乐信息。对家庭用户，企业应减少 Web 页面中的图像，以加快网页的传输速度。

对从工作地点上网的商业用户，应调查他们的需求以提供相应的服务。

产品上网后将面对全球各地的用户，应考虑各个地方的用户分别需要些什么信息。

9.5.3　Internet 用户的专业水平

第 1 类是第 1 次使用 Internet 或不常上网的用户，他们的上网经验不足，一般对网页中的简介、常见问题解答、名词解释、站点结构图等链接感兴趣。

第 2 类是经常上网的用户。如果主页的内容超过一页，他们很少有耐心拖动滚动条向下翻阅。对这类用户，主页中可简洁地列出几个栏目，然后链接向更进一步的信息。

第 3 类是专家级的用户，他们的上网经验已非常丰富，上网只是为了快速查找一些信息，因此，最怕页面中有大量图像影响传输速度，他们往往喜欢纯文本的页面。

9.6 评估电子商务运作的有效性

一个站点是否有效地实现了预期目标，能否给企业带来效益？这可从前述的 4 个方面来考虑：用户支持、商业需求、应用的属性和 IT 管理。

此外站点的运作情况也可由服务器的统计记录、用户的反馈及其他评估方式来评估。

9.6.1 评估 Web 服务器的统计信息

Web 服务器可以自动记录服务器上的各种活动，由这些记录可以统计出服务器的各种信息。例如何时访问该站点的人数最多，服务器何时出现过错误或警告信息，是否有搜索引擎程序访问过该站点，某个用户访问该站点时先看了什么信息、后看了什么信息。访问该站点的用户在各个国家的人数比例等。

在统计信息中，可以查看某一段时间内有多少文件被用户下载了，哪些文件最常被下载，平均下载时间是多少，下载的文件有多少字节。这些都可以为更有效地组织资源、促进电子商务发展提供依据。

在评估浏览的有效性时，应注意每个用户访问该站点时平均查看几个页面便离开了，哪些页面查看的人数最多，用户浏览时先后查阅了哪些链接才找到所需要的信息，有多少用户只浏览了第 1 个页面就离开了，有多少搜索引擎程序光顾该站点，平均每个用户在该站点停留了多少时间等。

9.6.2 获取用户反馈

可以通过电子邮件、调查表等手段获取用户对电子商务站点的反馈。电子邮件可以在一定程度上反映网站受欢迎程度。在网页上可提供网管电子邮件地址，并可邀请用户在网上填写一些调查表。此外可用一些免费软件、T 恤衫或某项服务作奖品来鼓励用户发来反馈电子邮件。

9.6.3 其他评估方式

如果要评估网站在吸引顾客、满足顾客需求方面的有效性，还需要一些其他的评估方式。

① 用户访问信息。由用户访问信息可以判断用户是否找到了他们要找的信息，这些用户大多是你的产品的使用者，想从你的站点上获取一些最新的信息。此外需要注意这些用户是否就是那些经常向你进行电话咨询的用户，以判断你的用户是否真的增长。

② 统计报告工具。有很多工具可以协助企业进行 Web 服务器记录文档的统计，并可根据企业的要求生成各种格式的统计报告。

③ 交易数量统计。可统计每个季度的 Internet 销售量与传统销售量，并统计整个企业的总销售额。

9.6.4 评估内部网的成本和效益

评估成本和效益时需要考虑到所购买的硬件和软件、网上的应用程序、用户的培训等各方面。与其他的市场方法相比较，建立 Web 站点开展电子商务成本要低得多，例如，在美国通过直邮，一般联系 1 万个顾客其各种成本累计约需 2 000 美元；通过杂志广告一般可有 10 万个读者，其广告设计与广告发布成本约 18 000 美元；通过电视向 100 万名观众发布广告，各种成本约 125 万美元。而通过 Internet 发布，费用只需 3 337 美元。在具体应用中，可以将电子商务与当前已使用的市场方法相结合。

习题 9

1. 选择题（答案可能不只一个）

(1) 在建设企业电子商务系统时，应考虑到（　　）

A. 企业业务模式　　B. 企业现有的电子商务基础

C 从简单开始，快速增长　　D. 制定期望的目标和计划

(2) Internet 用户有哪几类（　　）?

A. 内部网用户　　B. 家庭用户　　C. 商业用户　　D. 全球用户

2. 简答题

(1) 评测一个 Internet 站点的进展情况有哪些指标?

(2) Internet 为顾客提供的服务形式有哪些?

(3) 电子商务能给企业带来哪些效益?

第 10 章　电子商务下的创新经营模式

随着电子商务技术的发展，众多企业纷纷在 Internet 上建立自己的网站，充分利用当今的信息技术，创建网上公司，在网上进行企业形象宣传和产品介绍，开展低成本、高效率的电子商务活动，在网上直接与世界一流的公司竞争。在这方面，国内外不乏成功的先例。现在，我们国内已经初步具备了在网上创业的条件，相信一些眼光敏锐的创业者已经看到了这一步，并准备一试身手。那么，现在网上有哪些创新的经营模式呢?

10.1　BtoB 的电子商务模式

10.1.1　内联网模式

即企业将内联网络有限度地对商业伙伴开放，允许已有的或潜在的商业伙伴有条件地通过互连网进入自己的内部网络，从而最大限度地实现商业信息传输和处理的自动化。

尽管许多公司担心内联网模式存在安全问题，但这一趋势仍然有增无减。一些大公司已经将内联网络有限度地开放，有些正在积极策划在不久的将来允许商业伙伴进入企业内联网。

企业允许商业伙伴进入自己的内联网，对公司的业务运作有一定的好处。特别是在一些需要客户录入相关交易信息的场合，内联网模式是比较理想的模式。

企业可以将客户录入的表格放到网上的服务器中，客户可以在线填制这些表格。结果是，商业伙伴和客户自己录入了交易信息，而业务人员就减少了重复录入。

从下面的例子中可以看出内联网络模式目前的应用的情况。

我国最大的 IT 巨子联想集团的联想电脑公司，就让其经销商进入到它的内联网络里，查看与其有关的销售信息、广告宣传费用反馈问题等。

内联网对客户开放还可以对客户支持提供辅助手段。例如，用友财务软件公司让客户从用友网页上进入内联网，输入信息就可以自动跟踪和了解财务软件的技术问题，并可以在线提交数据库里没有的技术问题，后台技术操作人员会在一定的时期内给出解决方案，并在数据库里公布。这样，通过内联网、用友的技术热线就可以和用户做交互性交流，解决用户的技术问题。

还有一些公司通过企业的内联网让客户在线更新产品。

10.1.2 中介模式

中介模式指的是一家中介机构在网上将销售商或采购商汇集一起，商业机构的采购代表从中介机构的网站上就可以查询销售商或销售的产品。多数的中介机构通过向客户提供会员资格来收取费用；也有的中介机构向销售商收取月租费或按每笔交易收费。这种中介模式涉及到商业的各个领域，例如，金融中介网站 ISS（Inter Soft Solutions，www.financehub.com）是一个权威的金融财经中心网站，它可以为世界上大多数的公司与个人提供全方位的财经信息咨询。它还联接了许多有用的相关网站。如果你想查找今天世界各大交易市场指数和最新的金融信息，就可以通过它进入“PCQuote（www.pcquote.com）和 Stockmaster（www.stockmaster.com），即时查阅多种记号（多只股或多只共同基金），或者查找公司名称。它的首页显示各大市场动态，而且，路透社提供 20 条最新商业新闻，还可以显示每分钟的股票指数，还有图表分析走势。

10.1.3 专业服务模式

指网上机构通过标准化的网上服务，为企业内部管理提供专业化的解决方案，使企业能够减少不必要的开支，降低运营成本，提高客户对企业的信任度和忠诚度。

一般企业管理涉及多个方面，其中，如何为员工提供高效和方便的工作环境，同时又有效地降低业务开支、维护客户关系，是每个高层管理人员要研究的主要课题。

互连网上，近年来一些公司业务网站通过与企业之间相辅相成的协作，专门为企业提供管理解决方案。它们以标准化的网上服务为企业解决某一个层面的管理问题。

10.2 BtoC 的电子商务模式

在传统交易中，消费者个体的交易地位与企业交易对手相比是不平等的，因为企业对产品的性能了解多，信息占有量大，消费者则处于被动接受信息的地位；企业能动用的交易要素多，能规定交易方式，消费者则处于被动选择方式的地位。

在电子商务社会，电子商务中介为上网用户提供大量的免费资源、个性化的服务、集成化的门户服务和虚拟社区的生活空间，使上网的消费者很快形成了群体集合，培养了他们的信息需求意识，使消费者群体主动地去寻找与交易企业实现平等交易的方式。

消费者在网上利用搜索工具方便地查找需要的商品。通过这种方式，他们具有更广泛的选择权。电子商务中介为消费者提供论坛等交流工具，聚集同类型的消费者，他们形成合力，相互沟通和共享某一商品的信息，实现与生产企业平等享有商品信息的地位。消费者通过电子商务中介形成规模优势，能够动用金融、运输等其他交易环节的力量，及时为自己设计有利的交易方式。总之，在电子商务时代，交易的主导权正在逐渐从生产企业向消费者转移。

10.2.1 在线商店模式

在线商店模式（Online Stores Model）指的是企业在网上开设虚拟商店，以此网址宣传和展示所经营的产品和服务，进而提供网上交易的便利。这种模式与网上在线零售市场类似，只不过专业性要强一些。

在线商店模式的业务重点放在聚集产品和聚集消费者这两个方面，主要是在交易的广度上取得优势，通过降低商品售价，扩大市场交易量赢利，降低交易费用的基础是充分利用电子化手段，这时的交易中介必须完全代表消费者的利益，因此，大多数消费者是以会员的形式加入到在线商店的管理组织之中。在线商店为消费者提供电子化的聚集场所和消费者论坛，使消费者感到在线商店确实是自己同供货企业交易的交易代表。

10.2.2 网上专卖店

专卖店能为消费者提供一对一的定制服务，但是，通常这些服务只能基于较贵重的商品，如汽车、高档首饰等，因为一对一的服务成本高，普通商品的利润不足以支撑这种服务。但是，在电子商务社会，通过电子化手段提供一对一的定制服务的成本急剧降低，在理论上，新型的网上专卖店能为消费者所选购的任何商品提供这种定制服务。网上专卖商面临的新问题不再是能够附加增值服务的专卖品少，而是能专卖的商品太多。他们很难定位用户对不同的商品到底需要哪些增值服务。因此，网上销售的服务模式创新主要是服务内容的定位。能专卖的商品不再只是贵重商品，而应该还包括所有专业化程度高、个人需求差异明显的商品。例如，网上的汽车销售商为所有消费者提供个人的汽车保养数据库，使消费者能随时获得自己汽车的技术支持，同样的，对那些专业化程度高、个人需求差异明显的商品，如书籍，网上书籍专卖商则能充分挖掘每个消费者的具体需求，带着他们迅速地找到需要的书，同时推荐相关的书，并提供其他各种类型的消费者对这些书的评价，帮助消费者定位自己的需求。

10.2.3 网上销售联盟

在 BtoC 的交易中，有些交易并不是以单个企业对消费者的方式进行的，而需要同类型的多家企业同时为一个消费者服务，这时，这些交易企业通常依靠一些交易中介的力量集中起来，为达成与消费者的一笔完整交易组合他们的资源，这类中介即为销售联盟中介。如旅游市场就是提供这种组合服务的典型，消费者通常借助于旅行社预定整个旅行路线上的所有食、住和行的交易，旅行社再把这个交易拆分给线路上的各个旅店、航空公司等，旅行社就是这些旅店、航空公司的销售联盟。

电子商务时代，这种组合服务会逐渐增多。以前，这些交易由于涉及的企业较分散，规律性不强，集中交易的成本比较高，因此，交易中介的介入也不多。现在，这些交易中介能够通过电子化的手段，以较低的成本，迅速集中各个分散的企业，随时发现和响应消费者提出的组合服务需求，不定期地把这些需求分散到各个企业那里，这类中介就是网上销售联盟营运商。网上销售联盟营运商一般维持一个业务网，入网的企业成为会员，交纳会员费，承接销售联盟的业务。网上销售联盟营运商通过 Internet 等综合的电子化联接途径，向消费者集中展示各类经过优化的一次性组合服务，消费者也可以随时提出自己要求的组合服务内容和方式，网上销售联盟营运商则在与消费者的交易过程中，不断总结自己的组合方式，摸索出原来不易发现的需求规律。网上销售联盟营运商一般提供的组合交易服务费用比各单项交易的累计费用会低不少，同时，在更广泛的范围内保留消费者的消费记录，提供累计优惠政策来吸引消费者。

10.2.4　网上代理

在电子商务环境中，一类新兴的交易服务中介——网上代理公司脱颖而出，他们密切地同消费者接触，利用自己便利的电子化业务工具，以低成本为大公司处理一些交易中的附属业务，这类中介的基础性电子化工具就是 Internet。

一些大型公司把原来属于自己处理的大量交易附属业务，如为消费者提供售前、售后咨询等业务转交给网上代理商处理，通过业务代理的方式实现销售成本的降低。

而网上代理商的特长在于拥有处理各种类型辅助交易业务的能力，例如，网上账务代理商，他们熟悉各种记账方式，能随时调整到恰当的记账方式，通过自己的网站向消费者提供统一的综合的记账服务。又如，网上售前、售后咨询代理商，他们在自己的网站上，为消费者提供基于专家系统的产品咨询服务。

一般情况，普通企业把自己产品的全部技术支持的信息发布在自己的网站上，消费者在购买该产品的前后，可以登录到这些网站上查看，获得相应的信息。但是，通常情况下，消费者仅获得这些信息是不足以用来决策的；而网上咨询代理商综合了同类型的各种产品和这些产品相关产品的绝大多数信息，在信息较充分的基础上，能够为消费者提供辅助决策。例如，在消费者购买某一电视机生产企业的电视机之前，他登录到该企业的 Web 站点浏览企业的电视机产品介绍。但是企业的电视机介绍都是基于自己的那些产品的，而消费者希望看到的是对电视机行业的数家产品的综合对比介绍，即使有的企业网站有同类产品的对比，仍满足不了消费者的信息需求。而这时，该企业可以在自己的网页上放一个指向咨询代理商网站的超级链接，把消费者引向咨询代理商那里。咨询代理商在自己的网站上提供详细的同类产品对比说明，同时还有这种电视机产品的发展趋势等，并为消费者提供几个购买方案做为选择，达到消费者满意的程度。

咨询代理商同这些电视机生产企业签订合同，为从这些企业网站上漫游到自己网站的消费者提供咨询服务。企业网站和代理商网站之间，通过加密的手段连接。通过记录消费者转移来的网站地址，咨询代理商能确定自己是为哪个电视机生产企业代理的咨询服务，并记录提供的咨询服务的数量，以便同生产企业结账。在企业的售后服务阶段，咨询代理商同样有存在的必要，如购买了电视机的消费者又需要购买游戏机，但是在该电视机企业网站上查不到该电视机的游戏机接口的详细信息时，则可以转到咨询代理商的网站查询。一般的咨询代理商同时在自己的网站设置了 Web 网页、E-mail，ICQ 等网上通信工具同企业员工的寻呼机、电话、手机等实时通信工具的接口。当消费者在咨询代理商的 Web 网页上，找不到专家系统的自动咨询信息时，可以要求代理商与自己实时通信，咨询代理商的员工则通过手工数据库查询立即将结果返回消费者，如没有结果，则与消费者约定时间，尽快为其找到答案。

习题 10

1. **选择题**（答案可能不只一个）

(1) BtoB 的电子商务模式有哪些（　　）?

A. 内联网模式　　B. 中介模式　　C. 专业服务模式　　D. 外联网模式

(2) 内联网模式首先要解决的问题是（ ）

A. 规模问题 B. 速率问题 C. 安全问题 D. 技术问题

(3) BtoC 的电子商务模式有（ ）

A. 在线商店模式 B. 网上专卖店 C. 网上销售联盟 D. 网上代理

(4) 属于 BtoC 电子商务模式的是（ ）

A. 在线虚拟商店 B. 金融中介网站 www. financehub. com

C. 联想集团的内联网络模式 D. 网上专卖店

附录A 电子商务师鉴定说明

一、职业等级

电子商务师职业共设4个等级，分别为：电子商务员（国家职业资格四级）、助理电子商务师（国家职业资格三级）、电子商务师（国家职业资格二级）和高级电子商务师（国家职业资格一级）。

二、鉴定要求

1. 适用对象：从事或准备从事电子商务师职业的人员。

2. 申报条件：

电子商务员（具备以下条件之一者）

① 在本职业见习工作1年以上，经本职业正规培训达规定标准学时数，并取得毕（结）业证书者。

② 取得经劳动保障行政部门审核认定的、以中级技能为培养目标的中等以上职业学校本职业（专业）毕业证书者。

助理电子商务师（具备以下条件之一者）

① 取得本职业电子商务员职业资格证书后，连续从事本职业工作1年以上，经本职业助理电子商务师正规培训达规定标准学时数，并取得毕（结）业证书者。

② 取得经劳动保障行政部门审核认定的、以高级技能为培养目标的高等职业学校本职业（专业）毕业证书者。

③ 取得本职业大专以上（含大专）毕业证书者。

电子商务师（具备以下条件之一者）

① 取得本职业助理电子商务师职业资格证书后，连续从事本职业工作2年以上，经本职业电子商务师正规培训达规定标准学时数，并取得毕（结）业证书者。

② 取得本职业助理电子商务师职业资格证书后，连续从事本职业工作5年以上。

高级电子商务师（具备以下条件之一者）

① 取得本职业电子商务师职业资格证书后，连续从事本职业工作3年以上，经本职业高级电子商务师正规培训达规定标准学时数，并取得毕（结）业证书者。

② 取得本职业电子商务师职业资格证书后，连续从事本职业工作6年以上者。

三、鉴定的方式

电子商务师的鉴定考核分为理论知识考试和操作技能考试，全部采用上机考试。

四、鉴定时间

考试采用全国统考方式，在每年的二、四、六、八、十、十二月的最后一个星期日（遇法定节假日往后顺延一周）进行。

读者意见反馈表

书名：电子商务基础　　作者：于　鹏　　责任编辑：李影

谢谢您关注本书！烦请填写该表。您的意见对我们出版优秀教材、服务教学，十分重要。如果您能认真地填写表格并寄回，您将成为我们“读者俱乐部”的会员。我们会定期给您发送我社相关教材的出版资讯或目录，或者寄送相关样书。

个人资料

姓名＿＿＿＿＿电话＿＿＿＿＿手机＿＿＿＿＿ E-mail ＿＿＿＿＿

学校＿＿＿＿＿专业＿＿＿＿＿职称或职务＿＿＿＿＿

通信地址＿＿＿＿＿邮编＿＿＿＿＿

所讲授课程＿＿＿＿＿所使用教材＿＿＿＿＿课时＿＿＿＿＿

影响您选定教材的因素（可复选）

□内容　□作者　□装帧设计　□篇幅　□价格　□出版社　□是否获奖　□上级要求

□广告　□其他＿＿＿＿＿

您希望本书在哪些方面加以改进？（请详细填写，您的意见对我们十分重要）

您希望随本书配套提供哪些相关内容？

□教学大纲　□电子教案　□习题答案　□无所谓　□其他＿＿＿＿＿

您还希望得到哪些专业方向教材的出版信息？

您是否有教材著作计划？

您学校开设课程的情况

本校是否开设相关专业的课程　□否　□是，如有相关课程的开设，本书是否适用贵校的实际教学＿＿＿＿＿

贵校所使用教材＿＿＿＿＿出版单位＿＿＿＿＿

本书可否作为你们的教材　□否　□是，会用于＿＿＿＿＿课程教学

谢谢您的配合，请将该反馈表寄至：

通信地址：北京市万寿路 173 **信箱**　**中等职业教育教材事业部**　**邮编：** 100036

http：//www.phei.com.cn　**电话：** 010－68152133

E-mail：ve@phei.com.cn　**传真：** 010－68159025

反侵权盗版声明

电子工业出版社依法对本作品享有专有出版权。任何未经权利人书面许可，复制、销售或通过信息网络传播本作品的行为；歪曲、篡改、剽窃本作品的行为，均违反《中华人民共和国著作权法》，其行为人应承担相应的民事责任和行政责任，构成犯罪的，将被依法追究刑事责任。

为了维护市场秩序，保护权利人的合法权益，我社将依法查处和打击侵权盗版的单位和个人。欢迎社会各界人士积极举报侵权盗版行为，本社将奖励举报有功人员，并保证举报人的信息不被泄露。

举报电话：（010）88254396；（010）88258888
传　　真：（010）88254397
E-mail：　dbqq@phei.com.cn
通信地址：北京市万寿路173信箱
　　　　　电子工业出版社总编办公室
邮　　编：100036